全国医药中等职业教育药学类"十四五"规划教材（第三轮）

供药品制造类、生物技术类和
食品药品管理类专业使用

药品 GMP 实务

主　编　李桂荣

副主编　胡冬梅　黄小芹　费　娜

编　者　（以姓氏笔画为序）

李桂荣（山东药品食品职业学院）

何　颖（江西省医药学校）

赵　丹（淄博市技师学院）

胡冬梅（山东药品食品职业学院）

费　娜（河南医药健康技师学院）

夏　超（江西省医药学校）

黄小芹（亳州中药科技学校）

曾雪萍（江苏省常州技师学院）

中国健康传媒集团

中国医药科技出版社

内容提要

本教材是"全国医药中等职业教育药学类'十四五'规划教材（第三轮）"之一。主要介绍GMP基本知识、药品质量管理、机构与人员管理、厂房与设施管理、设备管理、文件管理、物料与产品管理、生产管理、药品质量控制与质量保证、确认与验证管理、委托生产与委托检验管理、产品发运与召回、自检管理、GMP监督检查等内容。本教材为书网融合教材，即纸质教材有机融合电子教材、教学配套资源（PPT、微课、视频等）、题库系统、数字化教学服务（在线教学、在线作业、在线考试），使教学资源更加多样化、立体化。

本教材主要供全国医药中等职业院校药品制造类、生物技术类和食品药品管理类专业教学使用，也可供药品生产企业生产管理、质量管理、物料管理、生产岗位人员培训和相关行业工程技术人员参考学习。

图书在版编目（CIP）数据

药品GMP实务/李桂荣主编. —北京：中国医药科技出版社，2020.12

全国医药中等职业教育药学类"十四五"规划教材. 第三轮

ISBN 978 - 7 - 5214 - 2158 - 3

Ⅰ.①药… Ⅱ.①李… Ⅲ.①制药工业 - 质量管理体系 - 中国 - 中等专业学校 - 教材 Ⅳ.①F426.7

中国版本图书馆CIP数据核字（2020）第236657号

美术编辑　陈君杞
版式设计　友全图文

出版　**中国健康传媒集团** │ 中国医药科技出版社

地址　北京市海淀区文慧园北路甲22号

邮编　100082

电话　发行：010 - 62227427　邮购：010 - 62236938

网址　www.cmstp.com

规格　787mm×1092mm $\frac{1}{16}$

印张　14 $\frac{1}{2}$

字数　311千字

版次　2020年12月第1版

印次　2023年11月第4次印刷

印刷　三河市万龙印装有限公司

经销　全国各地新华书店

书号　ISBN 978 - 7 - 5214 - 2158 - 3

定价　**48.00元**

获取新书信息、投稿、为图书纠错，请扫码联系我们。

2011 年，中国医药科技出版社根据教育部《中等职业教育改革创新行动计划（2010—2012 年）》精神，组织编写出版了"全国医药中等职业教育药学类专业规划教材"；2016 年，根据教育部 2014 年颁发的《中等职业学校专业教学标准（试行）》等文件精神，修订出版了第二轮规划教材"全国医药中等职业教育药学类'十三五'规划教材"，受到广大医药卫生类中等职业院校师生的欢迎。为了进一步提升教材质量，紧跟职教改革形势，根据教育部颁发的《国家职业教育改革实施方案》（国发〔2019〕4 号）、《中等职业学校专业教学标准（试行）》（教职成厅函〔2014〕48 号）精神，中国医药科技出版社有限公司经过广泛征求各有关院校及专家的意见，于 2020 年 3 月正式启动了第三轮教材的编写工作。

党的二十大报告指出，要办好人民满意的教育，全面贯彻党的教育方针，落实立德树人根本任务，培养德智体美劳全面发展的社会主义建设者和接班人。教材是教学的载体，高质量教材在传播知识和技能的同时，对于践行社会主义核心价值观，深化爱国主义、集体主义、社会主义教育，着力培养担当民族复兴大任的时代新人发挥巨大作用。在教育部、国家药品监督管理局的领导和指导下，在本套教材建设指导委员会专家的指导和顶层设计下，中国医药科技出版社有限公司组织全国60 余所院校 300 余名教学经验丰富的专家、教师精心编撰了"全国医药中等职业教育药学类'十四五'规划教材（第三轮）"，该套教材付梓出版。

本套教材共计 42 种，全部配套"医药大学堂"在线学习平台。主要供全国医药卫生中等职业院校药学类专业教学使用，也可供医药卫生行业从业人员继续教育和培训使用。

本套教材定位清晰，特点鲜明，主要体现如下几个方面。

1. 立足教改，适应发展

为了适应职业教育教学改革需要，教材注重以真实生产项目、典型工作任务为载体组织教学单元。遵循职业教育规律和技术技能型人才成长规律，体现中职药学人才培养的特点，着力提高药学类专业学生的实践操作能力。以学生的全面素质培养和产业对人才的要求为教学目标，按职业教育"需求驱动"型课程建构的过程，进行任务分析。坚持理论知识"必需、够用"为度。强调教材的针对性、实用性、条理性和先进性，既注重对学生基本技能的培养，又适当拓展知识面，实现职业教育与终身学习的对接，为学生后续发展奠定必要的基础。

2. 强化技能，对接岗位

教材要体现中等职业教育的属性，使学生掌握一定的技能以适应岗位的需要，具有一定的理论知识基础和可持续发展的能力。理论知识把握有度，既要给学生学习和掌握技能奠定必要的、足够的理论基础，也不要过分强调理论知识的系统性和完整性；注重技能结合理论知识，建设理论－实践一体化教材。

3. 优化模块，易教易学

设计生动、活泼的教学模块，在保持教材主体框架的基础上，通过模块设计增加教材的信息量和可读性、趣味性。例如通过引入实际案例以及岗位情景模拟，使教材内容更贴近岗位，让学生了解实际岗位的知识与技能要求，做到学以致用；"请你想一想"模块，便于师生教学的互动；"你知道吗"模块适当介绍新技术、新设备以及科技发展新趋势、行业职业资格考试与现代职业发展相关知识，为学生后续发展奠定必要的基础。

4. 产教融合，优化团队

现代职业教育倡导职业性、实践性和开放性，职业教育必须校企合作、工学结合、学作融合。专业技能课教材，鼓励吸纳 1~2 位具有丰富实践经验的企业人员参与编写，确保工作岗位上的先进技术和实际应用融入教材内容，更加体现职业教育的职业性、实践性和开放性。

5. 多媒融合，数字增值

为适应现代化教学模式需要，本套教材搭载"医药大学堂"在线学习平台，配套以纸质教材为基础的多样化数字教学资源（如课程 PPT、习题库、微课等），使教材内容更加生动化、形象化、立体化。此外，平台尚有数据分析、教学诊断等功能，可为教学研究与管理提供技术和数据支撑。

编写出版本套高质量教材，得到了全国各相关院校领导与编者的大力支持，在此一并表示衷心感谢。出版发行本套教材，希望得到广大师生的欢迎，并在教学中积极使用和提出宝贵意见，以便修订完善，共同打造精品教材，为促进我国中等职业教育医药类专业教学改革和人才培养作出积极贡献。

数字化教材编委会

主　编　李桂荣
副主编　胡冬梅　黄小芹　费　娜
编　者　（以姓氏笔画为序）
　　　　李桂荣（山东药品食品职业学院）
　　　　何　颖（江西省医药学校）
　　　　赵　丹（淄博市技师学院）
　　　　胡冬梅（山东药品食品职业学院）
　　　　费　娜（河南医药健康技师学院）
　　　　夏　超（江西省医药学校）
　　　　黄小芹（亳州中药科技学校）
　　　　曾雪萍（江苏省常州技师学院）

本教材为"全国医药中等职业教育药学类'十四五'规划教材（第三轮）"之一，系根据本套教材的编写指导思想和原则要求，参照《药品生产质量管理规范（2010 年修订）》和《中华人民共和国药典》（2020 年版），结合我国中等职业教育的发展特点和本教材对应专业的培养目标、主要就业方向、职业岗位能力需求以及本课程特点，由全国相关院校从事一线教学的、有丰富的企业工作经历和经验的教师悉心编写而成。

药品 GMP 实务系本专业核心课程，学习本课程主要为同期或后续药物制剂技术、化学制药技术、生物制药技术、药物分析技术、制药设备应用技术等相关课程的学习奠定基础。本教材融入了中等职业教育的职教理念与特点，紧密围绕本课程对应专业的人才培养目标及培养方案，以尽可能满足社会需要、岗位需要和学教需要。通过对中职的学情调研，以够用为主，以学生为中心，论述尽可能做到内容全面、层次分明、深入浅出、清晰易懂，从而提升教材的可读性、实用性和可操作性。内容以 GMP 对企业药品生产全过程的规定、要求及实际应用为主线，共设置 4 个模块 14 个项目，介绍 GMP 基本知识、药品质量管理、机构与人员管理、厂房与设施管理、设备管理、文件管理、物料与产品管理、生产管理、药品质量控制与质量保证、确认与验证管理、委托生产与委托检验管理、产品发运与召回、自检管理、GMP 监督检查等。各项目均设置了"学习目标""实例分析""请你想一想""你知道吗"和"目标检测"，使内容更加丰富。

本教材中项目一、项目八由胡冬梅编写，项目二、项目五由黄小芹编写，项目三、项目六由赵丹编写，项目四、项目十由曾雪萍编写，项目七由费娜编写，项目九由李桂荣编写，项目十一、项目十二由何颖编写，项目十三、项目十四由夏超编写。

尽管编者力臻完善，但由于企业现行规定及岗位要求是动态的，教材中难免存在疏漏与不足，恳请相关院校专业教师、专家、社会学者及读者批评指正，以便再版时进一步完善。

编　者
2020 年 10 月

目录

1. 掌握 GMP 的概念、三要素及特点。

2. 熟悉 GMP 的类型、检查及实施 GMP 的原则。

1. 掌握 GMP 关于质量管理的相关要求；质量管理体系及质量风险管理。

2. 熟悉药品生产企业质量管理体系基本要求；质量保证和质量控制的区别；质量风险管理流程的相关内容。

1. 掌握人员及其档案管理的主要规定；人员卫生管理。

2. 熟悉培训管理要点；人员进入洁净区的更衣程序。

1. 掌握 GMP 压差规定；生产区域环境参数的设计要求；药品生产环境的空气洁净度级别；洁净室（区）的布置；过滤器按过滤效率的分类。

2. 熟悉 GMP 厂房设计的原则与内容；厂房设计的主要内容；洁净厂房主体装修；仓库设施管理；质量控制区设施管理。

模块三　药品生产企业软件管理

1. 掌握设备的使用与管理要求；校准管理内容；制药用水种类。
2. 熟悉设备设计要求、使用、清洁、维护内容；计量器具的管理要求。

1. 掌握文件系统构成、管理流程、制定步骤、使用等的主要管理要求。
2. 熟悉文件的编码要求、格式、工艺规程、操作规程的编制要求。

1. 掌握 GMP 对物料与产品的主要规定。

2. 熟悉物料供应商的确定及变更管理；包装材料的管理要求、物料采购原则、物料储存及发放管理。

1. 掌握生产阶段、包装阶段、清场等的管理。
2. 熟悉生产前的准备、污染预防的原因及措施、药品批号及生产日期管理等。

1. 掌握药品抽样、检验、记录、报告及留样管理；物料与产品放行；变更与偏差处理；纠正和预防措施等的相关规定。
2. 熟悉持续稳定性考察、供应商的评估和批准。

1. 掌握确认与验证的含义及分类；首次验证的流程；系统与方法验证、工艺验证、验证文件、验证总计划、确认与验证方案的主要内容。

2. 熟悉确认与验证的目的和作用；运输方式、冷链运输、检验方法、清洁、计算机化系统确认与验证的主要内容。

1. 掌握药品委托生产的概念、类型、范围；委托方与受托方的责任；委托生产合同内容。

2. 熟悉委托生产与委托检验的法规规定。

1. 掌握药品召回、安全隐患的概念；退货管理；药品安全隐患调查评估的内容要求。

2. 熟悉药品销售管理的环节；药品召回的等级及时间要求。

模块四　药品生产企业监督管理

1. 掌握自检的流程、计划的制定和实施。
2. 熟悉自检的定义、目的和原则。

1. 掌握药品检查细则、GMP 常见的缺陷分类。
2. 熟悉 GMP 跟踪检查、GMP 飞行检查。

1
模块一

药品生产企业
质量管理体系

▷▷ 项目一　GMP 基本知识

学习目标

知识要求

1. **掌握**　GMP 的概念、三要素及特点。
2. **熟悉**　GMP 的类型、检查及实施 GMP 的原则。
3. **了解**　GMP 的产生与发展及实施 GMP 的意义。

能力要求

1. 能够严格遵守 GMP 的相关规定，规范从事药品生产和质量相关工作。
2. 能够在药品生产全过程中做到合法合规、诚实守信。

实例分析

实例　2018 年 7 月 5 日，国家药监局会同吉林省局对长春长生生物科技有限责任公司（以下简称"长春长生"）进行飞行检查。7 月 15 日，国家药监局会同吉林省局组成调查组进驻企业全面开展调查。2018 年 7 月 24 日，长春长生先被查出狂犬病疫苗生产记录造假，后又被测出百白破疫苗"效价测定"项不符合规定，调查查明，企业编造生产记录和产品检验记录，随意变更工艺参数和设备。上述行为严重违反了《中华人民共和国药品管理法》《药品生产质量管理规范》有关规定，国家药监局已责令企业停止生产，收回药品 GMP 证书，召回尚未使用的狂犬病疫苗。

问题　1. 在 GMP 实施过程中，该企业存在哪些问题？
　　　　2. 如何理解实施 GMP 的重要性？

任务一　GMP 的产生与发展

PPT

　　GMP 是英文"Good Manufacturing Practices for Drugs"的缩写，直译为"优良的药品生产规范"，即我国的"药品生产质量管理规范"（以下简称为 GMP）。GMP 是药品生产和质量管理的基本准则，适用于原料药生产、药用辅料生产、药物制剂生产、药用包装材料和直接涉及药品质量的有关物料生产的全过程。GMP 作为质量管理体系的一部分，是药品生产管理和质量控制的基本要求，旨在最大限度地降低药品生产过程中污染、交叉污染以及混淆、差错等风险，确保持续稳定地生产出符合预定用途和注册要求的药品。

一、GMP 的产生

　　GMP 是从药品生产过程中获取的经验教训的总结。药品是一类特殊的产品，药品生产是一门十分复杂的科学，药品的生产过程涉及许多技术细节管理规范及药政管理问题，其中任何一个环节的疏忽，都可能导致药品生产不符合质量要求。GMP获得认可和广泛采用是人类在历经多次药害事件后，用血泪和生命换来的警惕和智慧。

1959年12月，西德儿科医生Weidenbach首先报告了一例女婴的罕见畸形。1961年10月，在西德妇科学术会议上，有三名医生分别报告发现很多婴儿有类似的畸形。这些畸形婴儿没有臂和腿，手和足直接连在身体上，很像海豹的肢体，故称为"海豹肢畸形儿"及"海豹胎"。医学研究表明，"海豹胎"的病因是妇女在怀孕初期服用"反应停（沙利度胺）"。

> **请你想一想**
>
> 1955年，治疗阿米巴痢疾的药物氯碘喹啉在日本上市，用于治疗肠炎。后来发现该药严重损伤脊髓和视神经系统，导致78965人发生脊髓－视神经炎症，其中1万多人瘫痪、失明，500多人死亡。为什么已批准上市的药品会出现这么严重的药害事件？如何避免药害事件的发生？

在"反应停"这次灾难性事件中，美国是受影响最小的国家。早在1906年，美国就对食品、药品和化妆品进行立法管理，并成立了FDA，对食品和药品进行管理。当时在审查"反应停"进口时，发现该药缺乏足够的临床资料而拒绝进口，所以避免了这场世界性灾难的遭遇。经过药物致畸的教训，1959年，美国一位参议员组织了多次听证会，对制药厂商的某些行为表示关注，其中包括药品疗效无法确证，试图通过新法案增加FDA的管理权限。提议遭到强烈反对，但"反应停"事件的引证获得了支持，并由此促成了GMP的诞生。

1962年，美国FDA组织美国坦普尔（Temple University）大学6名教授编写制订GMP，经过FDA官员多次讨论和修改后定稿。

美国在1962年重新对食品、药品和化妆品的管理进行修正时，对制药企业提出了三方面的要求：①制药企业出厂的产品不仅要证明有效，而且要证明是安全的；②制药企业必须向FDA报告药品不良反应；③制药企业必须实施GMP。于是，美国FDA在1963年就颁布了世界上第一部GMP，并把它载入药典。此后，FDA对GMP进行数次修订，并在不同领域不断充实完善，使GMP成为美国法律体系的一个重要组成部分。

1969年，在第22届世界卫生大会上，世界卫生组织（WHO）建议各个成员国生产药品采用GMP制度以确保药品质量，并加入"国际贸易药品质量签证体制"，这一举措标志着GMP的理论和实践从一个国家走向世界。

你知道吗

美国为什么避免了"反应停"的悲剧

美国避免了著名的"反应停"悲剧的发生，除了当时美国已经制定了GMP，更重要的原因是FDA官员弗朗西斯·奥尔德姆·凯尔西（Frances Oldham Kelsey）。她本人是医生兼药理学家，入职仅一个月就接到"反应停"在美国上市的申请，发现申请资料不全，她要求厂商提供更多的动物实验和临床试验数据等资料，证明该药安全后才能批准。由于厂商未能提供足够的资料，在承受着各方面压力的情况下，她仍坚持拒绝批准"反应停"在美国销售，美国因此逃过此劫。为此，肯尼迪总统于 1962 年 8 月 7 日授予她杰出联邦公民服务勋章。

二、GMP 的发展

（一）国外 GMP 的发展

1963 年，美国 FDA 颁布了世界上第一部 GMP，并把它载入药典。1969 年，WHO 颁布了 GMP，经过三次修订，1975 年 11 月正式公布。1971 年，英国制定了 GMP（第一版），经过两次修订，1983 年公布第三版。1972 年，欧共体颁布了该组织的第一部 GMP，用于指导欧盟成员国的药品生产。1973 年，日本制药工业协会提出了本国的 GMP，1974 年由日本政府颁布并指导推行，1980 年正式实施，现已作为一个法规来执行。1977 年，第 28 届世界卫生大会上，WHO 再次向各个成员国推荐 GMP，并把 GMP 确定为 WHO 的法规。1978 年，美国再次颁布了修订的 GMP。1988 年，东南亚国家联盟也制定了自己的 GMP，作为东南亚联盟各国实施 GMP 的文本。目前为止，已经有 100 多个国家实行了 GMP 制度。

（二）我国 GMP 的发展

为了对药品生产过程进行严格的管理以确保药品的质量，1982 年，中国医药工业公司参照美国 GMP 制定了《药品生产管理规范》（试行稿），并开始在一些制药企业试行。一些化学原料药生产企业为打开国际市场、促进化学原料药出口，要接受 FDA 的 GMP 现场检查以得到 FDA 认可，也参照引用了美国 GMP。

1984 年，我国颁布的《中华人民共和国药品管理法》（以下简称《药品管理法》）中首次提出了"药品生产质量管理规范"，要求生产企业制定和执行保证药品质量的规章制度和卫生要求。1985 年，国家医药管理局修订并颁布了《药品生产管理规范》，同年由中国医药工业公司编写《药品生产管理规范实施指南》（1985 年版），于 1985 年 12 月发布。1988 年，根据《药品管理法》，卫生部颁布了我国第一部《药品生产质量管理规范》（1988 年版），作为正式规章执行。1991 年，根据《药品管理法实施办法》的规定，国家医药管理局成立了推行 GMP、GSP 委员会，协助国家医药管理局，组织医药行业实施 GMP 和 GSP 的工作。1992 年，卫生部对《药品生产质量管理规范》（1988 年版）进行了修订，颁布《药品生产质量管理规范》（1992 年版），同年，中国医药工业公司出版了《GMP 实施指南》，对 GMP 中的一些内容做了比较具体的技术指导。1995 年 7 月，经国家技术监督局批准，成立了中国药品认证委员会，并开始接受企业的 GMP 认证申请和开展认证工作。

1998 年，新成立的国家药品监督管理局总结了几年来实施 GMP 的情况，对 GMP 进行再次修订，于 1999 年 6 月颁布了《药品生产质量管理规范》（1998 年修订）并实施。在认真总结 GMP 实施过程中的经验教训基础上，借鉴国际先进做法，2010 年 10

月，卫生部审议通过《药品生产质量管理规范》（2010 年修订），于 2011 年 3 月 1 日实施。此次修订相比 1998 年版的标准有了很大提高，基本实现了与 WHO 药品 GMP 的一致性，有利于培育具有国际竞争力的企业，加快医药产品进入国际市场。

你知道吗
────────────

GMP（2010 年修订）配套文件

2010 年 GMP 修订后，原国家食品药品监督管理局于 2011 年 2 月发布了无菌药品、原料药、生物制品、血液制品及中药制剂等 5 个附录；2012 年 12 月发布放射性药品附录；2014 年 6 月发布中药饮片、医用氧、取样等 3 个附录；2015 年 5 月发布计算机化系统、确认与验证 2 个附录；2017 年 3 月发布生化药品附录。以上 12 个附录均为 GMP（2010 年修订）的配套文件。

────────────

📑 任务二　GMP 的类型、特点、检查与认证

PPT

一、GMP 类型

（一）按适用范围分类

1. 国际组织制定的 GMP　包括 WHO 颁布的 GMP、欧盟 GMP、PIC/S 的 GMP、东南亚国家联盟颁布的 GMP。

其中，药品检查协定（PIC）和药品监察检查合作计划（PIC Scheme）是两个并行机制，PIC/S 是两者的缩写，其提供政府和药品监管机构在 GMP 领域的积极和建设性合作。

2. 国家权力机构颁布的 GMP　包括我国药品监督管理部门颁布的 GMP（2010 年修订版），美国 FDA 颁布的 GMP、日本厚生省颁布的 GMP 等。

3. 行业组织制定的 GMP　包括美国制药工业联合会制定的 GMP、标准不低于美国政府制定的 GMP、原中国医药工业公司制定的《GMP 实施指南》、瑞典制药工业协会制定的 GMP 等。

（二）按性质分类

1. 法典性规定　如美国、日本、英国和我国的 GMP。

2. 建议性规定　对药品生产和质量管理起到指导性作用，如 WHO 制定的 GMP。

二、GMP 特点

世界各国按照 GMP 要求进行药品生产和质量管理已是大势所趋。尽管不同的国家和地区制定了本国或本地区的 GMP，但是药品的生产过程及其质量保证方法是不分国界的，各国的 GMP 在具体规定和要求方面各具特色，但所涵盖的内容基本上是一致

的。一般具有以下特点。

1. 原则性 GMP 条款仅指明了质量或质量管理所要达到的目标，而没有列出达到这些目标的解决办法。例如，无菌药品的灭菌处理必须达到"无菌"，也就是药品的染菌率不得高于 10^{-6}。但是，达到"无菌"的处理方式有很多，如干热灭菌、湿热灭菌、辐射灭菌、过滤灭菌等，企业可以根据自身产品和产品工艺要求进行选择，只要能满足 GMP 的要求，就是适宜的方法。

2. 基础性 GMP 是保证药品生产质量的最低标准，也就是说，对于药品生产与质量管理而言，GMP 是最基础的标准，不是最高、最好的标准。企业有自主性，其标准可以超越 GMP。

3. 时效性 药品 GMP 条款是具有时效性的。随着医药科技和经济贸易的发展，GMP 条款需要定期或不定期补充修订，这和制定药品标准类似，新版 GMP 颁布后，前版的 GMP 即废止。

4. 一致性 各个国家、组织或地区的 GMP 都有一个最重要的特征，就是在结构与内容的布局上基本一致。各类药品 GMP 都是强调对药品生产实施全面、全过程、全员的质量管理，以防止污染和差错的发生，保证生产出优质药品。

5. 多样性 尽管各类 GMP 在结构、基本原则或内容上一致或基本相同，但同样的标准要求，在所要求的细节方面有时呈现多样性，有时这样的多样性还会有很大的差别。例如，各国 GMP 中都对生产车间的管道铺设提出了一定要求：有的国家的 GMP 要求生产车间中不能有明管存在，各种管道一律暗藏；也有国家的 GMP 中规定，只要便于清洁且具有严格的卫生制度，管道不一定要全部暗藏。

6. 地域性 一般情况下，一个国家（地区）在一个特定的时期仅有一个版本的GMP，只有通过这个版本的 GMP 认证，药品质量才能得到这个国家（地区）政府有关部门的认可，药品才能在这个国家（地区）进行销售使用。但是有的国家可以通行多个不同版本的 GMP，如有些国家既认可本国的 GMP，也认可 WHO 的 GMP、美国的GMP、欧盟的 GMP 等。

三、GMP 检查与认证

（一）cGMP 检查

美国 FDA 对药品在美国上市销售执行 cGMP 审查，包括产品研发和生产两部分。cGMP 规范在美国联邦法规第 210 条及第 211 条中有具体的规定，企业首先应通过 FDA 的 cGMP 现场检查。含有新成分的处方药或非处方药，或者是复杂的医疗器械注册，必须申请新药或新产品许可，FDA 对产品做出肯定的评估结果后，企业会收到 FDA 局长就此产品签署的批准文书，此时产品就可以在美国上市销售了。

根据《药品管理法》（2019 年版）第 103 条的规定，我国药品监督管理部门应当对药品上市许可持有人、药品生产企业等遵守药品生产质量管理规范等情况进行检查，

> **请你想一想**
>
> 每个国家都有各自版本的 GMP，哪个国家 GMP 标准的要求相对更高呢？

确保其持续符合法定要求。

美国药品上市是先进行 GMP 检查，再注册；而我国药品上市则是先注册，药品生产企业符合 GMP 要求，方可进行生产。

通过 FDA 的 GMP 检查是药品进入美国市场的前提条件。虽然 FDA 对我国药品生产企业的要求严格，但国内许多药品生产企业都通过了 FDA 现场检查，很多原料药出口美国，如咖啡因、布洛芬、茶碱等。美国军人以及普通民众服用的一些药品中都包含中国药企生产的原料药成分，但药品包装上通常不会披露原料药的生产国。

（二）欧盟 GMP 认证

欧盟有 20 余个成员国，根据欧盟人用药品第 2001/83/EC 号法令，认证由欧盟 GMP 审计署完成，通过其认证，产品可以在其成员国流通。欧盟 GMP 审计署对我国药品生产企业的 GMP 认证现场检查有特别要求，具体如下。

（1）欧盟的 GMP 要求厂家参照此指导进行自身检查。

（2）所有的质量管理文件、操作规程和各种生产管理表格、标牌、标签和生产记录都应当具备中英文对照，能够让外国审查人员看得明白。

（3）要求对全部员工开展欧盟 GMP 培训，使其了解并适应国外检查的特点。

（三）PIC/S 认证

PIC/S 组织成立于 1995 年，在全球享有较高声誉，其前身为 PIC 组织。目前该组织拥有 46 个成员国，还有爱沙尼亚、欧盟药物评价委员会（EMEC）、联合国儿童基金会（UNCF）和 WHO 四个观察员。其内部检查人员均为来自各成员国的相关专业权威人士，其颁发的证书在 PIC/S 组织成员国之间相互认可。

（四）WHO – GMP 认证

向 WHO 提出申请，按 WHO 的要求进行 GMP 认证。

（五）东盟 ASEN – GMP 认证

东盟 ASEN – GMP 认证证书在文莱、柬埔寨、印度尼西亚、老挝、马来西亚、缅甸、菲律宾、新加坡、泰国、越南等东盟成员国中通用。

（六）我国 GMP 认证

我国于 1995 年开始实施 GMP 认证。国家药品监督管理部门主管全国药品 GMP 认证管理工作。

2019 年 12 月，国家药监局发布"关于贯彻实施《中华人民共和国药品管理法》有关事项的公告（2019 年第 103 号）"，规定自 2019 年 12 月 1 日起，取消药品 GMP、GSP 认证，不再受理 GMP、GSP 认证申请，不再发放药品 GMP、GSP 证书。2019 年 12 月 1 日以前受理的认证申请，按照原药品 GMP、GSP 认证有关规定办理。2019 年 12 月 1 日前完成现场检查并符合要求的，发放药品 GMP、GSP 证书。凡现行法规要求进行现场检查的，2019 年 12 月 1 日后应当继续开展现场检查，并将现场检查结果通知企业；检查不符合要求的，按照规定依法予以处理。

任务三 实施 GMP 的三要素

📱 微课

PPT

人员、硬件、软件被称为 GMP 三要素。

一、人员

人员是 GMP 实施的关键。对于一个企业，从产品设计、研制、生产、质控到销售的全过程，人是其中最关键的因素，产品质量的好坏是全体员工工作质量好坏的反映。因此，企业必须按照 GMP 要求对各类人员开展行之有效的教育培训，不断提高人员的素质。

二、硬件

硬件是 GMP 实施的基础。硬件就是药品生产与质量管理所涉及的环境、厂房设施、仪器设备、物料用具等。良好的生产环境、完善先进的厂房设施、精良的设备和仪器、优质的原料是生产合格、优质药品的基础。硬件设施的设计建设、改造和完善是药品生产企业充分评估论证，广泛征求有关专家学者、药品监管部门及本企业生产、质量管理、物控部门等的意见，进行严格的设计确认和安装确认等，为 GMP 的实施奠定坚实的基础。

> **请你想一想**
>
> 药品监管部门在对长春长生 GMP 飞行检查时，发现企业编造生产记录和产品检验记录、随意变更工艺参数和设备。此事件暴露出该企业在 GMP 实施过程中，人员管理方面存在哪些问题？

三、软件

软件是 GMP 实施的保障。对于软件这个要素，企业必须根据硬件条件及生产工艺的要求严格认真制定，在制定过程中要进行必要的验证，确保所制定的软件能达到预定的使用标准。药品生产企业都应建立一套由标准和记录组成的文件系统，必须建立和健全一切涉及药品生产、质量控制、营销活动所必需的书面标准、规程、办法、程序、职责、工作内容等，并对实际生产活动中执行标准的每一项行为进行记录。产品的质量要遵循各种标准，以操作和管理制度来保证。完善实用的管理系统是药品生产质量的保障，GMP 的实践是一个动态过程，与之相对应的软件需要不断地补充、修订、完善。

> **请你想一想**
>
> 假如你是药品口服固体制剂生产的岗位操作人员，在生产过程中发现产品质量不稳定，你能从人员、硬件和软件三方面分析出可能存在的问题吗？

任务四　实施 GMP 的意义与原则

PPT

一、实施 GMP 的意义

1. 有利于企业提高质量管理水平　药品生产企业实施 GMP，就是完善企业质量管理体系，进行前瞻性的、以预防为主的风险管理，以确保生产出合格的药品，对提高整体的质量管理水平有着积极的作用。

2. 有利于标准化管理　药品生产企业推行 GMP，全过程均运用标准化模式管理，有利于生产过程遵循统一的规范标准。

3. 有利于药品生产质量管理与国际规范接轨　GMP 基本框架与内容采用欧盟 GMP 文本，与美国 cGMP 相近，因此，GMP 的实施对我国制药企业的质量管理体系与产品质量为国际所认可，将起到非常重要的作用。

4. 有利于提高产品的竞争能力　药品质量依赖于企业的技术能力和管理水平，实施 GMP 并能通过认证，就是企业信誉和产品质量的一个佐证，是企业形象的重要标志。

5. 有利于保护消费者的利益　企业肩负着重大的社会责任，推行 GMP 是医药企业保障人民用药安全的体现。

二、GMP 基本原则

药品生产企业为规范药品生产行为、正确贯彻实施 GMP，应恪守"守诺、守时、有序、自律、不苟"的精神及下列原则。

（1）明确各岗位人员的工作职责，并通过学习和培训，不断提高各级人员的素质。

（2）在厂房、设施和设备的设计和建造过程中，充分考虑生产能力、产品质量和员工的身心健康。

（3）对设施和设备进行适当的维护，以保证其始终处于良好的状态。

（4）将清洁工作作为日常的习惯，防止产品污染。

（5）开展验证工作，证明系统的有效性、正确性和可靠性。

（6）起草详细的规程，为取得始终如一的结果提供准确的行为指导。

（7）认真遵守书面程序，以防止污染、混淆和差错。

（8）对操作或工作及时、准确地记录归档，以保证可追溯性，符合 GMP 要求。

（9）通过控制与产品有关的各个阶段，将质量建立在产品生产过程中。

（10）定期进行有计划的自检。

目标检测

一、选择题

（一）单项选择题

1.《药品生产质量管理规范》的英文缩写是（　　）

    A. GMP　　　　　B. GSP　　　　　C. GLP　　　　　D. GAP

2. 实施 GMP 最早的国家是（　　）

    A. 英国　　　　　B. 中国　　　　　C. 日本　　　　　D. 美国

3. 导致 GMP 起源的直接事件是（　　）

    A. 口服滴剂事件　　　　　　　　B. 华源事件

    C. 反应停事件　　　　　　　　　D. 齐二药事件

4. 1961 年，发生了震惊世界的"反应停"事件，导致这一灾难事件的药物是（　　）

    A. 庆大霉素　　　B. 阿司匹林　　　C. 沙利度胺　　　D. 青霉素

5. 美国 FDA 于（　　）颁布了第一部 GMP，要求对药品生产的全过程进行规范化管理，否则产品不得出厂销售

    A. 1962 年　　　B. 1963 年　　　C. 1964 年　　　D. 1965 年

6. 在组成 GMP 的三大要素当中，（　　）是最重要的因素

    A. 硬件　　　　　B. 软件　　　　　C. 质量管理体系　　D. 人员

7. 实施 GMP 旨在最大限度地降低药品生产过程中污染、交叉污染以及混淆、差错等风险，确保持续稳定地生产出（　　）的药品

    A. 合格　　　　　　　　　　　　B. 符合预定用途和注册要求

    C. 符合预定用途　　　　　　　　D. 符合注册要求

8. 2010 版 GMP 实施时间是（　　）

    A. 2010 年 3 月 1 日　　　　　　B. 2011 年 1 月 17 日

    C. 2011 年 2 月 24 日　　　　　　D. 2011 年 3 月 1 日

9. 药品生产质量管理规范的基本要求是定位在（　　）

    A. 最低要求　　　B. 最高要求　　　C. 一般要求　　　D. 可选择

10. 制定药品生产质量管理规范的法律依据是（　　）

    A. 药品管理法　　B. 产品质量法　　C. 宪法　　　　　D. 食品药品安全法

11. 我国（　　）年首次颁布《药品管理法》

    A. 1985　　　　　B. 1984　　　　　C. 1988　　　　　D. 1975

12. 下列关于 GMP 的地域性描述中错误的是（　　）

    A. 只有通过这个国家版本的 GMP 认证，药品质量才能得到这个国家（地区）有关政府部门的认可

    B. 通过欧盟的 GMP 认证，不能在德国销售

C. 有的国家既认可本国的 GMP，也认可 WHO 的 GMP、美国的 GMP 等

D. 只有通过这个国家版本的 GMP 认证，才能在这个国家（地区）进行销售使用

13. 国家卫生部于（　　）年颁布了我国第一部《药品生产质量管理规范》

　　A. 1985　　　　　B. 1984　　　　　C. 1988　　　　　D. 1975

（二）多项选择题

14. 实施 GMP 旨在最大限度地降低药品生产过程中（　　）等风险

　　A. 污染　　　　　B. 交叉污染　　　　C. 混淆　　　　　D. 差错

15. GMP 包括（　　）等方面内容

　　A. 质量管理、生产管理、文件管理、自检

　　B. 机构与人员、设备、物料与产品

　　C. 质量控制与质量保证、厂房与设施

　　D. 确认与验证、委托生产与委托检验、产品发运与召回

16. 制药企业实施 GMP 的三要素（　　）

　　A. 硬件　　　　　B. 软件　　　　　C. 质量管理　　　　D. 人员

17. 下列选项中正确的是（　　）

　　A. 美国药品上市是先进行 GMP 检查，再注册

　　B. 我国药品上市是先进行 GMP 检查，再注册

　　C. 美国药品上市是先注册，再进行 GMP 检查

　　D. 我国药品上市则是先注册，药品生产企业符合 GMP 要求，方可进行生产

18. 将 GMP 作为法典规定的国家（　　）

　　A. 美国　　　　　B. 日本　　　　　C. 中国　　　　　D. 瑞典

二、思考题

1. 实施 GMP 的意义是什么？

2. 如何理解"在 GMP 实施过程中，人是最关键的因素"？

　　微课　　　　　　　划重点　　　　　　　自测题

项目二 药品质量管理

学习目标

知识要求

1. **掌握** GMP 关于质量管理的相关要求；质量管理体系及质量风险管理。

2. **熟悉** 药品生产企业质量管理体系基本要求；质量保证和质量控制的区别；质量风险管理流程的相关内容。

3. **了解** 质量管理的发展历程；质量风险管理的特点。

能力要求

1. 能够依据 GMP 的相关规定从事质量管理的相关工作。

2. 能够分析、解决质量管理中存在的问题。

3. 能够正确地分析、评价质量风险。

实例分析

实例 某地药监部门在检查中发现某厂用于生产蛇胆川贝口服液的原料川贝母有吸湿现象，遂对该批川贝母进行了抽验，检验结果不符合药典规定，水分严重超标。已有 50 千克不合格川贝母用于了生产蛇胆川贝口服液，所生产的蛇胆川贝口服液检验结果却显示符合药品标准。

问题 1. 该事件中，相关人员违反了 GMP 对质量管理的哪些规定？

2. 应怎样理解"药品质量是生产出来的，而不是检验出来的"呢？

任务一 质量管理相关概念、发展及要求

PPT

一、质量管理相关概念

1. 质量管理 系指在质量方面指挥和控制组织的协调活动，通常包括制定质量方针和质量目标，以及质量策划、质量保证、质量控制和质量改进。质量管理是为了实现质量目标而进行的所有管理性质的活动，其目的在于防止事故、尽一切可能将差错消灭在萌芽状态，以保证药品质量符合规定要求。

2. 质量方针 系由组织最高管理者正式发布的关于质量方面的全部意图和方向。

3. 质量目标 系在质量方面所追求的目标。

4. 质量策划 系质量管理的一部分，致力于制定质量目标，规定必要的运行过程并提供相关资源以实现质量目标。

5. 质量保证 简称 QA，系致力于提供质量要求会得到满足的信任，为确保药品符

合其预定用途并达到规定的质量要求所采取的所有措施的总和，属质量管理的一部分。

6. 质量控制　简称 QC，系致力于满足质量要求，按照规定的方法和规程对原辅料、包装材料、中间品和成品进行取样、检验和复核，以保证这些物料和产品的成分、含量、纯度和其他性状符合已经确定的质量标准，属质量管理的一部分。

7. 质量改进　质量管理中致力于增强满足质量要求的能力。

二、质量管理的发展

质量管理的产生及发展经历了漫长的历史过程，可以说是源远流长。人类历史上，自有商品生产以来，就有了以商品检验为主的质量管理方法。随着现代创新技术的发展和应用，制药企业的质量管理理念也在不断地发展。制药企业质量管理的发展经历了 3 个阶段：质量检验阶段、生产过程的质量控制阶段以及建立并有效实施质量管理体系的阶段。质量管理相关阶段的发展也可参考国际标准。

（一）制药企业质量管理的发展阶段

1. 质量检验阶段　仅对产品的质量实行事后把关，即强调对最终产品的质量检验。但是，质量检验并不能提高产品质量，只能部分剔除次品或废品，因而只能对产品的质量进行初级的控制。

2. 生产过程的质量控制阶段　强调产品质量不是检验出来的，而是生产制造出来的。因而，应对产品生产的全过程进行质量控制，即对产品生产过程中影响产品质量的所有因素进行控制，从而将质量控制从事后把关提前到产品的生产制造过程，对产品的质量提供了进一步的保证。

3. 建立并有效实施质量管理体系的阶段　强调产品质量首先是设计出来的，其次才是制造出来的。因为产品的生产过程控制和最终的质量控制无法弥补其设计上存在的缺陷，即产品的最初设计决定了产品的最终质量，故将质量管理从制造阶段进一步提前到设计阶段。质量管理体系是通过对产品的整个生命周期（包括产品开发技术转移、商业生产和产品终止）中影响产品质量的所有因素进行管理，从而对产品的质量提供了全面、有效的保证。

（二）国际标准

19 世纪后期，国际标准是从计量单位、材料性能与试验方法和电工领域起步的。20 世纪 50 年代之后，国际标准化组织（ISO）的成立使国际标准随着社会科技进步和经济发展逐步发展起来，标准范围也从基础标准如术语标准、符号标准、试验方法标准逐步扩展到产品标准，从技术标准延展到质量管理体系标准，如 ISO9000 族标准和 ISO14000 族标准。采用国际标准成为各国标准化的基本方法与政策。ISO14000 族标准侧重于活动、产品、服务的环境影响，它不仅要考虑满足质量得到顾客信任的要求，还要指导企业在生产的全过程中实施环境标准，这有利于保护环境、节约资源、降低成本。其重点在于营造良好的环境，以满足顾客需求以外的多方面的利益。ISO 标准化管理认证作为第三方认证，已得到世界各国的公认，在国际贸易中起着举足轻重的作用，其证书已成为国际贸易必不可少的通行证。

GMP 与 ISO 族标准是质量管理发展到全面质量管理后的产物，二者在本质上都是全面质量管理的深入和系统体现，其理念和理论体系都是一致的，但是在推行的法律效力和侧重点上有所不同。二者的对比详见表 2-1。

表 2-1　GMP 与 ISO 族标准对比

项目	GMP	ISO 族标准
管理性质、模式	相同	相同
标准发布组织	政府	标准化组织
法律、认证要求	强制性	非强制性
文件系统	管理、技术、操作标准、记录	质量手册、程序文件、作业指导书、记录
侧重点	产品质量	产品、服务质量，环境影响
适用行业、领域	药品、食品、化妆品、医疗器械等	所有行业、领域和组织

你知道吗

全面质量管理概念的由来

1961 年，美国通用电气公司质量经理菲根堡姆出版了《全面质量管理》一书。在书中，菲根堡姆提到，全面质量管理（TQM）是为了能够在最经济的水平上且在考虑到充分满足用户需求的条件下进行市场研究、设计、生产和服务，把企业各部门的设计质量、过程控制质量和质量改进等活动构成一体的有效体系。简而言之，就是产品质量的好坏不仅取决于最后的检验手段或检验方法的优劣，更取决于市场调研、设计开发、生产控制及后勤物流等产品制造的所有环节。因此，就有必要建立一个和各部门管理水平密切相关的质量管理体系，这样才能真正保证和提高产品质量。全面质量管理的循环工作程序，即计划、执行、检查和处理。一个产品生产的每一个过程都必然会对产品的质量造成影响，而要保证和提高产品质量，就必然需要从产品生产的所有环节和过程去考虑。全面质量管理思想的提出，为质量管理的系统化、科学化提供了指南和依据，对现代质量管理的发展起着深远的影响。

三、质量管理相关要求

GMP 对于质量管理做了相关要求。企业应当建立符合药品质量管理要求的质量目标，将药品注册的有关安全、有效和质量可控的所有要求，系统地贯彻到药品生产、控制及产品放行、储存、发运的全过程中，确保所生产的药品符合预定用途和注册要求。企业高层管理人员应当确保实现既定的质量目标，不同层次的人员以及供应商、经销商应当共同参与并承担各自的责任。企业应当配备足够的、符合要求的人员、厂房、设施和设备，为实现质量目标提供必要的条件。

任务二 质量管理体系

质量管理体系的建立是为了保证产品质量或服务质量满足规定的或潜在的要求而实施的质量管理，是由组织机构、职责、程序、活动、能力和资源等构成的有机整体。质量管理体系的建立和不断完善逐渐成为全球药品生产企业进行质量管理的必然趋

请你想一想

在药品生产企业的质量管理人员如何保证药品质量？

势，而且，近些年美国 FDA 和 ICH 发布了相关的指南，以指导药品生产企业建立和实施质量管理体系。

一、质量管理体系相关概念

1. 体系 系指组织内部相互关联或相互作用的一组因（要）素，又称系统。

2. 质量体系 系指组织内部在质量方面相互关联或相互作用的一组因（要）素。

3. 管理体系 系指组织内部用于建立方针和目标并实现这些目标的指挥和控制因（要）素。一个组织的管理体系可包括若干个不同的管理体系，如质量管理体系、安全管理体系或财务管理体系。

4. 质量管理体系 系指组织内部在质量方面建立方针和目标并实现这些目标的指挥和控制因（要）素。

二、质量管理体系综合评价

（一）评价意义与内容

药品生产企业质量管理体系建立并运行后，要对其适用性与有效性进行认证与评价。认证是指为确信药品、过程或服务完全符合有关的标准或技术规范而由第三机构进行的证明活动。通过认证与评定，一方面可以为企业带来信誉，赢得顾客的信任；另一方面，同时也是更主要的，是确保建立完善的质量管理体系，以进一步提高和保证产品（药品）质量、降低质量成本。评价企业质量管理体系是否适用与有效，具体要看质量要素选择是否完整合理、质量文件是否得到贯彻、质量管理体系是否被全员接受、产品（药品）与服务是否满足用户需要和取得用户信任，以及企业与用户双方在成本、风险与效益上是否得到最佳统一。

（二）评价标准

药品生产企业质量管理体系的评价标准主要有两个方面。首先是整个质量管理体系的评价标准，既要符合国家或行业的有关质量管理体系标准（如 GMP 的规定要求），又要符合 ISO 国际系列标准的原则要求。其次是具体的产品（药品）质量标准和工作、服务质量标准，其检验判定可以采用不同的形式，包括抽样试验、全数试验方式等。受试商品可抽自不同环节，也可通过分析企业已有各类产品（药品）的质量数据和用户反馈意见进行评价。工作、服务质量的评价应按确定的质量要素，逐项对照有关规定和企业自定标准，进行综合评价。

三、质量保证 📱微课1

质量保证（QA）是为确保药品符合其预定用途并达到规定的质量要求所采取的所有措施的总和。质量保证是质量管理体系的一部分，企业必须建立质量保证系统，同时建立完整的文件体系，以保证系统有效运行。质量保证实际上就是通过建立由机构与人员、硬件和软件等各个资源组成的质量管理体系来确保产品质量没有问题。

（一）质量保证系统的目标

（1）药品的设计与研发体现 GMP 的要求。

（2）生产管理和质量控制活动符合 GMP 的要求。

（3）管理职责明确。

（4）采购和使用的原辅料和包装材料正确无误。

（5）中间产品得到有效控制。

（6）确认、验证的实施。

（7）严格按照规程进行生产、检查、检验和复核。

（8）每批产品须经质量受权人批准后方可放行。

（9）在贮存、发运和随后的各种操作过程中有保证药品质量的适当措施。

（10）按照自检操作规程，定期检查评估质量保证系统的有效性和适用性。

（二）药品生产质量管理的基本要求

（1）制定生产工艺，系统地回顾并证明其可持续稳定地生产出符合要求的产品。

（2）生产工艺及其重大变更均经过验证。

（3）配备所需的资源，至少包括：具有适当的资质并经培训合格的人员；足够的厂房和空间；适用的设备和维修保障；正确的原辅料、包装材料和标签；经批准的工艺规程和操作规程；适当的贮运条件等。

（4）应当使用准确、易懂的语言制定操作规程。

（5）操作人员经过培训，能够按照操作规程正确操作。

（6）生产全过程应当有记录，偏差均经过调查并记录。

（7）批记录和发运记录应当能够追溯批产品的完整历史，并妥善保存、便于查阅。

（8）降低药品发运过程中的质量风险。

（9）建立药品召回系统，确保能够召回任何一批已发运销售的产品。

请你想一想

作为药品生产企业的 QA，你如何确保药品符合其预定用途并达到规定的质量要求？

（10）调查导致药品投诉和质量缺陷的原因，并采取措施，防止类似质量缺陷再次发生。

四、质量控制

质量控制（QC）是指按照规定的方法和规程对原辅料、包装材料、中间品和成品进行取样、检验和复核，以保证这些物料和产品的成分、含量、纯度和其他性状符合已经确定的质量标准。质量控制也是质量管理的一部分，强调的是质量要求。质量控制包括相应的组织机构、文件系统以及取样、检验等，以确保物料或产品在放行前完成必要的检验，确认其质量符合要求。质量控制涵盖了药品生产、放行、市场质量反馈的全过程，负责原辅料，包材，工艺用水，中间体及成品的质量标准和分析方法的建立、取样和检验，以及产品的稳定性考察和市场不良反馈样品的复核工作等。

（一）质量控制基本要求

（1）应当配备适当的设施、设备、仪器和经过培训的人员，有效、可靠地完成所有质量控制的相关活动。

（2）应当有批准的操作规程，用于原辅料、包装材料、中间产品、待包装产品和成品的取样、检查、检验以及产品的稳定性考察，必要时进行环境监测，以确保符合GMP的要求。

（3）由经授权的人员按照规定的方法对原辅料、包装材料、中间产品、待包装产品和成品进行取样。

（4）检验方法应当经过验证或确认。

（5）取样、检查、检验应当有记录，偏差应当经过调查并记录。

（6）物料、中间产品、待包装产品和成品必须按照质量标准进行检查和检验，并有记录。

（7）物料和最终包装的成品应当有足够的留样，以备必要的检查或检验。

（8）除最终包装容器过大的成品外，成品的留样包装应当与最终包装相同。

（二）留样要求

药品生产企业按规定保存的、用于药品质量追溯或调查的物料、产品样品为留样。用于产品稳定性考察的样品不属于留样。企业应当按照操作规程对留样进行管理，用于留样的样品要能代表被取样批次整批物料或产品的质量，也可以抽取其他样品来监控生产过程中最重要的环节（如生产的开始和结束环节）。成品留样应该是最终市售包装形式，原料药的留样如无法采用市售包装形式的，可采用模拟包装。用于药品生产的活性成分、辅料（不包括生产过程所用的溶剂、气体和制药用水）和包装材料均需要留样。

企业应根据各自产品特性，如不影响留样的外观完整性，应制定相应的规程对产品留样进行外观检查，其中应规定目检观察的留样数量、频次、判定标准等。留样需要有相应的记录，留样记录应包括如下信息：产品名称、批号、数量、取样时间、失效日期、贮存条件、贮存地点、贮存时间和留样人签名等。企业应该在每年的年初制定出留样目检观察计划并遵照执行，留样目检观察的结果可以在年度产品质量回顾报告中体现。

在企业生产中，QA 与 QC 人员的职责详见表 2-2。

表 2-2　QA 与 QC 的职责

项目	QA	QC
职责	确保工作质量、过程满意	确保产品质量、结果满意
工作核心	纠正、预防差错，完善	发现、指明差错
工作对象	体系	产品
工作领域	内部、外部	内部
工作目标	提供满足质量的信任，相信产品做得满意	提供满足质量的信任，相信产品做得满意

五、质量检验

质量检验就是对产品的一项或多项质量特性进行观察、测量、试验，并将结果与规定的质量要求进行比较，以判断每项质量特性合格与否的一种活动。药品质量检验是指依据药品质量标准规定的各项指标，运用一定的检验方法和技术，对药品质量进行综合评定。药品质量检验是质量管理体系中的一个重要因素。

> **请你想一想**
> 如果你去企业应聘 QC 岗位，你需要达到怎样的技能水平？

药品生产企业检验部门必须按企业规程规定的要求进行取样、检验、留样，相关操作方法等不能随意变更，数据应精确、结论清晰、记录准确。检验后的检验报告书应经检验人、复核人、质量管理负责人签名后方可正式生效，并及时发放至各使用单位；使用单位依据检验结果是否合格来使用物料，合格的物料方可投放使用，合格的中间产品方可放行进入下道工序，合格的成品方可放行进行销售。每批药品的检验记录应当包括中间产品、待包装产品和成品的质量检验记录，可追溯该批药品所有相关的质量检验情况。

六、建立药品生产企业的质量管理体系

在药品生产企业建立健全、完善的质量管理体系，是使其所生产药品质量、工作与服务质量达到最优化的手段。

（一）先决条件

1. 企业负责人的决心和决策　企业最高领导应对建立质量管理体系有明确的认识，明确这项工作的艰巨性和长期性，以及搞好这项工作对企业生存和发展的意义，在有了认识的基础上下定决心并做出决策。这样才能在建立体系的过程中，克服困难、排除干扰，达到建成质量管理体系的目标。

2. 确定组织机构，以保证其阶段性的稳定　企业负责人应亲自主持审定企业现有的组织机构的工作，对不适应的应及时进行调整，在一定时期内保证企业组织机构不再有较大的变更和调整，否则编制的体系文件就需要频繁地修改，质量活动也要相应

地变动，从而影响质量管理体系的有效性。

（二）目标

（1）规定具体的质量方针和目标。

（2）强烈的顾客导向。

（3）为达到这些质量方针和目标所必需的所有活动。

（4）所有活动在组织范围内成为一体。

（5）把质量任务明确分配给全体人员。

（6）特定的供应商控制活动。

（7）全面质量设备鉴定。

（8）规定质量信息的有效流动、处理及控制。

（9）强烈的质量意识和组织范围内积极的质量激励与培训。

（10）规定质量成本及质量绩效的标准及其衡量单位。

（11）纠正措施的有效性。

（12）对体系连续不断的监控，其中包括信息的前馈和反馈、成果分析以及与现有标准的比较。

（13）系统活动的定期审核等。

（三）基本内容

（1）设计体系所选用或参照的标准。

（2）确定符合药品生产企业运行实际情况的质量环。

（3）体系要素的选择。

（4）质量职能的确定和展开。

（5）调整和确定与质量职能相适应的组织机构。

（6）质量职能的分解。

（7）质量责任制。

（8）体系运行、审查和复审的必要程序。

（9）质量成本管理。

（10）制定质量管理体系文件。

（四）基本要求

（1）要明确规定各个部门的质量责任及权限。

（2）要运用科学的管理方法，并形成信息反馈系统。

（3）要注意商流、物流、信息流畅通，以满足各职能部门管理的需要，并按照管理部门进行职能分解，使各级质量要素和各项质量活动都得到落实。

（4）药品生产企业的质量监控管理体系应由质监部门、生产车间、计量部门、仓储部门、供应部门和行政部门等组成。

（5）要把企业内部和必要的外部协作单位组织起来。

（6）要建立有效的管理机构网络和相应的规章制度、工作标准与考核体系。

药品生产质量管理体系见图 2-1。

药品生产质量体系

机构
- 人力资源
  - 人力资源管理
    - 企业负责人
    - 生产负责人
    - 质量负责人
    - 受权人
    - 岗位职务设计、说明
    - 岗位人员录用
    - 人员培训、考核
    - 绩效考核
  - 人员档案
    - 人事档案
    - 健康档案
  - 行政管理
- 质量管理
  - 质量保证
  - 质量控制
- 财务
  - 财务会计
  - 成本核算
- 产品、工艺研发
  - 产品研发
  - 工艺研发
- 供应
  - 采购
  - 运输
  - 仓储
- 工程
  - 生产设备
  - 动力
  - 维修
  - 计量
- 生产
  - 工艺技术
  - 生产调度
  - 生产车间
    - 生产班组
      - 生产工序岗位
  - 行政
  - 后勤
- 产品销售

硬件
- 厂区与厂房设施
  - 行政办公区
  - 生产厂房区
    - 净化
      - 厂房净化
      - 人员净化
      - 物料净化
    - 生产区
    - 仓储区
    - 质量控制区
    - 辅助区
  - 仓库区
  - 辅助区
    - 动力
    - 运输道路
    - 环保设施
    - 公用工程
  - 动物房区
  - 生活区
- 设备
  - 生产设备
  - 制药用水系统
  - 计量设备
  - 检验设备、仪器
  - 动力、辅助设备
- 器具
  - 模具
  - 器具
  - 洁具
- 物料
  - 原料
  - 辅料
  - 中间产品、待包装产品
  - 包装材料
    - 与药品直接接触的包装材料
    - 印刷包装材料
- 成品

机构
- 设备
  - 设计、研发
  - 建设、安装
    - 工程安装
    - 工程维修
  - 备料
    - 供应商
      - 审核
      - 采购
      - 监控
    - 物料
      - 验收
      - 仓储
      - 养护
      - 发料
      - 退仓
  - 卫生
    - 清洁
    - 清场
  - 生产
    - 批号管理
    - 物料平衡
    - 标识管理
    - 污染控制
    - 生产操作
    - 包装操作
  - 委托生产
  - 检验/委托检验
  - 受权人放行
  - 销售
    - 发运
    - 投诉与不良反应报告
    - 召回
  - 确认与验证
  - 纠正偏差/预防偏差/变更
  - 质量风险管理
  - 自检
- 文件
  - 管理标准
  - 质量标准
  - 操作规程
  - 记录/标记/报告/凭证/电子记录

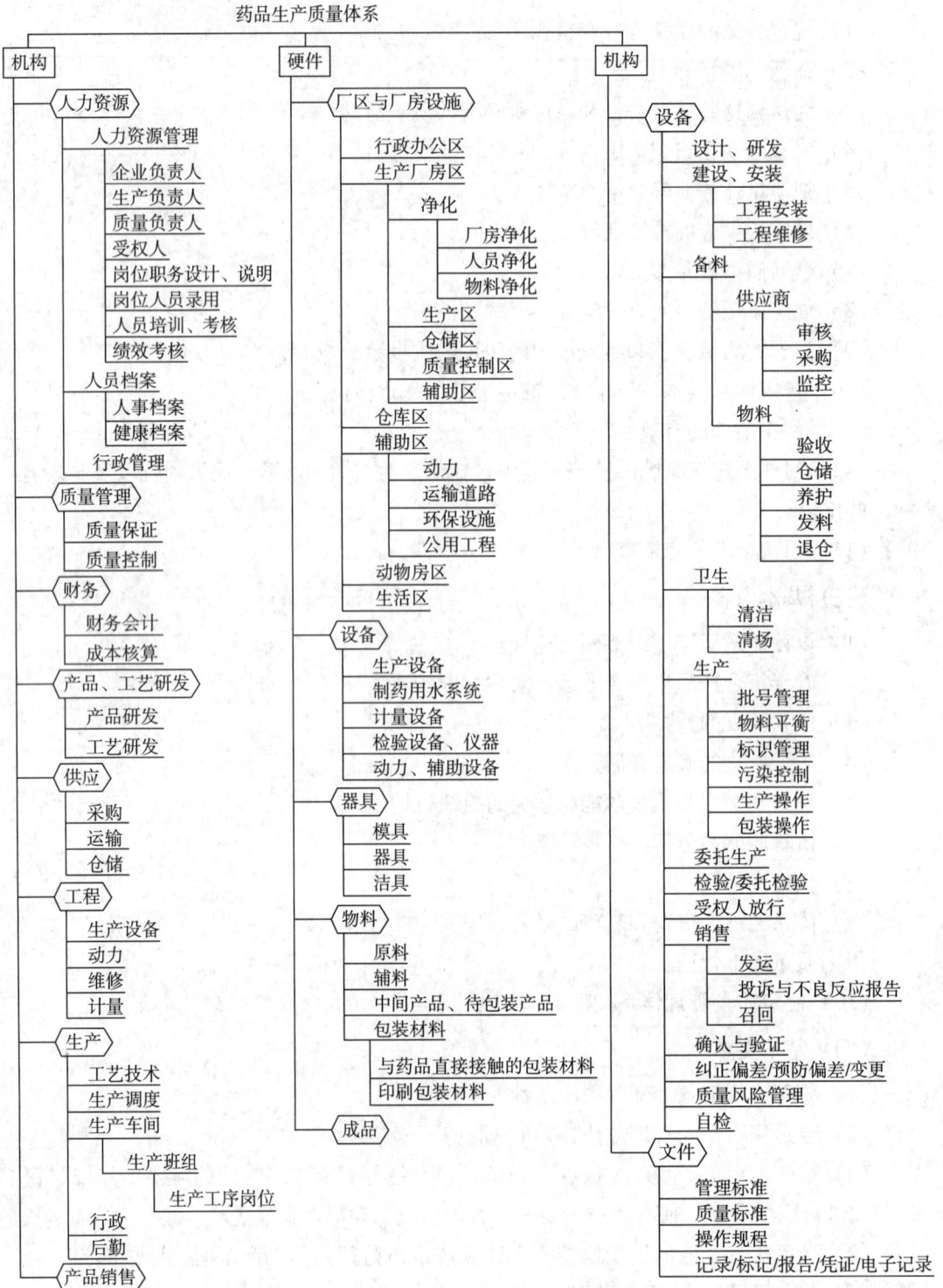

图 2-1 药品生产质量管理体系

任务三 质量风险管理 微课2

PPT

在质量管理体系中，质量风险管理是一种以科学为基础，并且切合实际的决策的过程。有效的质量风险管理能使所做的决策更全面、合理，同时能向管理部门证明企业的风险处理能力，有助于管理部门监督的深度和广度。质量风险也有助于各利益相关者更好地利用资源。质量风险管理贯穿于整个产品生命周期中，正在成为一个有效的质量管理体系的重要组成部分。GMP 对质量风险管理做了相关的规定。企业应当根据科学知识及经验对质量风险进行评估，以保证产品质量。质量风险管理过程所采用的方法、措施、形式及形成的文件应当与存在风险的级别相适应。

一、质量风险管理相关概念

1. 质量风险　指与产品质量相关的危害发生的概率和严重性的组合。

2. 质量风险管理　系在整个产品生命周期中，采用前瞻或回顾的方式，对质量风险进行评估、控制、沟通、审核的系统过程。

3. 风险识别　又称风险辨识，是指运用一定的质量风险管理工具、方法，系统地、连续地认识所面临的各种风险以及分析风险事故发生的潜在原因的行为。

4. 风险评价　是指在识别和分析的基础上，对风险发生的概率、危害程度、检测性等因素进行综合分析，与标准或指标比较，以确定风险的轻重程度，并决定是否需要采取相应措施的过程。

5. 风险控制　采取一定的措施避免和改变风险事件发生的可能性和后果的过程。

6. 风险沟通　即风险通报，就是决策制定者及其他人员间交换或分享风险及其管理等信息的过程。

7. 风险审核　即风险回顾，也称风险评审，是对质量风险管理的全过程进行监控，并定期进行回顾评审。

你知道吗

风险的含义

风险，就是生产目的与劳动成果之间的不确定性，大致有两层含义：一种定义强调了风险表现为收益不确定性。另一种定义则强调风险表现为成本或代价的不确定性。若风险表现为收益或者代价的不确定性，说明风险产生的结果可能带来损失、获利或是无损失也无获利，属于广义风险。所有人行使所有权的活动，应被视为管理风险，金融风险属于此类。而若风险表现为损失的不确定性，说明风险只能表现出损失，没有从风险中获利的可能性，属于狭义风险。风险和收益成正比，所以一般积极进取的投资者偏向于高风险是为了获得更高的利润，而稳健型的投资者则着重于安全性的考虑。

二、质量风险的特点

质量风险的特点有：不确定性、突发性、复杂性、危害性、可检测性、管理决策主观性、相关利益者影响性和人文环境依赖性。

三、质量风险管理的目的

质量风险管理的主要目的是提供证据信息的识别风险，为消除和降低风险提供有效方法。其目的主要包括：①认识风险及其对药品生产管理与质量控制的潜在影响；②识别引发风险的主要因素、系统及企业的薄弱环节；③有利于正确选择消除和降低风险的应对措施；④建立风险优先控制处理顺序；⑤通过调查，采取纠正和预防偏差的措施进行防范；⑥满足监管要求。

四、质量风险管理的原则

企业质量风险管理应遵循的主要原则如下。

（1）质量风险评估要以科学知识为基础，最终目的在于降低质量风险。

（2）质量风险管理程序的实施力度、形式和文件的要求应科学、合理，并与存在风险的级别相适应。

五、质量风险管理的模式

质量风险管理的模式分为风险评估、风险控制、风险沟通、风险审核（即风险回顾）等。

六、质量风险管理的流程

GMP 引入了质量风险管理的概念，在原辅料采购、生产工艺变更、操作中的偏差处理、发现问题的调查和纠正、上市后药品质量的监控等方面，增加了供应商审计、变更控制、纠正和预防措施、产品质量回顾分析等新制度和措施，对各个环节可能出现的风险进行管理和控制，以主动防范质量事故的发生。

质量风险管理流程可以概括为以下几个步骤：风险评估、风险控制、风险沟通、风险审核（图 2-2）。

（一）风险评估

风险评估包括风险识别、风险分析和风险评价。

1. 风险识别　目的是确定可能影响系统或企业工作目标的事件或情况。风险识别可以采用流程分析、记录分析、偏差调查分析、事故调查、回顾验证等方法。一般性风险识别方法包括保险调查法、保单对照法以及资产损失分析法等。个性化的风险识别方法有头脑风暴法、财务报表分析法及流程图分析法等。

风险识别过程包含两个环节：一是感知风险，即了解客观存在的各种风险——可

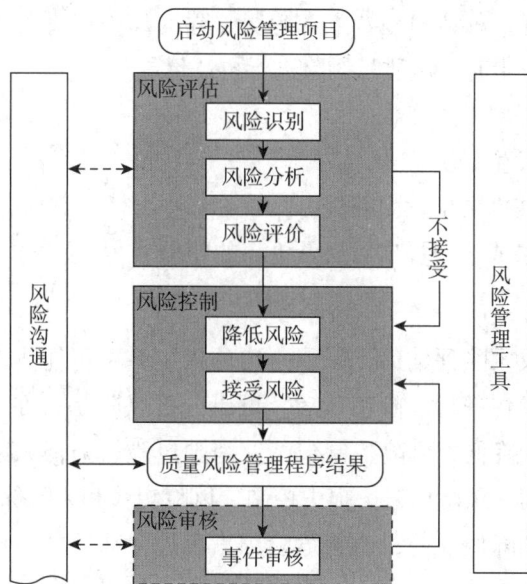

图 2 - 2　质量风险管理流程

能发生的事故；二是分析风险，即分析引起风险事故的各种因素。风险识别可能引入或发现风险的控制要点如下。

（1）新产品、设施、设备等的引入。

（2）内部环境的变化。

（3）发生变更控制、偏差、投诉及纠正和预防措施时。

（4）法律法规等更新或变化的情况下。

（5）周期性风险审核或回顾。

（6）其他引入风险的情况。

2. 风险分析　在风险识别的基础上进行风险分析。风险分析可以增加对风险的理解，为风险评价、决定风险控制的策略和方法提供信息支持的过程，包括初步分析、后果分析、可能性分析、不确定分析和敏感性分析。依据风险的可接受程度，可以将风险划分为以下 3 个区域。

（1）不可接受区域　即高风险或严重风险。在该区域内，无论相关活动可以带来多少收益，风险都是无法承受的，不惜代价也要进行风险控制。

（2）中间区域　即中风险或一般风险。对该区域内风险的控制，需要考虑实施控制措施的成本与收益，并评估机会与潜在后果。

（3）广泛可接受区域　即低风险或轻微风险。该区域中的风险等级轻微或很低，可采取风险防范控制措施。

3. 风险评价　进行风险分析之后，要对风险控制情况进行评价，以观察系统是否有超出当时风险衡量所在状态的情况，是否有必要通过技术改进或采取其他措施降低风险。企业应该建立年度的风险审查制度，全面、系统地分析一年来的产品质量各项指标以及风险控制情况，总结偏差特点和趋势，建立风险降低的改进计划。此外，企业还应该在以下情况发生时，对质量风险进行再评价。

（1）原料产地或辅料发生变化。

（2）工艺或设备发生变更。

（3）法律法规或技术要求发生变更。

（4）企业的管理层或客户提出对质量更高的要求。

（二）风险控制

风险控制是在完成风险评估后，采取一定的措施，尽可能将风险损失控制在可以接受的范围内。管理者在进行风险衡量后，可以分析风险是否在控制之中、风险发生的概率是否可以进一步降低。风险控制包括：消除风险、降低风险和接受风险。风险控制的四种基本方法为：风险回避、损失控制、风险转移和风险保留。

应采取措施消除和降低风险，改善危险因素和质量风险的可测性。对不能消除的风险，要降低到一个可接受的水平；对不能消除的可接受风险要加强管理控制，在控制已识别风险的同时，应采取纠正与预防措施，以避免引入新的风险。

1. 对于高风险　在采取措施消除或降低风险前，不得进行药品生产的任何操作，必须深入调查以查明原因，建立纠正措施、进行整改，还要建立长期预防措施。对纠正与预防措施要评估其有效性。

2. 对于中风险　在采取措施以控制风险发生可能性的同时，可以继续生产，要加强培训与沟通，加强生产过程中的检查、控制；应立即查明原因，采取措施进行整改。

3. 对于低风险　可以继续生产，但需进一步强化和规范生产操作管理，对存在的问题和隐患应及时发现并纠正，并做好预防措施。

（三）风险沟通

风险沟通是风险管理的一部分。企业需要在组织内部进行协商与沟通，以全面了解整个质量风险管理的执行情况及年度风险审查的结果和改进计划等。风险沟通包括许多相关部门间的沟通，所含信息可涉及质量风险是否存在及其本质、法律责任、严重性、可能性、可接受性、处理方法、检测能力或其他内容。

风险沟通是促进风险管理的有效实施，使管理各方均能掌握更全面的信息，从而可以及时调整或改进措施。技术人员、QA、QC、岗位管理人员、生产人员进行信息的传达和沟通，确保在生产中控制风险。质量风险管理过程的所有结果都应记录。协商与沟通主要应该包括以下几方面。

（1）将识别的结果以文件的形式固定下来，并得到质量负责人的批准。

（2）对包括一线操作人员在内的全体管理与技术人员进行培训和考核，使其掌握生产过程中需要控制的关键环节。

（3）质量监督人员与风险管理人员对生产过程中的质量风险的控制情况进行监督，发现偏差应进行及时的记录和处理。

（4）在确保识别出的风险因素全部得到控制的情况下，对生产出的产品的指标检测情况、生产过程的工艺控制情况和生产过程中发生的偏差以及偏差的处理等信息进行分析，以确认是否出现新的或原来没有识别出的偏差。如果有，则重新执行风险识别的过程。

（四）风险审核

风险控制审核是审核系统是否有超出风险控制状态的情形、是否需要通过技术改进或采取其他措施来消除或降低风险。企业应该建立风险审查规程，全面、系统地分析一个周期内产品质量的各项指标

请你想一想

如果你是企业的管理者，你如何在生产过程中降低或消除风险？

以及风险控制情况，总结偏差特点和趋势，建立消除和降低风险的改进计划。此外，原辅料、与药品直接接触的包装材料、工艺、设备、生产环境、检验方法、法律法规或技术要求等发生变更时，企业应重新执行风险识别、评估和控制流程。

目标检测

一、选择题

（一）单项选择题

1. （　　）系致力于提供质量要求会得到满足的信任，为确保药品符合其预定用途并达到规定的质量要求所采取的所有措施的总和
   A. 质量改进　　　B. 质量控制　　　C. 质量保证　　　D. 质量目标

2. （　　）是在整个产品生命周期中采用前瞻或回顾的方式，对质量风险进行评估、控制、沟通、审核的系统过程
   A. 质量管理　　　B. 质量方针　　　C. 质量策划　　　D. 质量风险管理

3. 质量保证的缩写是（　　）
   A. QA　　　　　B. QC　　　　　C. ISO　　　　　D. WTO

4. 下列选项中属于风险评估的是（　　）
   A. 风险控制　　　B. 风险识别　　　C. 风险沟通　　　D. 风险审核

5. GMP 与 ISO 的区别在于（　　）
   A. GMP 仅适用于药品生产　　　　B. ISO 不适用于药品生产
   C. ISO 有法律强制性　　　　　　D. GMP 有法律强制性

6. GMP 规定生产工艺及其重大变更均需要经过（　　）
   A. 审核　　　　B. 复核　　　　C. 验证　　　　D. 确认

7. （　　）思想的提出，为质量管理的系统化、科学化提供了指南和依据，对现代质量管理的发展起着深远的影响
   A. 国际标准　　　B. 全面质量管理　　C. 统计质量管理　　D. 质量检验管理

8. (　　) 是采取一定的措施避免和改变风险事件发生的可能性和后果的过程
    A. 风险控制　　　　　　　　　　B. 风险评价
    C. 风险识别　　　　　　　　　　D. 风险沟通

9. 以下不是依据风险的可接受程度而划分的风险区域是 (　　)
    A. 不可接受区域　　　　　　　　B. 中间区域
    C. 广泛可接受区域　　　　　　　D. 超高风险区域

10. 以下不属于风险控制的是 (　　)
    A. 消除风险　　B. 降低风险　　C. 改善风险　　D. 接受风险

11. 质量控制的缩写 (　　)
    A. QA　　　　　B. QC　　　　　C. ISO　　　　D. WTO

12. 以下不是制药企业质量管理的发展阶段的是 (　　)
    A. 质量检验阶段
    B. 生产过程的质量控制阶段
    C. 建立并有效实施质量管理体系的阶段
    D. 传统质量管理阶段

13. (　　) 是对产品的一项或多项质量特性进行观察、测量、试验,并将结果与规定的质量要求进行比较,以判断每项质量特性合格与否的一种活动
    A. 质量控制　　B. 质量方针　　C. 质量检验　　D. 质量风险管理

14. 以下不属于质量风险管理模式的是 (　　)
    A. 风险评估　　B. 风险控制　　C. 风险沟通　　D. 风险评价

15. (　　) 系指组织在质量方面建立方针和目标并实现这些目标的指挥和控制因(要)素
    A. 质量管理体系B. 风险管理体系　　C. 质量管理体系　　D. 质量评价体系

(二) 多项选择题

16. 制药企业的质量管理发展经过了 (　　) 这几个阶段
    A. 质量检验阶段　　　　　　　　B. 传统质量管理阶段
    C. 生产过程的质量控制阶段　　　D. 建立并有效实施质量管理体系的阶段

17. 全面质量管理的循环工作程序为 (　　)
    A. 计划　　　　B. 执行　　　　C. 检查　　　　D. 处理

18. 以下属于质量管理体系的基本要求的是 (　　)
    A. 要把企业内部和必要的外部协作单位组织起来
    B. 要建立有效的管理机构网络和相应的规章制度、工作标准与考核体系
    C. 要明确规定各个部门的质量责任及权限;要运用科学的管理方法,并形成信息反馈系统
    D. 要注意商流、物流、信息流的畅通,以满足各职能部门管理的需要,并按照管理部门进行职能分解,使各级质量要素和各项质量活动都得到落实

19. 以下不符合留样要求的是（　　　）

　　A. 包装材料不需要留样

　　B. 成品留样应该是最终市售包装形式

　　C. 留样的样品要能代表被取样批次整批物料或产品的质量

　　D. 原料药的留样应该是最终市售包装形式

20. 以下属于风险控制基本方法的是（　　　）

　　A. 风险回避　　　B. 损失控制　　　C. 风险转移　　　D. 风险保留

二、思考题

1. 质量管理体系的基本内容是什么？

2. 详述质量风险管理流程。

微课1　　微课2　　划重点　　自测题

项目三 机构与人员管理

学习目标

知识要求

1. **掌握** 人员及其档案管理的主要规定；人员卫生管理。
2. **熟悉** 培训管理要点；人员进入洁净区的更衣程序。
3. **了解** 药品生产企业机构组成；部门的主要职责。

能力要求

1. 能够根据规定及岗位要求，制定员工培训计划及方案。
2. 能够严格执行标准操作规程（SOP），进出洁净区时正确更衣，并确保不会因为人员卫生影响到产品质量。

实例分析

实例 2008年10月6日，国家食品药品监督管理局接到云南省食品药品监督管理局报告，云南省红河州6名患者使用了标示为黑龙江省完达山制药厂（2008年1月更名为黑龙江完达山药业公司）生产的两批刺五加注射液后出现严重不良反应，其中有3例死亡。10月7日，国家食品药品监督管理局同卫生部组成联合调查组，对事件原因展开调查后发现：完达山药业公司生产的刺五加注射液部分药品在流通环节被雨水浸泡，完达山药业公司云南销售人员张某从完达山药业公司调来包装标签，更换后销售；中国药品生物制品检定所、云南省药品检验所在被雨水浸泡药品的部分样品中检出多种微生物。

问题 1. 依据GMP的规定，被雨水浸泡的药品应如何处理？

2. 该事件应由企业哪个部门负责？

任务一 机构管理

PPT

一、机构设置

建立企业组织机构是实施GMP的基础，药品生产企业应建立完善的组织机构，并有组织机构图，所有部门及负责人员都应有书面规定的明确任务，并被赋予履行其职责的权力。现以某药品生产企业组织机构设置为例进行介绍，见图3-1。

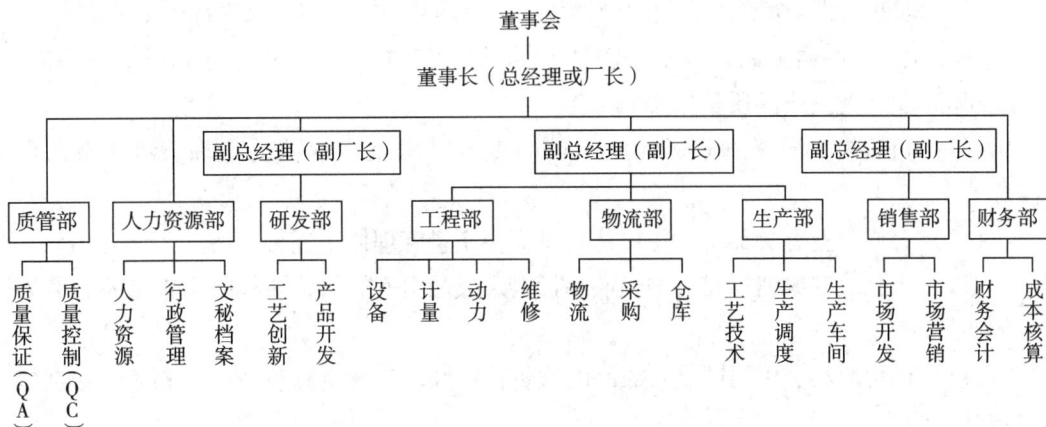

图 3 - 1 某药品生产企业组织机构图

你知道吗

药品生产企业组织机构设置的规定

组织机构设置总的原则是"因事设人",这里的"事"就是GMP,"人"即指人员和组织,应尽可能减少机构的重叠及资源的浪费。

我国 GMP 规定:企业应当建立与药品生产相适应的管理机构,并有组织机构图。企业应当设立独立的质量管理部门,履行质量保证和质量控制的职责。质量管理部门可以分别设立质量保证部门和质量控制部门。美国 GMP、欧盟 GMP 对药品生产企业的组织机构和管理模式都未作出规定,但均要求建立独立的质量管理部门。

二、机构职责

(一)质量管理部门的职责

质量管理部门应当参与所有质量相关的事务。所有与质量有关的文件应当由质量管理部门审核批准。质量管理部门人员不得将职责委托给其他部门的人员。质量管理部门的职责应当以文字形式加以说明,包括但不限于以下内容。

(1)制定企业质量责任制和质量管理及检验人员的职责。

(2)负责组织自检工作。

(3)负责验证方案的审核。

(4)制定和修订物料、中间产品和成品的内控标准及检验操作规程,制定抽样和留样观察制度。

(5)制定检验用设施、设备、仪器的使用及管理办法。

(6)审核成品发放前批生产记录,决定成品是否发放。

(7)审核不合格品处理程序。

（8）定期检测洁净室（区）的尘粒数和微生物数及对制药用水进行质量监测。

（9）负责产品质量指标的统计考核及总结报送工作。

（10）负责建立产品质量档案的工作。

（11）负责组织质量管理、检验人员的专业技术基本规范的培训、考核及总结工作。

（12）会同企业有关部门对主要物料供应商质量管理体系进行评估。

（13）有权决定原辅材料、中间产品投料及成品出库放行，有权提出包装不符合要求的产品返工。

（14）评价原料、中间产品及成品的质量稳定性，为确定物料使用、成品有效期提供数据。

（15）对工厂发生的质量事故，有权提出追查和提出处理意见。

（二）生产管理部门的职责

（1）按书面程序起草、审核、批准和分发各种生产规程。

（2）按照已批准的生产规程进行生产操作。

（3）审核所有的批生产记录，确保记录完整并已签名。

（4）确保所有生产偏差均都已报告、评价，关键的偏差已做调查并有结论和记录。

（5）确保生产设施已清洁并在必要时消毒。

（6）确保进行必要的校准并有校准记录。

（7）确保厂房和设备的维护保养并有相应记录。

（8）确保验证方案、验证报告的审核和批准。

（9）对产品、工艺或设备的变更做出评估。

（10）确保新的（或经改造的）生产设施和设备通过确认。

（三）物流部门的职责

（1）保证本部门所采购的原辅料、包装材料及其他物料符合厂定标准和其他要求。

（2）组织编制并审定采购、仓储方面的管理文件。

（3）按年度、季度和月度生产计划指令采购人员编制相应的采购计划并审核，采购物料，使生产所用的物资及时供应，并使资金合理使用。

（4）参与质保部对供应商、经销客户的资质审查。

（5）负责对进库、在库、出库的物料和成品实施入库验收、在库养护、出库发货。

（6）负责对不合格物料的处理工作。

（7）负责对批准和按程序销毁的物料、成品的管理。

（四）工程部门的职责

（1）负责编制设备操作规程、设备确认和系统验证方案，并组织实施。

（2）负责"三废"处理、环境保护的管理。

（3）负责企业的公用工程，"水、电、汽、气"的供应和管理工作。

（4）负责全厂设备、固定资产的管理工作。

（5）实施三级保养，指导部门人员实施日常保养。

（6）负责重大设备事故的调查分析，填写设备事故报告，提出处理意见。

（7）按 GMP 要求进行计量管理，做好计量器具校准、检定、维护等工作。

（五）人力资源部门的职责

（1）管理并监督定岗、定编方案的实施。

（2）对员工的招收、聘用、调动、辞退的管理。

（3）制定并实施员工工资、劳保方案。

（4）按质量奖惩规程代表公司实施奖惩。

（5）负责公司的培训、考核管理工作。

（6）负责员工的体检及健康档案管理。

（7）建立并管理员工档案。

（六）销售部门的职责

（1）组织编制并审定销售方面的管理文件。

（2）参与质保部对销售客商的资质审查。

（3）负责客商及其产品销售管理。

（4）参与用户访问工作，了解考察本企业产品质量情况和包装质量情况，并提出改进包装质量的措施，不断提高产品质量。

（5）负责开拓新市场，搞好市场调查和预测，为新产品开发提供决策依据。

（6）负责产品退货并参与药品的召回、产品质量投诉的处理。

任务二　人员职责管理

PPT

企业质量保证体系的建立和维护及药品的生产质量管理都要依靠人员，因此，药品生产企业应配备足够数量且具有适当资质（含学历、培训和实践经验）的人员从事管理和各项操作，所有人员应明确并理解自己的职责。

企业的关键人员至少包括企业负责人、生产管理负责人、质量管理负责人和质量受权人，且应为全职人员。质量管理负责人和生产管理负责人不得互相兼任。质量管理负责人和质量受权人可以兼任。

> **请你想一想**
>
> 如果你是质量管理员，需要对采购到货的原料进行取样，恰好你有事情走不开，你可以委托其他部门的人员代你取样吗？请简单陈述理由。

一、企业负责人

企业负责人是药品质量的主要责任人，全面负责企业的日常管理。为确保企业实现质量目标并按照 GMP 规范要求生产药品，企业负责人应当负责提供必要的资源，合理计划、组织和协调，保证质量管理部门独立履行其职责。

二、生产管理负责人

（一）资质

生产管理负责人应当至少具有药学或相关专业本科学历（或中级专业技术职称或执业药师资格），具有至少三年从事药品生产和质量管理的实践经验，其中至少有一年的药品生产管理经验，接受过与所生产产品相关的专业知识培训。

（二）主要职责

（1）确保药品按照批准的工艺规程生产、贮存，以保证药品质量。

（2）确保严格执行与生产操作相关的各种操作规程。

（3）确保批生产记录和批包装记录经过指定人员审核并送交质量管理部门。

（4）确保厂房和设备的维护保养，以保持其良好的运行状态。

（5）确保完成各种必要的验证工作。

（6）确保生产相关人员经过必要的上岗前培训和继续培训，并根据实际需要调整培训内容。

三、质量管理负责人

（一）资质

质量管理负责人应当至少具有药学或相关专业本科学历（或中级专业技术职称或执业药师资格），具有至少五年从事药品生产和质量管理的实践经验，其中至少一年的药品质量管理经验，接受过与所生产产品相关的专业知识培训。

（二）主要职责

（1）确保原辅料、包装材料、中间产品、待包装产品和成品符合经注册批准的要求和质量标准。

（2）确保在产品放行前完成对批记录的审核。

（3）确保完成所有必要的检验。

（4）批准质量标准、取样方法、检验方法和其他质量管理的操作规程。

（5）审核和批准所有与质量有关的变更。

（6）确保所有重大偏差和检验结果超标已经过调查并得到及时处理。

（7）批准并监督委托检验。

（8）监督厂房和设备的维护，以保持其良好的运行状态。

（9）确保完成各种必要的确认或验证工作，审核和批准确认或验证方案和报告。

（10）确保完成自检。

（11）评估和批准物料供应商。

（12）确保所有与产品质量有关的投诉已经过调查，并得到及时、正确的处理。

（13）确保完成产品的持续稳定性考察计划，提供稳定性考察的数据。

（14）确保完成产品质量回顾分析。

（15）确保质量控制和质量保证人员都已经过必要的上岗前培训和继续培训，并根据实际需要调整培训内容。

另外，生产和质量管理负责人通常有以下共同的职责：①审核和批准产品的工艺规程、操作规程等文件。②监督厂区卫生状况。③确保关键设备经过确认。④确保完成生产工艺验证。⑤确保企业所有相关人员都已经过必要的上岗前培训和继续培训，并根据实际需要调整培训内容。⑥批准并监督委托生产。⑦确定和监控物料和产品的贮存条件。⑧保存记录。⑨监督 GMP 执行状况。⑩监控影响产品质量的因素。

四、质量受权人

（一）资质

质量受权人应当至少具有药学或相关专业本科学历（或中级专业技术职称或执业药师资格），具有至少五年从事药品生产和质量管理的实践经验，从事过药品生产过程控制和质量检验工作。

质量受权人应当具有必要的专业理论知识，并经过与产品放行有关的培训，方能独立履行其职责。

（二）主要职责

（1）参与企业质量管理体系建立、内部自检、外部质量审计、验证以及药品不良反应报告、产品召回等质量管理活动。

（2）承担产品放行的职责，确保每批已放行产品的生产、检验均符合质量标准和相关法律法规的要求。

> **请你想一想**
>
> 质量受权人怎样才能独立履行工作职责？企业负责人可以兼任生产管理负责人吗？

（3）在产品放行前，质量受权人必须履行放行职责，出具产品放行审核记录，并纳入批记录。

任务三　人员培训管理

PPT

一、培训的作用和意义

我国 GMP 规定："与药品生产、质量有关的所有人员都应当经过培训，培训的内容应当与岗位的要求相适应。除进行 GMP 理论和实践的培训外，还应当有相关法规、相应岗位的职责、技能的培训，并定期评估培训的实际效果。高风险操作区（如高活性、高毒性、传染性、高致敏性物料的生产区）的工作人员应当接受专门的培训。"

在 GMP 的要素中，人员是主导因素。通过培训，可提升企业的管理水平和员工的综合能力，从而提升企业的竞争力，使企业获得更大的发展和成功。

二、培训的原则

我国 GMP 规定：企业应当指定部门或专人负责培训管理工作，应当有经生产管理负责人或质量管理负责人审核或批准的培训方案或计划，培训记录应当予以保存。药品生产企业的培训是法规的规定，也是企业发展的需求，是企业人力资产增值的重要途径。企业可以通过培训强化员工的质量意识，提升员工的工作技能，改变不良的卫生习惯，增强遵守各项规程的自觉性。药品生产企业的管理者应当按照组织过程、人员的发展和组织文化，以及满足效率的期望，来安排教育和培训。因此，有效的培训应贯彻以下原则。

1. 战略原则 企业要具有战略眼光，从长远发展考虑，在培训方面投入足够的人力、物力和财力。企业最高管理层对培训的认同和支持是培训成功与否的关键。

2. 多层次分级培训原则 一个公司的有效运作，需要不同层次的人员组成团队。应根据各层次工作需要及发展目标，确定人员培训的目标。盲目地追求所有人员高文化、高素质可能造成资源浪费。造就高效团队、适应工作要求，须通过多层次分级培训来实现。

3. 理论联系实际原则 GMP 培训和专业技术培训是药品生产企业质量保证的需要，有十分强烈的实践性。企业发展需要什么、员工缺什么，企业就要培训什么。基层员工的培训要从实际操作练习开始，通过实际操作发现问题，并针对问题讲授方法和理论依据。

三、培训的基本内容

企业要根据所生产品种及员工的实际情况，结合 GMP 的相关要求，制定适合本企业的培训内容。

1. 基础培训 所有新员工，不管其是否来自药品生产企业，均必须经过基础培训。基础培训一般应在新职工录用之日起一个月内进行，具体如下。

（1）企业的概况及基本规章制度培训 应将企业的发展历程和规章制度告诉新员工，应特别强调劳动纪律，让员工牢记企业的各项管理规定，并将其视为行为准则。

（2）GMP 基本知识培训 培训内容因人而异。对有一定学历和知识背景的人员，可以简要地介绍 GMP 的历史和发展过程，以及原则规定与实施方法的内在联系等，也要与实例分析相结合。对基层作业人员，应以 GMP 的基本要求为主，以实例分析入手，解释 GMP 的规定。

（3）微生物学基础和个人卫生习惯培训 有效控制及消除微生物污染是实施 GMP 的重要目的。了解微生物学的基础知识，如微生物的分类、危害性、基本结构、生长繁殖特点、杀灭方法等，对于员工养成良好的个人卫生习惯和减少微生物的危害是非常必要的。

（4）岗位培训　分配到特定岗位的员工，必须接受岗位操作规程和岗位技能的培训。员工应当掌握 SOP 及批生产记录等有关文件规定的具体内容和实际含义，应特别注意教育员工养成及时在操作过程中做好记录的习惯。

（5）岗位实习　经过岗位培训后的员工尚不能立即独立进行操作，尤其是重要操作，如清场。其必须在有资格进行独立操作的员工指导下作业，其记录也必须经指导者检查复核并签字后方可有效。经过一定时间的实习并经考核合格后，由经理或指定人员签发上岗证后方可独立操作。

（6）产品知识培训　生产人员应当了解产品的类别、剂型和基本药理作用，作业过程中的防护措施，意外情况发生后的应急处理等。

2. 再培训　培训对象为经过基础培训的人员。培训内容具体如下。

（1）GMP 各方面及实施细节培训　以 GMP 对生产及质量管理的基本要求为中心，以组织学习或者示范操作等方式强化企业内部的 SOP 等基本管理规定。

（2）药品安全性培训　让员工了解，药品安全性是质量的真正内涵，应从药品质量的实例讨论入手，使其认识到实施 GMP 的必要性和重要性。

（3）避免混淆及污染的培训　介绍混淆及污染的定义、危害，分析造成混淆及污染药品的原因和 GMP 规范对厂房、设备、工艺、物料、人员的要求以及相应的企业内部管理制度；加深员工对混淆和污染的认识、了解，从而避免混淆和污染。

（4）文件系统培训　包含批生产记录、批包装记录、SOP，按照文件规定执行的重要性和必要性，特别要培训怎样如实按照 GMP 的要求记录实际过程中发生的情况。

（5）工艺技术培训　让员工知道相关剂型如片剂、注射剂等的工艺技术，强化员工对所用相关技术控制措施的认识和理解，它们是每个员工做好本职工作的先决条件。

3. 持续培训　药品生产企业必须配备称职的培训人员对员工反复进行 GMP 培训，以保证每一个员工都熟知 GMP 法规对各自的要求。各层次的员工都应参加定期的持续培训，以更新知识、提高认识。尤其在管理规程或操作规程修订后、开始生效之前，必须对相关员工进行培训和考核，以保证所有执行人员都理解、掌握了新规程的内容和要求，使照章办事落到实处。

任务四　人员卫生管理

PPT

人员卫生管理包括保证人员身体健康及着装洁净，以及在生产等过程中不造成具有化学或微生物特性的杂质或异物的不利影响。

一、人员的基本卫生要求

（1）随时保持个人清洁卫生，做到勤剪指甲、勤理发、勤刮须、勤洗衣服、勤洗澡。

（2）工作前洗干净手，不涂化妆品，上岗时不佩戴饰物、手表。进入洁净区的人员通过洗手清除指甲、手、前臂的污物和暂居菌，将长居菌减少到最低程度，抑制微生物的快速再生。洗手方法如下：①在流动水下，使双手充分淋湿。②取适量肥皂（皂液），均匀涂抹至整个手掌、手背、手指和指缝。③认真揉搓双手至少 15 秒钟，应注意清洗双手所有皮肤，包括指背、指尖和指缝，具体揉搓七步骤如下：【内】掌心相对，手指并拢，相互揉搓→【外】手心对手背，沿指缝相互揉搓，交换进行→【夹】掌心相对，双手交叉指缝相互揉搓→【弓】弯曲手指使关节在另一手掌心旋转揉搓，交换进行→【大】右手握住左手大拇指旋转揉搓，交换进行→【立】将五个手指尖并拢放在另一手掌心旋转揉搓，交换进行→【腕】螺旋式擦洗手腕，交替进行（图 3 - 2）。④在流动水下，彻底冲净双手，烘干。 🔲 微课 1

（3）离开工作场地（包括进食、如厕）必须脱掉工作服。

（4）不携带个人物品进入生产区及实验室，不在生产区及实验室内进食。

（5）工作时严禁坐在地上，避免工作服受到污染。

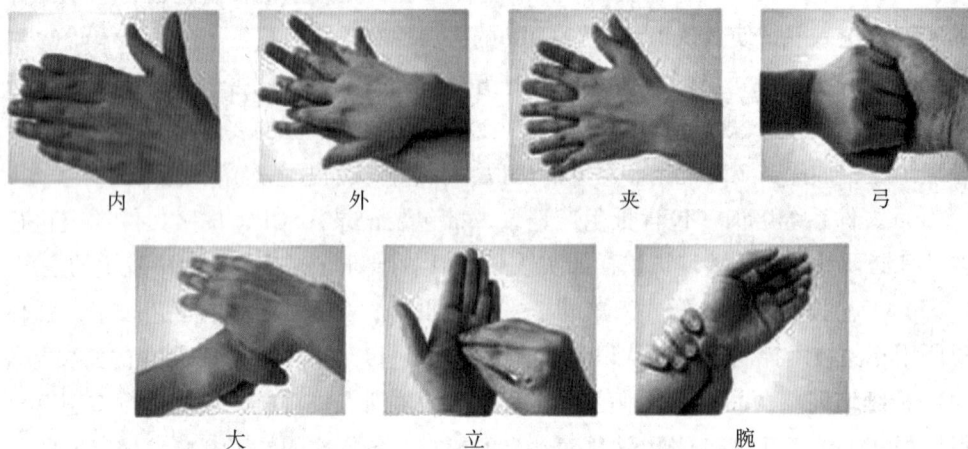

图 3 - 2　七步洗手法

你知道吗

人员是药品生产过程中的最大污染源

洁净室操作人员是最大的污染源。在一间洁净度为 B 级的房间里，一个操作员坐着不动时，每分钟可释放十万到一百万个颗粒，手或头动一下，就会产生 $0.3\mu m$ 的尘埃约 50 万粒，足动一下则是 150 万粒，走动会产生 500 万粒，快走会产生 1000 万粒。这些颗粒主要来自坏死的头发和脱落的皮肤，其他颗粒源还有喷发胶、化妆品、染发和暴露的非洁净服等。

二、人员进入生产区的管理

为保证药品质量，应严格控制人员进入生产车间，确保洁净室洁净度不低于控制标准。企业应制定人员进入一般生产区和洁净生产区的管理规程，明确规定进入不同洁净度级别厂房的程序，进入人数不能超过厂房的设计限度，并按规定着装。

（一）一般生产区人员的更衣程序

（1）进入更衣室换上一般生产区工作服、鞋、帽（工作帽必须罩住所有头发）后方可进入。

（2）进入车间一般生产区后，如要进入洁净区，则按洁净区人员进出 SOP 执行。

（3）如出车间，则应先在更衣室换去工作服、鞋、帽后再出车间。不得穿工作服进入卫生间。

（4）人员进出必须随手关门。

（二）洁净生产区人员的更衣程序 ⓔ 微课2

1. C 级生产区的进出程序

（1）进入生产区大厅，将个人携带物品（雨具等）存放于指定位置。

（2）在更鞋区脱下自己的鞋，放入鞋柜中，更换拖鞋，进入一更室，换工作服、帽子，摘除各种饰物（如手表、手链等）。

（3）进入盥洗室，用流动的纯化水、药皂洗手和面部。

（4）进入二更间，更换工作鞋，脱去工作服，按各人编号从标示"已灭菌"或"已清洗"的容器中领取自己的洁净服，按从上到下的顺序更换洁净服，戴洁净帽、口罩，将衣袖口扎紧，扣好纽扣、领口。戴工作帽时必须将头发完全包在帽内，不外露。换好洁净服后从二更间进入缓冲间（气闸室），手部用75%乙醇溶液或其他消毒液喷洒、擦洗消毒。

（5）通过走道进入 C 级洁净区各工作间。

（6）工作结束更衣：按工作前更衣程序的逆向顺序洗手。在二更换下工作服，将工作服（包括衣服、裤子、帽子）装入原衣袋中，统一收集，贴挂"待清洗"标示。更换工作鞋，离开二更，返回一更。在一更换下拖鞋，放在指定鞋柜内，离开洁净区。

2. B 级生产区的更衣程序

（1）人员进入生产区域大厅，将个人携带物品（雨具等）存放于指定位置，然后在更鞋室脱下自己的鞋，放入鞋柜中，更换拖鞋，进入第一更衣室。

（2）人员在第一更衣室脱去外衣裤放入柜内，换上白大衣，摘除各种饰物（如手表、手链等），进入盥洗室。

（3）用流动的纯化水对手部、面部进行清洗，用药皂反复搓洗至手腕上 5 厘米处。应注意对指缝、手背、掌纹等处加强搓洗。从盥洗室进入缓冲间，更换拖鞋，手部用消毒剂进行喷洒式消毒。用75%乙醇溶液喷洒双手进行手部消毒，全部浸湿 2～3

分钟。

（4）第二更衣室更衣程序：从"已灭菌"标志的 A 袋，按各人编号取出装有无菌衣的洁净袋，检查里外标志是否一致、附件是否齐全，确认无误后换上内衣裤。

（5）通过缓冲间，手部喷洒消毒，进入第三更衣室。

（6）第三更衣室更衣程序：①更换三更工作鞋，手部消毒。②从"已灭菌"标志的 B 袋，按各人编号取出装有无菌衣的洁净袋，检查无误再更衣，戴无菌帽、口罩。注意不得将无菌服接触地面，更衣时人员可站在更衣凳上，扎紧领口、袖口，头发全部包在帽内，不得外露。③衣裤、帽的更换顺序，按照"由上至下"的顺序进行。④穿戴好无菌服后，在衣镜前检查确认穿戴是否合适。

（7）手部再次消毒：在三更缓冲间，手部用 75% 乙醇溶液喷洒消毒后，进入操作间。

（8）退出洁净区时，按进入时的逆向顺序进行。在第二更衣室（不需要手部消毒）将无菌服换下，装入原袋中，统一收集，贴挂"待清洗"标志，离开工作室。

目标检测

一、选择题

（一）单项选择题

1. 药品质量的主要责任人为（　　）
   A. 质量负责人　　B. 质量受权人　　C. 企业负责人　　D. 生产负责人

2. 质量受权人具有至少（　　）从事药品生产和质量管理的实践经验
   A. 一年　　　　B. 三年　　　　C. 五年　　　　D. 七年

3. 七步洗手法的正确步骤是（　　）
   A. 内—夹—弓—大—立—腕—外　　　B. 内—外—夹—弓—大—立—腕
   C. 内—外—大—夹—弓—立—腕　　　D. 内—外—腕—夹—弓—大—立

4. 质量管理负责人具有至少（　　）的药品质量管理经验
   A. 一年　　　　B. 三年　　　　C. 五年　　　　D. 七年

5. 生产管理负责人具有至少（　　）从事药品生产和质量管理的实践经验
   A. 五年　　　　B. 一年　　　　C. 两年　　　　D. 三年

6. 关键人员不能互相兼任的是（　　）
   A. 质量管理负责人与质量受权人
   B. 生产管理负责人与质量受权人
   C. 生产管理负责人与质量管理负责人
   D. 质量受权人与企业负责人

7. 为企业提供必要的资源，进行合理计划、组织和协调，保证质量管理部门独立
   履行职责的人是（　　）

    A. 企业负责人   B. 质量受权人

    C. 生产管理负责人   D. 质量管理负责人

8. 要达到药学或相关专业本科学历（或中级专业技术职称或执业药师资格），有五年从事药品生产和质量管理的实践经验，其中有一年的药品生管理经验，并接受与所生产产品相关的专业知识培训的人员是（　　）

    A. 企业负责人   B. 质量受权人   C. 生产管理负责人 D. 质量管理负责人

9. （　　）应当具有必要的专业理论知识，并经过与产品放行有关的培训，方能独立履行其职责

    A. 质量负责人   B. 质量受权人   C. 企业负责人   D. 生产负责人

10. （　　）确保生产相关人员经过必要的上岗前培训和继续培训，并根据实际需要调整培训内容

    A. 企业负责人   B. 质量受权人   C. 生产管理负责人 D. 质量管理负责人

（二）多项选择题

11. 关键人员应当为企业的全职人员，至少应当包括（　　）

    A. 企业负责人   B. 生产管理负责人   C. 质量管理负责人   D. 质量受权人

12. 质量受权人的主要职责包括（　　）

    A. 参与企业质量管理体系建立、内部自检、外部质量审计、验证以及药品不良反应报告、产品召回等质量管理活动

    B. 承担产品放行的职责，确保每批已放行产品的生产、检验均符合相关法规、药品注册要求和质量标准

    C. 在产品放行前，必须按照相关法规要求出具产品放行审核记录，并纳入批记录

    D. 起草岗位操作规程

13. 下列关于人员卫生的说法正确的是（　　）

    A. 不可以佩戴手表进入生产区   B. 进入卫生间必须脱掉工作服

    C. 不在生产区及实验室内进食   D. 工作时可以坐在地上休息

14. 企业应当设置独立的质量管理部门，履行（　　）的职责

    A. 质量保证   B. 质量控制   C. 管理人员健康体检   D. 设备维护

15. 生产管理负责人和质量管理负责人的共同职责包括（　　）

    A. 审核和批准产品的工艺规程、操作规程等文件

    B. 确保企业所有相关人员都已经过必要的上岗前培训和继续培训，并根据实际需要调整培训内容

    C. 确定和监控物料和产品的贮存条件

    D. 监控影响产品质量的因素

16. 下列关于洁净区人员的卫生要求中正确的是（　　）

    A. 进入洁净生产区的人员不得化妆和佩戴饰物

B. 操作人员应当避免裸手直接接触药品、与药品直接接触的包装材料和设备表面

C. 员工按规定更衣

D. 生产区、仓储区、办公区应当禁止吸烟和饮食，禁止存放食品、饮料、香烟和个人用药品等杂物和非生产用物品

17. 下列关于培训的叙述正确的是（　　　）

A. 高风险操作区的工作人员应当接受专门的培训

B. 所有人员都应当接受卫生要求的培训

C. 再培训的对象为经过基础培训的人员

D. 各层次的员工都应参加定期的持续培训

18. 下列关于关键人员职责的叙述正确的是（　　　）

A. 质量管理负责人承担产品放行的职责，确保每批已放行产品的生产、检验均符合相关法规、药品注册要求和质量标准

B. 质量受权人参与企业质量管理体系建立、内部自检、外部质量审计、验证以及药品不良反应报告、产品召回等质量管理活动

C. 生产管理负责人和质量管理负责人的职责完全不同

D. 生产管理负责人确保完成各种必要的验证工作

19. 生产管理负责人的主要职责包括（　　　）

A. 确保药品按照批准的工艺规程生产、贮存，以保证药品质量

B. 确保严格执行与生产操作相关的各种操作规程

C. 确保批生产记录和批包装记录经过指定人员审核并送交质量管理部门

D. 确保厂房和设备的维护保养，以保持其良好的运行状态

20. 质量管理负责人的主要职责包括（　　　）

A. 确保原辅料、包装材料、中间产品、待包装产品和成品符合经注册批准的要求和质量标准

B. 确保在产品放行前完成对批记录的审核

C. 确保完成所有必要的检验

D. 批准质量标准、取样方法、检验方法和其他质量管理的操作规程

二、思考题

1. 人员进入洁净区的更衣程序是什么？

2. 质量管理负责人的主要职责是什么？

微课1　　　微课2　　　划重点　　　自测题

2

模块二

药品生产企业
硬件管理

项目四 厂房与设施管理

学习目标

知识要求

1. **掌握** GMP 压差规定；生产区域环境参数的设计要求，药品生产环境的空气洁净度级别；洁净室（区）的布置；过滤器按过滤效率的分类。

2. **熟悉** GMP 厂房设计的原则与内容；厂房设计的主要内容；洁净厂房主体装修；仓库设施管理；质量控制区设施管理。

3. **了解** 厂区选址和总体规划与布局的相关规定。

能力要求

1. 能根据药品生产的剂型及工艺判断各工序空气洁净度级别，并按规定从事相关的工作。

2. 能参与厂区和厂房规划、设计，能分析规划和设计的合理性。

实例分析

实例 某中成药生产企业采用封闭式和敞口设备对中药材进行提取、浓缩和收膏，并对干浸膏和直接入药的中药饮片进行粉碎、筛分等操作，这些中药前处理均在非洁净厂房内进行。在 GMP 改造委托设计时，设计院设计的部分工序的厂房需改造为洁净厂房，企业对此感到困惑。

问题 1. 你能依据 GMP 的相关规定解决企业的困惑吗？
2. 哪些中药前处理的工序必须在洁净厂房内进行？

任务一 厂区选址与规划

PPT

一、厂区选址

药品生产新建厂房区和易地改造均需选择厂址。厂址的选择应符合有利生产、保证质量、节省投资和经营费用及方便生活的原则。厂址选择是一项政策性、技术性、经济性很强的综合性工作。必须结合建厂的条件和实际情况，进行调查、分析、论证，最终确定理想的厂址。新建或改建药厂选址应确保合规性和严谨性。

厂区位置的选择应经技术经济方案比较后确定，并符合下列规定：①应设置在大气含尘、含菌浓度低、自然环境较好的区域。②应远离铁路、码头、机场、交通要道以及散发大量粉尘和有害气体的工厂、仓储、堆场，远离严重空气污染、水质污染、振动或噪声干扰的区域。③不能远离以上区域时，应位于其全年最小频率风向的下风侧。④医药工业洁净厂房的净化空气调节系统的新风口与交通主干道近基地侧道路红线之间的距离宜大于50m。

二、厂区总平面设计

厂区的总平面设计应符合国家有关工业企业总平面设计的要求并满足环境保护的要求，同时应避免交叉污染，具体如下。

（1）厂区应按生产、行政、生活、辅助等不同使用功能合理分区布局。

（2）医药工业洁净厂房应布置在厂区内环境清洁且人流、物流不穿越或少穿越的地段，并应根据药品生产特点布局。

（3）根据风玫瑰图，兼有原料药和制剂生产的药厂，原料药生产区应位于制剂生产区全年最小频率风向的上风侧。三废处理、锅炉房等有较严重污染的区域，应位于厂区全年最小频率风向的上风侧。

（4）根据风玫瑰图，青霉素类等高致敏性药品的生产厂房，应位于其他医药生产厂房全年最小频率风向的上风侧。

（5）多条生产线、多个生产车间组合布置的联合厂房，应合理组织人流、物流的走向，同时满足生产工艺流程的要求和消防安全的要求。

（6）厂区内设动物房时，动物房宜位于其他医药工业洁净厂房全年最小频率风向的上风侧。

（7）厂区内应设置消防车道。消防车道的设置应符合现行国家标准《建筑设计防火规范》GB50016的有关规定。

（8）厂区内主要道路的设置应符合人流、物流分流的原则。医药工业洁净厂房周围的道路面层应采用整体性好、发尘少的材料。

（9）医药工业洁净厂房周围应绿化。厂区内空地应采用绿化、碎石或硬地覆盖。厂区内不应种植易散发花粉或对药品生产产生不良影响的植物。

你知道吗

风玫瑰图

风玫瑰图又称风向频率玫瑰图，是根据某一地区多年平均统计的各个方位的风向和风速的百分数值，并按一定比例绘制的。一般用8个或16个罗盘方位表示，由于该图的形状形似玫瑰花朵，故名"风玫瑰"。

风玫瑰图分为风向玫瑰图和风速玫瑰图两种，一般用风向玫瑰图。风玫瑰图一般由当地气象部门提供。玫瑰图上所表示的风的吹向（即风的来向），是指从外面吹向地区中心的方向。在风向玫瑰图中，频率最高的方位，表示该风向出现次数最多。风玫瑰图是药品监督管理部门根据国家有关技术规范在开展建审工作时必不可少的工具。

PPT

任务二 厂房管理

生产厂房是根据生产产品、生产工艺流程、设备、空调净化、给排水及各种设施要求的布局，工艺布局应符合政府颁布的法律法规和规范要求，厂房综合设计应体现设计的规范性、合理性、技术性、先进性和经济性。

一、生产区域的环境参数

（一）一般规定

（1）药品生产区域的环境参数应符合现行 GMP 的规定。

（2）洁净室（区）应以微粒和微生物为主要控制对象，同时应规定环境的温度、湿度、压差、照度、噪声等参数。

（3）环境空气中不应有异味以及影响药品质量和人体健康的物质。

（二）环境参数的设计要求

药品生产有关工序和环境区域的空气洁净度级别，应符合现行 GMP 和《医药工业洁净厂房设计标准》（GB 50457—2019）附录 A 的规定。药品生产环境的空气洁净度级别的设计要求，详见表 4 – 1。

表 4 – 1　药品生产环境的空气洁净度级别的设计要求

药品分类		生产工序				
		A 级（背景 B 级）	A 级（背景 C 级）	B 级	C 级	D 级
无菌药品	最终灭菌药品	—	高污染风险的产品罐装（或灌封）	—	1. 产品灌装（或灌封） 2. 高污染风险产品的配制和过滤 3. 眼用制剂、无菌软膏剂、无菌混悬剂等的配制、灌装（或灌封） 4. 直接接触药品的包装材料和器具最终清洗后的处理	1. 轧盖 2. 灌装前物料的准备 3. 产品配制（指浓配或采用密闭系统的配制）和过滤 4. 直接接触药品的包装材料和器具的最终清洗
无菌药品	非最终灭菌药品	1. 处于未完全密封状态下的产品的操作和转运，如产品灌装（或灌封）、分装、压塞、轧盖等 2. 灌装前无法除菌过滤的药液或产品的配制 3. 直接接触药品的包装材料、器具灭菌后的装配以及处于未完全密封状态下的转运和存放	—	1. 处于未完全密封状态下的产品置于完全密封容器内的转运 2. 直接接触药品的包装材料、器具灭菌后处于密闭容器内的转运和存放	1. 灌装前可除菌过滤的药液或产品的配制 2. 产品的过滤	直接接触药品的包装材料、器具的最终清洗、装配或包装、灭菌

续表

药品分类		生产工序				
		A级（背景B级）	A级（背景C级）	B级	C级	D级
非无菌药品		—	—	—	—	1. 口服液体药品的暴露工序 2. 口服固体药品的暴露工序 3. 表皮外用药品的暴露工序 4. 腔道用药的暴露工序 5. 直接接触以上药品的包装材料的最终处理工序
原料药	无菌原料药	1. 无菌原料药的粉碎、过筛、混合、分装 2. 直接接触药品的包装材料、器具灭菌后的装配	—	直接接触药品的包装材料、器具灭菌后处于密闭容器内的转运和存放	—	直接接触药品的包装材料、器具的最终清洗、装配或包装、灭菌
原料药	非无菌原料药	—	—	—	—	1. 精制、烘干、包装的暴露工序 2. 直接接触药品的包装材料、器具的清洗、装配或包装
生物制品		1. 同非最终灭菌无菌药品各工序 2. 灌装前不经除菌过滤产品的配制、合并、加佐剂、加灭活剂等	—	同非最终灭菌无菌产品各工序	1. 同非最终灭菌无菌药品各工序 2. 体外免疫诊断试剂的阳性血清的分装、抗原与抗体的分装	1. 同非最终灭菌无菌药品各工序 2. 原料血浆的破袋、合并、分离、提取、分装前的巴氏消毒 3. 口服制剂其发酵培养密闭系统环境（暴露部分需无菌操作） 4. 酶联免疫吸附试剂等体外免疫试剂的配液、分装、干燥、内包装
中药		浸膏的配料、粉碎、过筛、混合等与其制剂操作区一致			1. 采用敞口方式的收膏、喷雾干燥收料 2. 中药注射剂浓配前的精制	

在设计厂房时，除了相对应的洁净度要求外，其他参数还应符合以下规定。

1. 洁净室（区）的温度和湿度 药品生产工艺及产品对温度和湿度有特殊要求时，应根据工艺及产品要求确定。药品生产工艺及产品对温度和湿度无特殊要求时，空气洁净度为 A 级、B 级、C 级的洁净室（区）温度应为 20~24℃，相对湿度应为

45%~60%；空气洁净度为 D 级的洁净室（区）温度应为 18~26℃，相对湿度应为 45%~65%；人员净化及生活用室温度，冬季应为 16~20℃，夏季应为 26~30℃。

2. 洁净室（区）的压差 洁净区与非洁净区之间、不同级别洁净区之间的压差应当不低于 10Pa。必要时，相同洁净度级别的不同功能区域（操作间）之间也应当保持适当的压差梯度。即不同空气洁净度级别的洁净室（区）之间以及洁净室与非洁净室之间的空气静压差不应小于 10Pa；洁净室（区）与室外大气的静压差不应小于 10Pa。

3. 洁净室（区）的照度 应根据生产要求设置。生产区应当有适度的照明，目视操作区域的照明应当满足操作要求。具体应符合下列规定：①主要工作室一般照明的照度值宜为 300lx；②辅助工作室、走廊、气锁、人员净化和物料净化用室的照度值宜为 200lx；③对照度有特殊要求的生产岗位可根据需要局部调整，如遇到需要避光或遮光生产的产品则需要对产品暴露的相关生产区域进行局部调整。

4. 洁净室（区）的噪声 非单向流洁净室（区）的噪声级（空态）不应大于 60dB（A）；单向流和混合流洁净室（区）的噪声级（空态）不应大于 65dB（A）。

二、厂房设计 [e]微课

（一）设计原则

医药工业洁净厂房的工艺布局应满足药品生产工艺的要求和空气洁净度级别的要求。工艺布局应防止人流和物流之间的交叉污染，并满足下列基本要求。

（1）人员和物料应分别设置进出生产区域的出入口。人员和物料进入洁净室（区）前应设置净化用室和设施。

（2）对在生产过程中易造成污染的物料应设置专用出入口。

（3）洁净室（区）内工艺设备和设施的设置应满足生产工艺和空气洁净度级别要求。生产和储存的区域不得用作非本区域内工作人员的通道。

（4）输送人员和物料的电梯宜分开设置。电梯不宜设置在洁净室（区）内。

（5）医药工业洁净厂房内物料传递路线应符合工艺生产流程需要，短捷、顺畅。

（二）洁净室（区）的设计

1. 洁净室（区）平面设计 在满足生产工艺和噪声要求的前提下，空气洁净度级别高的洁净室（区）宜靠近空调机房布置，空气洁净度级别相同的工序和洁净室（区）的布置宜相对集中。不同空气洁净度级别洁净室（区）之间的人员出入和物料传送应有防止污染的措施。

2. 厂房内暂存区设计 医药工业洁净厂房内，宜靠近生产区设置与生产规模相适应的原辅料、中间产品和成品存放区域。①存放区域内宜设置待验区和合格品区，也可采取控制物料待检和合格状态的措施。②不合格品应设置专区存放。③生产区和贮存区应当有足够的空间，确保有序地存放设备、物料、中间产品、待包装产品和成品，避免不同产品或物料的混淆、交叉污染，避免生产或质量控制操作发生遗漏或差错。

3. 特殊产品厂房设计 ①高致敏性药品（青霉素类）、生物制品（如卡介苗类和结核菌素类）、血液制品的生产厂房应独立设置，其生产设施和设备应专用。②生产β-内酰胺结构类药品、性激素类避孕药品、含不同核素的放射性药品的生产区必须与其他药品生产区严格分开。③炭疽杆菌、肉毒梭状芽孢杆菌、破伤风梭状芽孢杆菌应使用专用生产设施生产。④某些激素类、细胞毒性类、高活性化学药品的生产区应使用专用生产设施。⑤特殊情况下，当采取特别防护措施并经过必要的验证时，上述药品制剂则可通过阶段性生产方式共用同一生产设施。

一些药品生产区应分开布置，如：①中药材的前处理、提取和浓缩等生产区与其制剂生产区；②动物脏器、组织的洗涤或处理等生产区与其制剂生产区；③原料药生产区与其制剂生产区。

一些生物制品的原料和成品，不得同时在同一生产区域内加工和灌装，如：①生产用菌毒种与非生产用菌毒种；②生产用细胞与非生产用细胞；③强毒制品与非强毒制品；④死毒制品与活毒制品；⑤脱毒前制品与脱毒后制品；⑥活疫苗与灭活疫苗；⑦不同种类的人血液制品；⑧预防类与治疗类制品。

4. 清洗间设计 直接接触物料的设备、容器及工器具的清洗间的设置应符合下列规定：①清洗间应单独设置，清洗间的空气洁净度级别不应低于D级。②空气洁净度为A/B级的洁净室（区）内不得设置清洗间。③不便移动的设备应设置在线清洗、在线灭菌设施。④A/B级洁净室（区）内的在线清洗、在线灭菌设施的下水及蒸汽凝水必须排出本区域外。⑤清洗后的物品应在清洁干燥通风的条件下存放。⑥A/B级洁净室（区）内使用的物品在清洗后应及时灭菌，灭菌后的存放应保证其无菌状态不被破坏。

5. 洁具间设计 ①洁净室（区）的清洁工具洗涤、存放应设置单独的房间，其空气洁净度级别不应低于D级。②A/B级洁净室（区）内不应设置清洁工具的洗涤间，清洁工具不宜在A/B级洁净室（区）内存放。③在A/B级区域内存放的清洁工具必须经过灭菌处理。

> **请你想一想**
> A/B级的洁净室（区）内可以设置清洗间吗？请简要说明理由。

6. 洗衣间设计 ①洁净工作服洗衣间宜单独设置，洁净工作服的洗涤、干燥和整理室，其空气洁净度级别不应低于D级。②不同空气洁净度级别的洁净室（区）内使用的工作服，应分别清洗、整理。③A/B级洁净室（区）内使用的工作服洗涤干燥后，宜在A级送风保护下整理，并及时灭菌。

7. 无菌生产区设计 无菌生产洁净室应根据无菌生产工艺要求，确定核心生产区并设置必要的防护措施，避免生产过程受到污染。①无菌生产洁净室的人流、物流设计必须合理，以减少不必要的交叉影响。②无菌生产洁净室内不应设置与无菌生产无关的房间。③无菌生产洁净室应

> **请你想一想**
> 无菌生产洁净室内可以设置地漏和水池吗？

设置物品传递的通道。④传入无菌生产洁净室的物品应有灭菌和消毒设施。⑤无菌生产洁净室内不应设置地漏和水池。⑥无菌生产洁净室所用的水应经过灭菌处理。⑦无菌生产洁净室内的设备/器具使用完毕后应移出本区域清洗，并经过灭菌后进入。⑧无菌生产洁净室内设备通气口应设置除菌过滤器。⑨灭菌产生的水蒸气应排出无菌生产洁净室。⑩无菌生产洁净室应设置环境消毒灭菌设施，以降低环境的微生物负荷。⑪无菌生产洁净室内使用的清洗剂和消毒剂应经过灭菌或除菌处理。

三、洁净厂房装修

（一）主体装修

洁净厂房的装修在设计和施工时应避免出现清洁死角，不积尘，便于清洁。洁净室地面应采用环氧树脂或耐磨 PVC 塑胶地板。洁净室（区）的内墙及天花板宜采用彩钢板，表面应平整光滑、无损伤、无脱漆、无裂缝、接口严密、防霉、防静电、能耐受清洗和消毒。墙壁与地面的交界处宜成弧形，接缝处应有嵌缝胶密封，以减少灰尘积聚和便于清洁。若采用轻质吊顶制作技术夹层，应在夹层内设置检修走道。

洁净室（区）的门、窗造型要简洁，门框不留门槛。外墙上的窗宜与内墙面持平，窗边呈斜角，且为双层固定窗，以保持良好密封和减少能量损失。洁净室（区）的窗户、天棚及进入室内的管道风口、灯具外壳或底座与墙壁或天棚的连接部位均应密封，采用密封胶封闭。水、电、气、汽的主管线宜接在技术夹层内。制剂的原辅料称量通常应当在专门设计的称量室内进行。产尘操作间（如干燥物料或产品的取样、称量、混合、包装等操作间）应当保持相对负压或采取专门的措施，以防止粉尘扩散、避免交叉污染且便于清洁。

（二）电气照明

洁净区内，各类电气装置应可靠接地。洁净区的电气配线采用在技术夹层内以电缆托架悬挂及电缆管槽的方式接至用电设备。洁净室的电线应暗装，进入室内的管线口应用硅胶之类严格密封。电源插座应采用嵌入式。洁净室内应设报警装置。

洁净室（区）应根据生产要求提供足够的照明。洁净区照明灯具应为密封式，应易于清洁和更换、不变形、不易破碎。洁净区域内，应在每个操作室和通道内设置安装带自充电电池的应急照明灯具。洁净区安装的电话应采用洁净区专用无话筒平板封闭电话。

（三）供排水

洁净区内的供排水应敷设在技术夹层、技术夹道内或地下埋没。洁净区内应尽量不敷设管道，除物料管和制药用水管明敷外，其他引入洁净室内的支管宜暗装。洁净区内的冷管外表面应采取有效保温并防止结露。

生产厂房的排水系统设计，应根据生产的废水性质、浓度、水量等特点来确定；根据排水不同情况、不同条件，确定对排水综合利用或做废水处理。

洁净区内安装的水池、地漏不得对药品产生污染。洁净室内的地漏应采用不锈钢洁净地漏,地漏的内表面应光洁、不易结垢;地漏应有螺纹密封盖,开启方便、便于消毒处理,且能防止废水、废气倒灌。设备排水管能入地面排水管应采用密封胶封闭,不得留有缝隙。空气洁净级别为 A 级、B 级的洁净室内不应设置地漏。

(四) 管道

洁净室内工业管道不应穿越无关房间,主管应敷设在上、下技术夹层或夹道内,易燃、易爆、有毒物质管道应明敷。管道系统应尽量短,应设必需的吹除口、放净口和取样口。

四、厂房净化

药物制剂生产环境分为一般生产区和洁净区。洁净区是指需要对环境中尘粒和微生物数量进行控制的房间(区域),其建筑结构、装备应当能够减少该区域内污染物的引入、产生和滞留。我国现行 GMP 把洁净区划分为 4 个洁净度级别,由高到低的顺序为:A 级、B 级、C 级和 D 级。洁净厂房应符合 GMP 的空气洁净度要求,洁净区悬浮粒子数的标准见表4-2,洁净区微生物数监测的动态标准见表4-3。

表4-2　洁净区悬浮粒子数的标准

洁净度级别	悬浮粒子最大允许数/立方米			
	静态		动态	
	≥0.5μm	≥5μm	≥0.5μm	≥5μm
A 级	3520	20	3520	20
B 级	3520	29	352000	2900
C 级	352000	2900	3520000	29000
D 级	3520000	29000	不作规定	不作规定

表4-3　洁净区微生物数监测的动态标准

洁净度级别	浮游菌 cfu/m³	沉降菌 (f90mm) cfu/4h	表面微生物	
			接触碟 (f55mm) cfu/碟	5 指手套 cfu/手套
A 级	<1	<1	<1	<1
B 级	10	5	5	5
C 级	100	50	25	–
D 级	200	150	50	–

你知道吗

洁净区生产环境监测

医药工业洁净厂房应设置净化空气调节系统自动监测与控制装置,包括参数检测、参数与设备状态显示、自动调节与控制、工况自动转换、设备连锁、自动保护与报警、能量计量及中央监控与管理等。系统设置应优先满足生产工艺要求，并应根据建筑物的功能与标准、系统类型、设备运行以及节能要求等因素，通过技术经济比较确定。

在净化空气调节系统运行中，应对静态、动态条件下的洁净室（区）的空气洁净度，温度、湿度，室内压差值，单向流速度及流型等与运行有关的参数进行监测和记录，并应设置关键参数超限报警。

无菌生产洁净室的空气悬浮粒子应进行静态和动态监测，微生物应进行动态监测。

无菌生产的关键操作区应对空气悬浮粒子进行动态连续监测，连续监测系统宜与净化空气调节系统的控制系统分开设置。

静态是指所有设备均已安装就绪，但未运行且没有操作人员在现场的状态。动态是指生产设备均按预定的工艺模式运行且有规定数量的操作人员在现场操作的状态。

（一）过滤器类型

空气净化是以创造洁净空气为目的的空气调节措施。空气净化技术是指为达到某种空气净化要求而采取的净化技术，是一项综合性技术。为了获得良好的洁净效果，不仅要采用合理的空气净化技术，还必须对建筑、设备、工艺等采取相应的措施并严格管理。

洁净室的空气净化技术多采用空气滤过法。常用的空气过滤器按效率可分为初效、中效和高效过滤器。在空气净化系统中，一般采用三级过滤装置，第一级使用初效过滤器，第二级使用中效过滤器，第三级使用高效过滤器。

1. 初效过滤器 主要是滤除 >10μm 的微粒，用于新风过滤。滤材一般采用易清洗、易更换的粗、中孔泡沫塑料或涤纶无纺布。

2. 中效过滤器 可滤除 1~10μm 的尘粒，为袋式过滤器。滤材一般为玻璃纤维、无纺布或中、细孔泡沫塑料。常用于风机之后、高效过滤器之前，用于保护高效过滤器。

3. 高效过滤器 用于过滤 1μm 的尘粒，一般置于通风系统末端，即室内通风口上。滤材用超细玻璃纤维滤纸，滤尘率高达 99.97%。

药品生产对厂房的净化空调系统的技术要求是：对进入洁净室（区）的空气进行过滤除尘处理，使之达到生产工艺要求的空气洁净度级别。在满足生产工艺条件的前提下，应利用循环回风，调节新风比例，合理节省能源，确保洁净室（区）内的空气洁净度、温度和相对湿度。

目前药品生产企业多采用集中式净化空调系统：初效、中效过滤器与温湿度调节设备风机、冷却器、加热器、加湿器等组成空调系统，置于空调机房，利用管道将具有适合的温度、相对湿度的空气送至洁净室，并与高效过滤器连接而成。

（二）洁净室（区）压差

洁净室（区）的压差应符合规定。净化空气调节系统应采取维持系统风量和各房间压差的措施。

1. 指示压差 设计洁净室（区）时，应在以下位置设置指示压差的装置：①洁净室与非洁净室之间；②不同空气洁净度级别的洁净室之间；③相同洁净级别生产区内，需要保持相对负压或正压的较重要的操作间；④物料净化用室的气锁、不同洁净级别的更衣室之间，用以阻断气流的正压或负压气锁；⑤采用机械方式连续传送物料进出的洁净室之间。

2. 正压差 空气洁净度不同的相邻洁净室之间的空气静压差应保持大于10Pa，洁净室（区）与外界大气的静压差应保持大于10Pa。必要时，相同洁净度级别的不同功能区域（操作间）之间也应当保持适当的压差梯度。

3. 负压差 在某些特殊情况下，洁净室（区）可以与相邻洁净室（区）保持相对负压。例如：生产过程中散发粉尘的医药净室；生产程中使用有机溶媒的医药净室；生产过程中产生大量有害物质、热湿气体和异味的洁净室（区）；青霉素类等特殊性质药品的精制、干燥、包装室及其制剂产品的分装室；三类（含三类）危害程度以上的病原体操作区；放射性药品生产区。

（三）气流流型

气流流型是指洁净室内的气流流向和均匀度。按气流流向分为单向流（层流）和非单向流两种形式。其中，层流有垂直层流和水平层流两种。垂直层流多用于灌装点局部保护和层流工作台；水平层流多用于洁净室的全面洁净控制。

气流流型应满足空气洁净度级别的要求。空气洁净度为 A 级时，气流应采用单向流流型。空气洁净度为 B 级、C 级、D 级时，气流应采用非单向流。非单向流气流流型应减少涡流区。在混合气流的洁净室（区）内，气流流向应从该空间洁净度较高一端流向略低一端。

洁净室（区）气流分布应均匀。气流流速应满足生产工艺、空气洁净度级别和人体卫生的要求。洁净室（区）气流的送风、回风方式应符合的规定详见表4-4。

表4-4 洁净室（区）气流的送风、回风方式

空气洁净度级别	气流流型	送风回风方式
A 级	单向流	水平、垂直
B 级	非单向流	顶送下侧回、上侧送下侧回
C 级	非单向流	顶送下侧回、上侧送下侧回
D 级	非单向流	顶送下侧回、上侧送下侧回、顶送顶回

洁净室（区）内各种设施的布置，除应满足气流流型和空气洁净度级别的要求外，还应符合下列规定：①单向流区域内不宜布置洁净工作台，在非单向流洁净室（区）内设置单向流洁净工作台时，其位置宜远离回风口；②易产生污染的工艺设备附近应设置排风口；③有局部排风装置或需排风的工艺设备，宜布置在洁净室（区）下风侧；④有发热量大的设备时，应有减少热气流对气流分布影响的措施；⑤余压阀宜设置在洁净空气流的下风侧；⑥特殊性质药品生产区排风系统的空气均应经高效空气过滤器过滤后排放。

你知道吗

洁净工作台

　　洁净工作台是一种提供局部无尘、无菌工作环境的空气净化设备，它还能将工作区已被污染的空气通过专门的过滤通道人为地控制排放，以避免对人和环境造成危害，是一种安全的微生物专用洁净工作台，也广泛应用于生物实验室、医疗卫生、生物制药等相关行业。其工作原理如下：洁净工作台的洁净环境是在特定的空间内，洁净空气按设定的方向流动而形成的。由供气滤板提供的洁净空气以一个特定的速度下降通过操作区，在操作区的中间分开，由前端空气吸入孔和后吸气窗吸走，在操作区下部前后部吸入的空气混合在一起，并由鼓风机泵入后正压区。在机器的上部，30% 的气体通过排气滤板从顶部排出，大约 70% 的气体通过供氧滤板重新进入操作区。为补充排气口排出的空气，同体积的空气通过操作口从房间空气中得到补充，这些空气绝对不会进入操作区，只是形成一个空气屏障。按气流方向来分，现有的超净工作台可分为垂直式、由内向外式以及侧向式。从操作质量和对环境的影响的角度来考虑，垂直式较为优越。

任务三　设施管理

PPT

一、仓储区设施

　　仓储区的设计和建造应当确保良好的仓储条件，并有通风和照明设施。仓储区应当能够满足物料或产品的贮存条件（如适宜的温湿度、避光）和安全贮存的要求，并进行检查和监控。

（一）温湿度要求

　　仓储区的温度、湿度和照明应符合 GMP 和《中华人民共和国药典》（2020 年版，以下简称《中国药典》）的规定；常温保存的环境，其温度范围应为 10～30℃；阴凉保存的环境，其温度范围应为 ≤20℃；凉暗保存的环境，其温度范围应为 ≤20℃，并应避免直射光照；低温保存的环境，其温度范围应为 2～10℃；储存环境的相对湿度宜为 35%～75%；贮存物品有特殊要求时，应按物品性质确定环境的温度、湿度参数。

（二）仓储区平面设计要求

　　（1）仓储区有足够的空间，必须满足物料、成品的储存要求。原料、辅料、包装材料、中间产品、成品、待检品、合格品和不合格品、退回的或回收的产品等按秩序合理储存，并有明显状态标识。

　　（2）高活性的物料或产品以及印刷包装材料应当贮存于安全的区域。对于含青霉素类、激素类等的原料应分开放置于专库或专室。

（3）仓库与外界、仓库与生产区接界处都应有气锁间，气锁间两边均应设门，并设互锁，两边门不可同时开启。门的密封程度必须符合防鼠、防虫和防火要求。

（4）由于进库的原、辅料和出厂的成品都需要化验，仓库里应考虑设置中间区：一种是待验区，另一种是备料发料区。在物料接收区有外包装清洁场所。取过样的样品可转入待验区，合格后转入合格区，挂牌表示。待验区的取样间为质检取样专用区域；取样间内常装有层流装置；取样间内只允许放一个品种、一个批号的物料，以免混料。取样场所（室）的洁净级别与生产要求一致，应设有必要的防止污染和交叉污染的有效设施。

（5）仓库内还应设器具室和清洁室，分别放置专用的器具和清洁工具。

（6）仓库至少应有三个通道：①人流通道；②辅料、包装材料等进口通道；③成品出口通道；。

（7）仓库周围不允许有窗，即便有窗也应采用封闭式或不允许开启，以防积尘，也防鼠类、虫类进入。

（8）仓库内不得设置地沟、地漏，以防微生物污染和滋生。

（9）物料都应堆放在地台板上，最好采用金属或塑料地台板，其高度至少为10cm，其结构应便于清洁和冲洗。

（10）仓库中的设备主要是高位铲车、手铲车、清洗机、手叉车、取样间的净化工作台、特殊要求的空调恒温恒湿机组、冷库的冷冻机组、管理上的计算机设施等。

二、物料净化设施

进入洁净区的物料必须有与生产区洁净级别相适应的净化用室和设施，根据实际情况可采用物料清洁室、气锁间或传递窗进入洁净区。针对进入非最终灭菌的无菌药品生产区的原辅料、包装材料和其他物品，必要时还应设置灭菌室或灭菌设施，但不得对洁净环境产生不良影响。

洁净区内的中间产品不宜直接进入一般生产区，可采用传递窗、气锁间或设置相应的设施进入一般生产区，传输带不得穿越不同洁净级别区域。非无菌药品生产用物料从一般区进入洁净区，必须经物净系统（包括外包装清洁处理室和传递窗）在外包装清洁处理室对其外包装进行净化处理后，经有出入门联锁的气锁间、传递窗或货淋室进入洁净区。生产中的废弃物不宜与物料进口合用一个气锁间或传递窗。

联锁传递窗主要用于在洁净区与洁净区之间、洁净区与非洁净区之间小件物品的传递时对物料进行净化，同时保证相邻的两室之间的封闭。联锁传递窗是一种洁净室的辅助设备，其用途就是保证物

> **请你想一想**
>
> 联锁传递窗都有哪些装置？传递废弃物时需要自净和杀菌吗？

料洁净进入本区域，并始终保证洁净室封闭。窗内装有紫外线杀菌灯，自净传递窗装有高效空气过滤器、风机等净化装置。

三、质量控制实验室设施

质量控制实验室应根据需要设置各种理化检验、仪器分析、生物检定、微生物检验、中药标本、留样观察室以及其他各类实验室，具体要求如下。

（1）质量控制实验室应与药品生产区严格分开。无菌检查、微生物检查、抗生素微生物检定、放射性同位素检定和阳性对照实验室等应分开设置。

（2）各微生物实验室的设置应符合：无菌检查实验应在 B 级背景下的 A 级单向流洁净区域完成，或在 D 级背景下的隔离器中进行；微生物限度检查实验应在 D 级背景下的 B 级单向流洁净区域进行。

（3）阳性对照试验和抗生素微生物检定试验应根据所处理对象的危害程度分类及其生物安全要求，在相应等级的生物安全实验室内进行。

（4）各微生物实验室应根据各自的空气洁净度要求，设置相应的人员净化和物料净化设施，并应有效避免互相间的干扰。

（5）有特殊要求的分析仪器应设置专门的仪器室并有相应的措施。

（6）实验动物房应当与其他区域严格分开，并应具有独立的空气处理设施和动物专用通道。

四、称量室

称量室是防止人为差错的首要区域。在从前的厂房设计中，没有设置固定的称量室，常在配料岗位旁进行称量，将剩余的原辅料就地存放，稍有疏忽就会酿成大错。设置固定的称量室是防止差错的有效途径。称量室可以按产品品种分散设置，也可以集中设置；称之为中心称量室。

根据药品生产工艺要求，洁净室（区）内设置的称量室和备料室，其空气洁净度级别应与生产要求一致，并有捕尘和防止交叉污染的设施。

进行物料的称量和前处理（如原辅料的加工和处置）的区域都是粉尘散发较严重的场所，因此，在布置中，为了加强除尘措施，这些岗位尽可能采用多间独立小空间，以利于提高排风和除尘效率，也有利于不同品种原料的加工和称量。这些加工小室在空调设计中特别要注意保持负压状态，另外在设计中特别要注意减少积尘点。如自净循环系统的称量室在国外和国内一些合资企业使用较多，它的优点是可创造洁净环境，并可以省去专门的除尘系统。

五、辅助设施

辅助设施包括机修、动力、公共工程和休息室等。辅助设施可根据需要设置，宜设在洁净区外，不可直接与洁净区和质量控制区及仓储区相通，不得对洁净区产生不良影响。

人员从一般生产区进入控制区，即洁净区，必须先通过人员更衣净化设施，按相应的净化程序净化，以避免造成污染。

人员净化用室包括雨具存放室、换鞋室、存外衣室、盥洗室、更换洁净工作服室、气锁室（或风淋室）。生活用室包括盥洗室、淋浴室、休息室，可根据需要设置，宜设在洁净区外，不得对洁净区产生不良影响。净化用室的面积应根据工作人员数量合理确定。净化用室要求与生产区的空气洁净度级别相适应。

人员净化设施要按照相应的净化程序设计、设置。人员净化程序分为非无菌产品生产区人员净化程序和无菌产品生产区人员净化程序两种。净化室中，私人外衣和洁净工作服应分室放置。存衣柜应按设计人数每人一柜。洁净区入口处设置气锁间，有的还设置风淋室。气锁间的出入门应有电子联锁等防止同时打开的设施。

目标检测

一、选择题

（一）单项选择题

1. 药品生产洁净厂房设置气锁间的目的是人员或物料出入时，控制（   ）
   A. 人员　　　　　　　　　　　　B. 气流
   C. 物料　　　　　　　　　　　　D. 气体

2. 洁净区与非洁净区之间，不同级别洁净区之间的压差应当不低于（   ）
   A. 5Pa　　　　　　　　　　　　B. 10Pa
   C. 15Pa　　　　　　　　　　　　D. 20Pa

3. 下列洁净区中洁净度级别最高的是（   ）
   A. D 级　　　　　　　　　　　　B. C 级
   C. A 级　　　　　　　　　　　　D. B 级

4. 中药注射剂浓配前的精制工序应当至少在（   ）洁净区内完成
   A. D 级　　　　B. C 级　　　　C. A 级　　　　D. B 级

5. 某企业生产的产品 A，产品说明书中的贮存条件为：置于阴凉干燥处。其库房温度应为（   ）
   A. ≤30℃　　　　　　　　　　　B. ≤20℃
   C. 8～30℃　　　　　　　　　　D. 2～8℃

6. 非最终灭菌产品直接接触药品的包装材料、器具灭菌后处于密闭容器内的转运和存放应在（   ）
   A. B 级背景下的 A 级　　　　　　B. B 级
   C. C 级　　　　　　　　　　　　D. D 级

7. 根据药品生产厂区规划布局设计应遵循的原则，下列选项中叙述错误的是（　　　）

    A. 应符合功能区域规划原则　　　　　　　　B. 应符合工艺及洁净原则

    C. 应符合设施配套原则　　　　　　　　　　D. 应符合物流随人流统一配置原则

8. 仓库按储存条件分为普通库、常温库、阴凉库、冷库、冷冻库等，其中，冷库的温湿度要求为（　　　）

    A. 0 ~ 30℃，35% ~ 75%　　　　　　　　B. 2 ~ 10℃，35% ~ 75%

    C. 0 ~ 10℃，35% ~ 75%　　　　　　　　D. 不高于 20℃，35% ~ 75%

9. 表皮外用药品等制剂生产的暴露工序区域为（　　　）

    A. B 级背景下的 A 级　　　　　　　　　　B. C 级背景下的 A 级

    C. C 级　　　　　　　　　　　　　　　　D. D 级

10. 直肠用药灌封工序的空气洁净度级别为（　　　）

    A. B 级背景下的 A 级　　　　　　　　　　B. C 级背景下的 A 级

    C. C 级　　　　　　　　　　　　　　　　D. D 级

11. 眼用制剂的过滤工序的空气洁净度级别为（　　　）

    A. B 级背景下的 A 级　　　　　　　　　　B. C 级背景下的 A 级

    C. C 级　　　　　　　　　　　　　　　　D. D 级

（二）多项选择题

12. 药品生产厂房应采取适当措施，防止未经批准的人员进入。不应当作为非本区工作人员的直接通道的区域包括（　　　）

    A. 生产区　　　　B. 储存区　　　　　　C. 运输区　　　　　D. 质量控制区

13. 兼有原料药和制剂生产的药厂，原料药生产区应位于制剂生产区（　　　）

    A. 全年最小频率风向　　　　　　　　　　B. 全年最大频率风向

    C. 上风侧　　　　　　　　　　　　　　　D. 下风侧

14. 药品生产区之间应分开布置（　　　）

    A. 中药材的前处理生产区与其制剂生产区

    B. 中药材提取与其制剂生产区

    C. 动物脏器、组织的洗涤或处理等生产区与其制剂生产区

    D. 原料药生产区与其制剂生产区

15. 非最终灭菌的无菌产品的（　　　）工序应在 B 级洁净区内进行

    A. 处于未完全密封状态下的产品置于完全密封容器内的转运

    B. 直接接触药品的包装材料、器具灭菌后处于密闭容器内的转运和存放

    C. 灌装前可除菌过滤的药液或产品的配制

    D. 产品的过滤

二、思考题

1. 哪些特殊情况下，洁净室（区）可以与相邻洁净室（区）保持相对负压？

2. 洁净室（区）气流的送风、回风方式应符合哪些规定？

3. 仓储区关于温湿度都有哪些要求？

4. 我国现行 GMP 把洁净区划分为几个洁净度级别？分别是哪些级别？

5. 洁净室（区）应在哪些地方设置指示压差？

 微课

 划重点

自测题

项目五 设备管理

学习目标

知识要求

1. **掌握** 设备的使用与管理要求；校准管理内容；制药用水种类。

2. **熟悉** 设备设计要求、使用、清洁、维护内容；计量器具的管理要求。

3. **了解** 设备的特点；检定管理依据和分类；纯化水、注射用水制备设备。

能力要求

1. 能够根据 GMP 相关规定正确使用、清洁、维护、维修设备并填写相关记录。

2. 建立维护设备、保障设备正常运行的安全意识。

实例分析

实例 为了保证某型灌装加塞机（图 5-1）的工艺卫生，防止发生交叉污染，现由灌装操作工、质检员、设备员等对设备进行清洁。清洁用具是已灭菌的白色清洁布和已清洁的不锈钢桶。消毒剂是 75% 乙醇溶液、1% 苯扎溴铵（两种消毒剂每月轮换使用）。清洁剂是注射用水。在生产结束后需进行以下清洁操作：①关闭主机电源，将不锈钢按料筒、硅胶输液管、灌液针、玻璃灌注器、分液器、单项活塞、移液管经传递窗传至清洗间，用碱液（1% NaOH 溶液）清洗，用纯化水清洗干净，再用注射用水冲洗 3 遍，灭菌后放入规定的无菌存放间。②清除灌装加塞机台面上散落和未使用的管制瓶及胶塞等。③将"已清洁"的标识牌挂在机身上。每次生产结束后应及时进行清洁，清洁后 24 小时内可继续使用，超过 24 小时后，需重新进行清洁后方可使用。

图 5-1 高速灌装加塞机

问题 1. 此灌装加塞机在清洁过程中会用到哪些工具和消毒剂？
　　　 2. 员工在清洁过程中应该注意什么？

任务一　设备设计与安装

PPT

制药设备包括原料药机械及设备、制剂机械及设备（如片剂、硬胶囊剂、颗粒剂、大输液剂、水针剂、粉针剂、软胶囊剂、合剂、霜剂、栓剂、滴眼剂、丸剂等）、制药用水系统设备、药品检验设备、药品包装设备等，与制药机械连用的计算机系统也包括在其中。与药品直接接触的设备为关键设备，制药用水设备是制药工艺的重要组成部分及必要的技术支撑，也应视为关键设备。制药设备是药品生产中从物料投入到转化成产品的工具和载体，是制药企业的重要资源，药品生产质量在很大程度依赖于设备系统的支持。药品生产使用的设备中，有直接接触药物的，也有不接触药物的，但都在洁净环境下运行，它们必然对环境和药品生产质量、效率产生直接影响。

一、设备设计原则

1. 适用性　在设计药品生产设备时，设计者要考虑所生产药品的特点和要求以及如何能保证药品的质量均一性和最佳纯度。药品的质量与设备的均质能力、加工全过程的精度稳定、工艺参数的灵敏反应等息息相关。

2. 洁净性　在设计药品生产设备时，要从自身清洁和对环境清洁这两个角度去考虑：如何方便、有效地进行生产，如何减少甚至不产生对药品生产环境的污染（交叉污染）。比如，与药品和物料直接接触的部位能够方便、安全、有效地拆洗或清洗；尽量减少或消除加工时药品（物料）的暴露，增加密闭性；尽量减少加工的流转环节，增加联动作用；尽量提高设备暴露部分的光洁度，尤其是要提高和保证与药品（物料）直接接触部位的光洁度与完整性；考虑如何减少不易清洁的部分；提高设备自身的清洁功能；尽量增加设备的可移动性等。

3. 方便性　在设计药品生产设备时，要尽可能让使用者方便、安全地进行操作、维修和保养。比如操作简便、安全且又容易识别；保养快捷而又不产生污染，润滑部位与设备和药品（物料）所接触的部分隔离，润滑剂尽量选用无毒的；维修便利而又安全，问题或状态易于识别，便于检查和判断，具有防止维修差错的设施等。

4. 抗污染性　设计药品生产设备时，要考虑制作材料对药品（物料）可能造成的污染。比如，不得与所加工的药品（物料）发生反应；不得释放出可能影响药品生产质量的物质；尤其是与药品（物料）直接接触部位的材料和执行、控制工艺条件部位的材料更应严格把握，经过验证；要从使用寿命、机械加工性能、物理化学稳定性、价格等多方面去综合考虑材料的选择等。

二、设备设计要求

企业对于制药设备可以自行设计也可以委托设计，其设备的设计和选型应结合本企业的产品、剂型、工艺要求、规模等多方面因素。企业在设备设计时，应符合以下要求。

（1）设备设计及选型首先应符合生产工艺要求；便于生产操作和维修保养，并能防止差错和减少污染；另外，应从实用、先进、经济和方便维修保养、清洁等方面进行综合考虑。

（2）设备内表面应平整光滑、无死角及砂眼，易清洗、消毒或灭菌；外表面应光洁、易清洗。

（3）凡与药物直接接触的设备部位，应采用不与药物反应、不释放微粒、不吸附药物、消毒或灭菌后不变形、不变质的材料进行制作。

（4）凡与药物直接接触的容器、工具、器具应表面整洁、易清洗消毒、不易产生脱落物，不得使用竹、木、藤等材料。

（5）凡与药物直接接触、与内包装容器接触的压缩空气和洗瓶、分装、过滤用的压缩空气，均应通过除油、除水、过滤等净化处理。

（6）用于制剂生产的配料罐、混合槽、灭菌设备及其他机械和用于原料精制、干燥、包装的设备，其容量应尽可能与批量相适应，以尽量减少批次、换批号、清场、清洗设备等。

（7）生产中涉及易燃、易爆、有毒、有害物质的设备、设施，应符合国家有关规定。

（8）用于加工处理活生物体的生产设备应便于清洁和去除污染，能耐受熏蒸消毒。

（9）灭菌柜宜采用双扉式，并具有对温度、压力、蒸汽进行自动监控、记录的装置，其容积应与生产规模相适应。

（10）禁止使用含有石棉及易脱落纤维的过滤器材。过滤器材质不得吸附药液中的组分或向溶液释放异物而影响药品质量。

（11）用于生产和检验的仪器、仪表、量具、衡器等，其适用范围和精密度应符合生产和检验要求，有明显的合格标识。

（12）灌装中填充的惰性气体应经净化。流化态制粒、干燥、气流输送、起模、泛丸、包衣等工艺设备所用空气均应净化，尾气应除尘后排空，出风口应有防止空气倒灌的装置。

三、设备安装要求

（一）设备安装基本要求

生产设备的安装应符合生产要求，易于清洗、消毒和灭菌，便于生产操作和维修保养，并能预防、

> **请你想一想**
>
> 　　如果你是药品生产车间中药岗位的工人，面对切药设备（图 5-2）时，如何减少对药品及其环境的污染？

图 5-2 铡刀式切药机

减少污染和差错，基本要求具体如下。

1. 满足工艺流程 设备的安装布局要与生产工艺流程、生产区域的空气洁净级别相适应，做到整齐、流畅。与设备连接的管道要做到排列整齐、牢固，标识正确、鲜明，并指明内容物和流向。

2. 方便操作和维护 设备的安装应考虑操作人员使用和维护的安全，保持控制部分与设备的适当距离，有利于工艺执行和生产过程的调节与控制，预防差错。设备的安装应考虑维修和保养的方式与位置。设备之间、设备与墙面之间、设备与地面之间、设备与顶面之间都要保持适当的距离。

3. 利于洁净 同一台设备的安装如穿越不同的洁净区域，区域之间则应保证良好的密封性，并根据穿越部位的功能与运转方式进行保护、隔离、分段分级单独处理。需要包装的设备或管道，表面应光滑平整，不得有物质的脱落出现。设备的安装要考虑到清洁、消毒、灭菌的可操作性与效果，如合适的位置、相应的配套设施等。此外，设备的安装还应考虑相关的安全、环保、消防等方面的要求。

（二）安装调试具体要求

（1）C级洁净室（区）使用的传输设备不得穿越较低级别区域。非无菌药品生产使用的传输设备穿越不同洁净室（区）时，应有防止污染的措施。

（2）与药液接触的管路及配件应采用优质耐腐蚀材质，管路的安装应尽量减少连接处，密封垫宜采用硅橡胶、聚四氟乙烯等材料，管路应方便清洗和消毒。一般与药品直接接触部分的材料应选择不锈钢材料。

（3）设备、管道的保温层表面必须平整、光滑，不得有颗粒物质脱落，不得有石棉材料，宜选用泡沫塑料、珍珠岩制品等，外加不生锈金属外壳保护。

（4）传动机械的安装应加避震、消声装置。动态测试时，洁净室内的噪声不得超过70dB。

> **请你想一想**
>
> 面对以下小型中药提取浓缩设备（图5-3），安装时要注意什么？图片中的设备设计安装是否符合要求？

图 5 - 3　小型中药提取浓缩设备

（5）当设备安装在跨越不同洁净度等级的房间或墙面时，除考虑固定外，还应采取密封的隔断装置，以保证达到不同等级的洁净要求。

（6）制剂洁净室内尽量采用无基础的设备，必须设置设备基础的，可采用移动式表面光洁的水磨石基础块，不影响楼面的光洁和易清洁。

（7）跟土建配合，合理考虑设备起吊、进场的运输路线，门窗留孔要容纳进场设备通过，必要时把间隔墙设计成可拆卸的轻质墙。主要考虑设备的进场方式，防止厂房建好了而设备进不去。

（8）设备安装应按工艺流程顺序排布，以方便操作，防止遗漏差错。

（9）设备管道及阀门安装要方便操作且操作安全。设备、管道上监测指示仪器、仪表的安装，要方便观察、使用。

（10）溶媒管道的垂直"U"形管底部需加空管、阀。使用溶媒的设备、管道应有排除静电等防爆设施。这是从安全角度对设备安装提出的要求。

（11）与设备连接的主要固定管道应标明管内物料名称、流向，如：水为绿色、真空为白色、排污为黑色等。管道标识详见图 5 - 4。

根据GB 7231-2003中国国家标准选择管道标识颜色

物质	识别色	颜色标准编号	管道色环配色	文字标识配色
水	艳绿	G03	↑↑↑↑↑↑	绿底白字
水蒸气	大红	R03	↑↑↑↑↑↑	红底白字
空气	淡灰	B03	↑↑↑↑↑↑	灰底黑字
气体	中黄	Y07	↑↑↑↑↑↑	黄底黑字
酸和碱	浅紫	P02	↑↑↑↑↑↑	紫底白字
可燃气体	深棕	YR05	↑↑↑↑↑↑	棕底白字
其他液体	纯黑		↑↑↑↑↑↑	黑底白字
氧气	淡蓝	PB06	↑↑↑↑↑↑	蓝底白字

图 5 - 4　国标管道标识

（12）生产设备应有明显的状态标识。状态指容器和机器的状态，有运行、停止、维修保养等。图 5 - 5 为某企业自制状态标识牌。

图 5 – 5 某企业设备状态标识

四、设备管理要求

在现代化生产中，制药企业拥有大量的智能化设备和大规模生产模式，为了保证生产质量，必须建立有效、规范的设备管理体系。设备管理示意见图 5 – 6。

请你想一想

某企业设备状态标识如图 5 – 5，请分析是否符合相关要求？

1. 设备管理原则　包括保障安全原则、满足生产工艺原则、保障生产原则、方便操作和维护原则、有利于洁净原则。

2. 设备管理内容　包括选型设计；购入或加工；安装、调试、校准；运行、使用；检修、维护、保养；调拨；鉴定、报废；设备档案；制药用水；计量器具；计算机系统。 📱微课

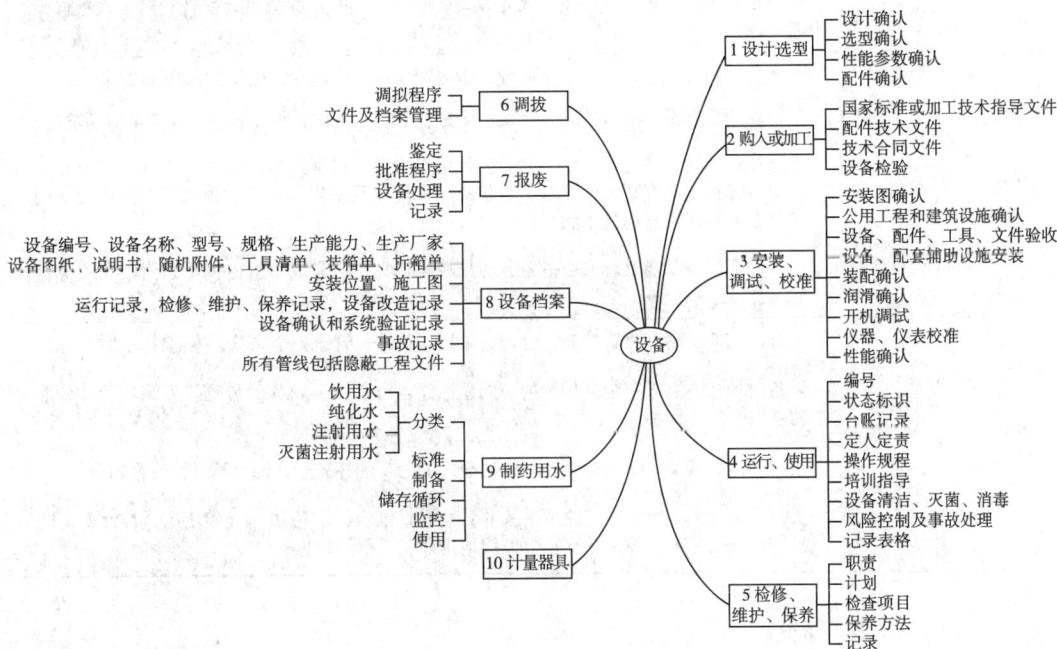

图 5 – 6　设备管理示意

3. 档案管理　所有设备、仪器、仪表、衡器必须有档案，且应有固定资产设备账以及卡、册等记录。①设备项目计划、购买合同、技术要求、用户需求。②设备使用说明书、设备维修手册、备件清单、外购件技术资料。③到货装箱单、材质证明、生产许可证明、仪表鉴定证明。④设计、制造、安装过程施工记录和确认文件。⑤竣工图纸。

任务二　设备维护和维修

企业的设备在使用过程中会逐渐磨损、老化，从而产生故障，带来安全隐患，因此，企业应及时对设备进行维护和维修。

> **请你想一想**
>
> 在药业企业中，如何保证"账、卡、物"三者统一？

PPT

一、设备维护

（一）维护基本要求

设备使用维护应做到"三好""四会""四项要求"，才能使设备处于完好状态。设备维护基本要求见表 5 – 1。

表 5 – 1　设备维护基本要求

三好	管好设备	操作者应负责保管好自己使用的设备，未经批准，不准其他人操作使用。附件、零部件、工具及技术资料保持清洁，不得遗失
	用好设备	严格遵守设备操作规程，正确使用、合理润滑，做好交接班记录，认真填写规定的记录
	修好设备	严格执行维护规程，弄懂设备性能及操作原理，及时排除故障，配合检修工人检修设备并参加试车验收工作
四会	会使用	熟悉设备的性能、结构、工作原理，学习和掌握操作规程，操作技术熟练准确
	会保养	学习和执行维护、润滑的要求，按规定进行清扫、擦洗，保持设备及周围环境的清洁
	会检查	熟悉设备结构、性能，了解工艺标准和检查项目，根据点检的要求对设备各部位技术状况进行检查和判断；能鉴别出设备的异常现象及发生部位，找出原因；能按设备的完好标准判断设备的技术状态
	会排除故障	设备出现故障，能及时采取措施，防止故障扩大；能完成一般的调整和简单的故障排除工作
四项要求	整齐	工具、工件、附件放置整齐、合理；装置、线路、管道齐全完整，零部件无缺损
	清洁	设备内外清洁、无灰尘、无污物、无锈蚀；各滑动面、丝杠、齿轮等处无油垢；各部位不漏水、不漏油
	润滑	按时加油、换油，油质符合要求；油壶、油枪、油杯齐全；油标醒目，油路畅通
	安全	实行定机和交接班制度；熟悉设备的结构和性能；精心维护，合理使用；各种安全防护装置齐全可靠，控制系统正常，接地良好，无事故隐患

（二）三级保养制度

设备使用中的维护与保养实行三级保养制。

1. 一级保养 即日常保养，每天由操作者进行。主要内容是班前加油、调整，班中检查，班后擦拭清洁。目的是保持设备清洁、整齐，润滑良好，能安全可靠地正常工作。

2. 二级保养 以操作工为主，维修工配合。主要内容是对设备进行局部拆卸、检查、清洗，流通油路、更换不合格的密封垫；调整配合间隙；紧固各部位。电器部分由维修电工负责，目的是保持设备润滑良好，减少设备磨损，排除设备事故隐患，达到脱黄袍、清内脏、漆见本色铁见光、油路通、操作灵活、运转正常，使设备保持完好状态。

3. 三级保养 以维修工为主，操作者参加。主要内容是擦洗设备，调整精度，拆检、更新和修复少量易损件，进行调整、紧固，刮研较轻微磨损的部件。

（三）基础维护

设备的基础维护主要由企业设备管理部门负责，主要工作如下。

（1）制定每类（台）设备的维修与保养规程、保养计划。定期对所有设备进行检查、保养、校正、更换、维修和评价，以保障其运行安全性与可靠性。

（2）制定设备的使用、日常维护的规程和方法，并对有关员工开展正确使用设备的知识和技能的培训和考核，内容包括设备结构、性能、安全知识、清洁要求、保养方法等。

（3）在生产现场配备专职设备基础维护管理工作人员，负责对设备使用人员进行指导并处理疑难问题。

（4）建立设备管理信息系统，展开对设备信息管理的研究。在设备运转与药品生产相结合的平台上，进行对设备一生各个阶段信息资料的收集、整理、分类、贮存和反馈，将设计、选型、安装、验证、使用、清洁、维修、保养构成一个有机的整体，将GMP的规范要点与原则切入到设备管理的各个环节与要素之中，构造药品生产企业的设备质量保证体系。

（四）日常维护

设备的日常维护主要由设备使用员工负责，主要工作如下。

（1）生产和使用人员必须严格遵循设备的操作规程和安全守则。

（2）设备的日常维护应明确责任人与实施人、内容与方法、要求与标准、时间与地点、记录与保存等。

（3）建立设备的运行记录，且在设备保养与维修的过程中，应有可供识别的状态标识。采用交接班制度，做到安全交接。

（4）主要设备应当经过验证，在证明其性能与精度安全可靠、符合要求时，方能投入使用。特殊设备的管理还应按照有关的法律和专业要求执行，如压力容器类设备。

二、设备维修

（一）维修基本要求

（1）所有的维护、维修活动，必须采用合适的方式、方法，尽可能减小对产品质量的影响和对洁净环境的污染。

（2）对于设备的年度、月度计划性维护，必须根据生产情况做出时间调整，尽可能将预维护时间安排在非生产时段。

（3）各种管道、照明设施、风口和其他公用设施，应尽量在洁净区外部对其进行维护。

（4）外露于洁净区域的与产品直接接触或与包装材料直接接触的各运转部件的调整、维护、维修，动作要轻柔，工具不得接触产品或包装材料。

（二）维修工具管理

维修工具的分类及管理方法如下。需要注意的是，工具的消毒、灭菌方法、效果、保存时间应经过验证。

1. 常用工具　常用规格的套筒扳手、内六角扳手、活动扳手、一字螺丝刀、十字螺丝刀、克丝钳、尖嘴钳、管钳、试电笔、多用电源插座、卷尺、角尺、卡尺、塞尺等，最好是套装，部分常用工具如图 5 - 7。

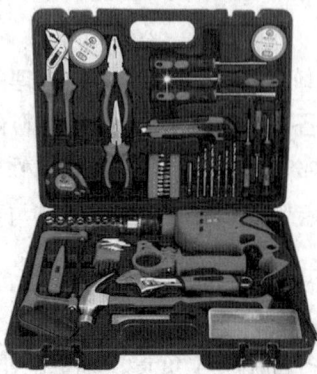

图 5 - 7　部分常用工具

2. 专用工具　关键设备的随机专用工具要配备在洁净区。

3. 现场维修工具　应按照规定的周期进行定期消毒、灭菌，并由生产部门定置管理。存放在洁净区内的维修用备件和工具应放置在专门的房间或工具柜中。

4. 其他电气维修工具、测试仪器、校验仪器、不常用的特殊工具　由维修人员根据维修需要带入，必须按照物料进出规定程序进行消毒、灭菌，并按照程序从物料通道进入洁净区域。

5. 不能消毒、灭菌的测试仪表　应用消毒或灭菌的 PE 袋密封包装，只留测试端露在外面，并经擦拭消毒或灭菌后进入。

6. 不锈钢工具、塑料柄不锈钢工具及不锈钢、塑料等材料 均可采用干雾灭菌方法。

7. 其他维修工具、材料、备品备件 均应采用适宜的消毒、灭菌方法进行处理。

（三）维修方式

企业对设备的维修分为大修、中修、小修及系统停产检修。企业根据生产状况和设备运行中发生和存在的问题，编写年度、月度检修计划。设备大修及系统停产检修在年度计划中完成，中、小修在月度计划中完成。

1. 在线维修 以不影响生产区域洁净度和不污染药品为前提，维修人员进入洁净区，应同该区域操作人员一样，遵守洁净区内的一切规章制度，按不同洁净等级要求，进行更鞋、更衣、戴帽和洗手消毒程序。

常用维修工具和易损配件、紧固件等可放置在洁净室内的专用柜子里，不要内外互用，以防止交叉污染。如需要带入工具和零配件，必须先清洁，再用75%乙醇绸布将外表面擦洗干净。设备修复后，先用注射用水（或纯化水）对设备外部进行清洗，然后用75%乙醇绸布擦洗干净。检修完毕，还必须做好运行交接班记录以及设备检修记录。

2. 非在线维修 如果设备必须停机、停产检修，在该洁净区域生产完全停止后，关闭空气净化系统，将维修设备与其他设备隔离分开，维修人员换上洁净区的工作服后再维修。维修结束后，先用注射用水（或纯化水）清洁，再用75%乙醇绸布擦洗。有灭菌功能的设备，先单机灭菌，最后再由空气净化系统一起进行消毒灭菌。

维修完毕需填写设备大、中、小修记录，并存档。修后的设备需要重新进行设备的运行确认和性能确认，验证合格后，方可投入生产。经改造或重大维修的设备应当进行再确认，符合要求后方可用于生产。

（四）洁净区维修操作规程

（1）维修人员进出不同洁净区域的更衣，应严格遵守"人员进出洁净区标准操作程序"。

（2）维修人员进出不同洁净区的维修工具、维修材料，应严格遵守"物料进出洁净区标准操作程序"。

> **请你想一想**
>
> 如果药品生产企业洁净区的设备出现故障后，你应该如何维修呢？

（3）维修人员进入洁净区域的活动，应认真遵守洁净区域员工行为规范，严格执行"车间安全管理规程"。

（4）维修人员进入洁净区域的活动，应严格执行"设备/系统运行及维修环境卫生管理规程"，及时进行清场、清洁。

（5）维修人员进入洁净区域的活动，应严格服从车间管理人员的管理，听从岗位操作人员的指导，除了维修工作本身，不得随意活动。

你知道吗

设备安全管理禁令

1. 安全教育和岗位技术考核不及格者，严禁独立顶岗操作。

2. 不按规定着装或班前饮酒者，严禁进入生产岗位和施工现场。

3. 不带好安全帽者，严禁进入生产装置和检修、施工现场。

4. 未办理安全作业票及不系安全带者，严禁高空作业。

5. 未办理安全作业票，严禁进入塔、釜、罐、电缆沟等有毒、有害、缺氧场所作业。

6. 未办理维修工作票，严禁拆卸停用的与系统联通的管道、机泵等设备。

7. 未办理施工破土工作票，严禁破土施工。

8. 未办理电气作业"三票"，严禁电气施工作业。

9. 机动设备或受压容器的安全附件、防护装置不齐全，严禁启动使用。

10. 机动设备的转动部件，在运转中严禁擦洗或拆卸。

任务三　设备使用和清洁

PPT

　　药品生产设备经常性的清洁是其使用过程中必不可少的操作，也是药品质量特性保障的需要，因此，药品生产设备全过程、全方位的清洁可以预防、减少、清除可能产生的污染。

一、设备使用管理

（一）设备编号

　　在企业内进行设备的统一编号，可直接通过编号了解设备的性质、数量、使用部门，有利于规范设备管理。编号原则如下。

　　（1）设备编号基本体现所属的使用部门。

　　（2）同一剂型和规格的设备在编号中能体现统一性。

　　（3）设备编号能表现集群型设备特点。

（二）设备状态标识

　　生产设备应当有明显的状态标识，一般情况下具有时限性及可变性的特点，即标识对象对应不同的时段，可有不同的状态。设备状态标识代表了设备的状态，当状态改变时，需及时更换标识。每一台设备应设专人管理，责任到人。常用的状态标识有运行中（绿色）、维修中（黄色）、待检（黄色）、停用（红色）、待维修（黄色）等，常用的设备状态标识详见图 5-8。

图 5 - 8　常用设备状态标识

请你想一想

　　设备类别：A 代表药品生产设备，B 代表检测计量设备，C 代表公用设备，D 代表其他设备，WB 代表温湿度表，YC 代表压差表，Y 代表压力表，JM 代表电子监管码设备。部门代号：1~3 代表车间，4 代表公用系统，5 代表质检部门，6 代表仓库，8 代表生产技术部门。

　　编号方法：部门代号 + 设备类别序号 = 设备编号。

　　请问 1A01、5WB03、1YC01、1L01 分别代表什么意思？

（三）设备记录

设备记录应及时记录并保存，应有专人检查。

1. 设备运行记录　以日、周或月为单位，用日志、周报、月报的形式所保存的设备运行和使用情况。

2. 设备点检记录　为了提高、维持生产设备的原有性能，通过人的五感（视、听、嗅、味、触）或者借助工具、仪器，按照预先设定的周期和方法，对设备上的规定部位（点）进行有无异常的预防性周密检查并记录，以使设备的隐患和缺陷能够得到早期发现、早期预防、早期处理。

3. 其他记录　包括设备润滑记录、维修保养记录、设备故障分析记录、设备事故报告表等。

（四）设备检查

按时间可分为日常检查和定期检查；从技术上又可分为功能检查和精度检查。

1. 日常检查　与日常保养相结合，由设备操作人员主要负责。针对发现的不正常的技术状况，进行必要的维护保养。如发现较大问题，应及时报告，以便尽快组织修理。

2. 定期检查　按检查的计划日程安排，在操作人员的参与下，由检修人员执行的检查工作。定期检查是为了确切掌握设备的技术状况、零件的磨损程度，以确定是否进行修理和修理的工作量。定期检查必须对设备进行清理和换油。定期检查又可以细分为年检、月检和周检。

3. 功能检查　是对设备的各项功能的检查和测定。如检查设备漏油、漏气、密封、防尘和耐高温、高压、高速的性能。还要对设备的功能指标、性能参数是否符合标准进行检查。

4. 精度检查　是对设备的加工精度进行检查和测定，确定设备精度的劣化程度，判断是否需要调整、修理和更新，以保证加工产品的质量。

二、设备清洁管理

（一）清洁操作规程

（1）明确洗涤方法和洗涤周期，清洗过程及清洗后检查的有关数据应记录。

（2）关键设备的清洁、消毒（灭菌）应经过验证，并有完整的验证方案和验证记录。

（3）无菌设备的清洗，尤其是直接接触药品的部位和部件必须保证无菌，并标明灭菌日期和有效期。灭菌有效期根据设备清洗、无菌验证的结果来确定。

（4）非专用设备更换品种时，必须对设备进行彻底的清洁，以防止交叉污染。可移动的设备宜移至清洗区清洗。

（5）一般生产区设备必须每批进行清洁，应在生产结束 2 小时内对设备进行清洗清洁。

（6）同一设备连续生产同一原料药或阶段性生产连续数个批次时，宜间隔适当的时间对设备进行清洁，防止污染物（如降解产物、微生物）的累积。如有影响原料药质量的残留物，更换批次时，必须对设备进行彻底的清洁。

（7）设备要挂有清洁状态标识。

（二）清洁标识

设备要挂有清洁状态标识。清洁状态标识分为"已清洁""待清洁"。内容包括：生产日期、操作人、生产品名、批号等。如图 5-9。

设备清洁状态卡		编号：		设备清洁状态卡		编号：
已　清　洁				待　清　洁		
清洁日期		清洁人		生产日期		操作人
上批品名		上批批号		生产品种		批　号
QA 签名		有效期至				

图 5-9　"已清洁""待清洁"标识牌

1. 已清洁　绿底黑字硬纸牌。表示设备、容器、器具等经过清洁处理，达到洁净的状态。内容包括：清洁日期、清洁人、上批次品名、批号、有效期、QA 签名等。

2. 待清洁　红底黑字硬纸牌。表示设备、容器、器具等未经清洁处理的状态。

（三）清洁方式

1. 就地清洁　又称原位清洗，不拆卸设备或元件，在密闭的条件下，用一定温度和浓度的清洗液对清洗装置加以强力作用，使仪器设备的表面被洗净和杀菌。

2. 移动清洁　又可分为整机移动清洁和拆卸式移动清洁。

3. 混合清洁　是指综合运用就地清洁和移动清洁的清洁方式。

（四）清洁内容

1. 清洁　是药品生产全过程的重要组成部分，包括生产场地如车间地面、门窗、墙壁等的清洁；设备、设施的清洁；容器具的清洁；操作工具的清洁等。

2. 消毒　指用物理或化学的方法杀灭病原微生物。药品生产中对生产洁净环境、设备、容器具的消毒、灭菌，其主要目的是消灭清洗后仍可能残留于表面的微生物。

3. 灭菌　应用物理或化学等方法将物体上或介质中所有的微生物及其芽孢全部杀死。即获得无菌状态的总过程。

4. 干燥　借助于热能使水分或其他溶剂蒸发或用冷冻使水分结冰后升华而被移除的操作。

（五）清洁操作过程

1. 一般生产区设备

（1）清洁频次　由操作人员于每天生产结束后用饮用水擦拭，每周用消毒剂消毒一次。

（2）清洁工具　软布、毛刷。

（3）清洁剂　洗洁精。

（4）消毒剂　0.1%苯扎溴铵溶液、75%乙醇溶液，每个月交替使用。

（5）清洁程序　如下。

①先将设备上的异物清除干净（如玻屑、碎玻片等）。

②将抹布在饮用水中摆洗后，拿出拧干，进行设备擦拭，先擦里面，然后再擦拭设备表面。

③单机设备清洁时，用洁净抹布由外向内擦拭。消毒时采用同样的方法。

④擦拭不净时可蘸取少量清洁剂浸润数分钟后擦净。

⑤清洁设备时严禁用水冲洗，只能用拧干后的清洁抹布擦拭。

⑥清洁工具存放于洁具洗涤间，按用途的不同分区挂上晾干备用。

2. 洁净区设备

（1）清洁频次　岗位上的设备每天下班后应由岗位人员进行清洁擦拭。

（2）清洁工具　洁净不脱落纤维的抹布。

（3）清洁剂　洗洁精。

（4）消毒剂　0.1%苯扎溴铵溶液、75%乙醇溶液，每个月交替使用。

（5）清洁程序　如下。

①清除设备上的异物。

②将清洁工具在纯化水中洗净后，对设备表面由内向外进行擦拭，保证设备见本色。

③严禁用水喷淋冲洗电器设备，电器设备（如电机表面）应每天用干抹布擦拭，以保证其上面不藏灰、铭牌清晰、通风效果优良。

④消毒方法同清洁方法。

（6）清洁工具的清洁、消毒和存放　如下。

①将清洁工具在纯化水中洗净后拧干，再用洗洁精彻底清除残留污物，用纯化水洗净拧干，用消毒液浸泡 15 分钟，再用纯化水洗净拧干。

②洁净的清洁工具存放于洁净区的洁具存放间，按用途的不同分区挂上晾干备用。

任务四　计量管理

PPT

计量与药品生产、药品质量有直接的关系，计量工作关系到药品工作的可靠和稳定，也是药品生产企业通过 GMP 认证的先决条件。因此，药品企业对于生产检验等计量器具要进行严格管理，保证其适用性和准确性，符合企业的测量要求。GMP 对计量管理增加了"校准"要求，明确了校准的量程范围应涵盖实际生产和检验的适用范围。

我国于 1985 年 9 月 6 日第六届全国人大第十二次会议通过并从次年 7 月 1 日开始实施的《中华人民共和国计量法》是我国计量法制化的重要标志。企业中的计量管理，是为了科学合理地开展企业的生产经营活动，提高企业的产品质量和经济效益，从而提高社会效益。凡存在计量活动的地方，都离不开计量管理。企业计量管理把企业计量活动与企业的生产活动、经营管理活动有机地结合在一起，从而使生产活动、经济管理活动更为具体、更具有活力。计量管理主要是对计量器具的分类和检定管理，内容包括选配、验收、纳管、使用、周期校准、维修和报废。

一、计量管理相关概念

1. 计量　利用技术和法制手段实现单位统一和量值准确可靠的测量。

2. 计量管理　是协调计量技术、计量经济、计量法制三者之间关系的总称，包括计量单位管理、量值管理传递、计量器具管理和计量机构的管理。

3. 计量标准　任何测量都要有一个统一的体现计量单位的量作为标准，这样的量称作计量标准。

4. 计量单位　有明确定义和名称并令其数值为 1 的固定的量，例如长度单位 1 米、时间单位 1 秒等。

5. 计量器具　指能用以直接或间接测出被测对象量值的装置、仪器仪表、量具和用于统一量值的标准物质。

6. 计量标准器具　准确度低于计量基准，用于检定计量标准或工作计量器具的计量器具。

7. 校准 在规定条件下，确定测量、记录、控制仪器或系统的示值或实物量具所代表的量值，与对应的参照标准量值之间关系的一系列活动。即被校的计量器具与高一等级的计量标准相比较，以确定被校计量器具的示值误差（有时也包括确定被校器具的其他计量性能）的全部工作。

8. 检定 是指用高一等级准确度的计量器具对低一等级的计量器具进行比较，以达到全面评定被检计量器具的计量性能是否合格的目的。是查明和确认测量仪器符合法定要求的活动，包括检查、单独出具检定证书或加标记并出具检定证书。

9. 计量确认 为确保测量仪器符合预期使用要求所需的一组操作，通常包括校准和验证、各种必要的调整或维修和随后的再校准及文件记录。

10. 计量基准 是指用当代最先进的科学技术和工艺水平，以最高的准确度和稳定性建立起来的专门用以规定、保持和复现物理量计量单位的特殊器具或仪器装置等。

二、计量器具分类

（一）按结构特点分类

1. 量具 用固定形式复现量值的计量器具，如量块、砝码、标准电池、标准电阻、竹木直尺等。

2. 计量仪器仪表 将被测量的量转换成可直接观测的指标值等效信息的计量器具，如压力表、温度计、电流表、心脑电图仪等。

3. 计量装置 为了确定被测量值所必需的计量器具和辅助设备的总体组合，如里程计价表、高效液相仪等。

（二）按管理标准分类

1. A级计量器具 关系到公司量值向上溯源到国家标准，向下传递到生产现场使用的测量仪表，如企业砝码、磅秤、电子天平、压力表、温度计等。

2. B类计量器具 准确度等级和位置的重要程度方面都不高，常用于非强制检定的计量器具，如流量表、可见光光度计等。

3. C类计量器具 A类、B类外的计量器具，常为监视仪表，准确度较低，如万用表。

（三）按计量学用途分类

1. 计量基准器具 简称计量基准。是指用以复现和保存计量单位量值，经国家技术监督部门批准，作为统一全国量值最高依据的计量器具。

2. 计量标准器具 是指准确度低于计量基准，用于检定其他计量标准或工作计量器具的计量器具。

3. 工作计量器具 即普通计量器具，是指一般日常工作中所用的计量器具，它可获得某给定量的计量结果。

三、计量器具标识

贴具计量器具标识是为了防止不合规的计量仪表继续使用。标签应张贴在测量仪表附近的控制单元的显著位置，以方便用户观察。不同颜色标签代表不同的计量仪表状态，标签上应注明仪表编号、校准日期、校准执行人。绿色准用标签还应注明下次校准日期，红绿限用标签还应标明限用范围。某企业计量器具标识见表 5-2。

表 5-2　某企业计量器具标识

标签名称	颜色	内容
绿色准用标签	绿色	本次校准结果符合规定要求，可在下次校准日期前使用
禁用标签	红色	本次校准结果有一项以上参数不符合规定或因故暂时停用
限用标签	红绿	本次校准结果有个别量程超出允差范围，但不影响使用要求，可在限定的范围内使用
准予使用标签	黄色	此标签表明该仪表只进行安装前一次性校准，准予使用

四、计量器具校准

（一）校准目的

由于计量器具和仪器性能在使用过程中会发生变化，检测结果会发生漂移，所以在企业生产过程中，应对各种计量器具和仪器进行校准管理。校准的结果既可赋予被测量以示值，又可确定示值的修正值；校准还可确定其他计量特性，如影响量的作用，校准结果可出具"校准证书"或"校准报告"。比如压力表校准可以找地方计量所或者第三方校准单位，如各省市计量院或者当地的第三方校准机构等。校准可以达到以下目的。

（1）确定示值误差，并可确定是否在预期的允差范围之内。

（2）得出标称值偏差的报告值，可调整测量器具或对示值加以修正。

（3）给任何标尺标记赋值或确定其他特性值，给参考物质特性赋值。

（4）确保测量器给出的量值准确，实现溯源性。

（二）校准方式

1. 定期校准　外校是将标准件送上一级实验室校准，即追溯。自校是利用追溯的标准件，对实验室内仪器或标准件自行校准。

2. 不定期校准　对测量结果产生怀疑，计量器具有跌落、损坏，以及重要计量器具移动等情况下，应进行不定期校准。

（三）校准基本要求

1. 环境条件　校准如在实验室进行，则环境条件应满足实验室要求的温度、湿度等规定。校准如在现场进行，则环境条件以能满足仪表现场使用的条件为准。

2. 仪器　作为校准用的标准仪器，其误差限应是被校表误差限的 1/10~1/3。

3. 人员　校准不同于检定，进行校准的人员应经有效的考核，并取得相应的资格证书，只有持证人员方可出具校准证书和校准报告，也只有这种证书和报告才是被承认的。

（四）校准周期

校准周期是指在两次校准之间的特定时间或条件设定。在此之间，测量装置的校准参数被认为是有效的。关键仪器校准周期为每 6 个月 1 次，直到有充足的数据证明仪表的可靠性。可参考历史校准数据缩短或延长校准周期，这也是目前广泛使用的方法。在确定测量仪器的校准周期时，应考虑以下因素。

（1）设备制造厂商的要求和建议。

（2）仪表的用途、使用场所和使用频次。

（3）相关标准或法规。

（4）校准失败的结果。

（5）以往校准记录所得的误差趋势及误差漂移量数据。

（6）仪表维护和使用的记录。

（7）经验。

（五）校准不合格的处理

对于校准结果认定不合格的仪器，应先进行校准有效性评估。可采用复验，确认校准过程正确、精准、有效，结果仍不合格即认定仪器不合格，对不合格的仪器采取修理、调整、限制使用、降级、报废处理。

（六）校准与检定的关系

检定和校准都是属于量值溯源的有效、合理的方法和手段，其目的都是实现量值的溯源性。

检定和校准的区别体现在以下四方面：①检定是对计量器具的计量特性进行全面的评定；而校准主要是确定其量值。②检定要对计量器具做出合格与否的结论；而校准并不判断计量器具的合格与否。③检定应发检定证书、加盖检定印记或不合格通知书；而校准是发校准证书或校准报告并且体现示值误差。④检定依据检定规程；而校准依据校准规范/检定规程。检定和校准的对比详见表 5 – 3。

表 5 – 3　校准和检定的对比项目

项目	校准	检定
目的	自行确定监视及测量装置量值是否准确。属自下而上的量值溯源，评定示值误差	对计量特性进行强制性的全面评定。属量值统一，检定是否符合规定要求。属自上而下的量值传递
对象	除强制检定之外的计量器具和测量装置	国家强制检定：计量基准器；计量标准器；用于贸易结算、安全防护、医疗卫生、环境监测的工作计量七类共 59 种
依据	校准规范或校准方法，可采用国家统一规定，也可由组织自己制定	由国家授权的计量部门统一制定的检定规程
性质	不具有强制性，属组织自愿的溯源行为	具有强制性，属法制计量管理范畴的执法行为
周期	由组织根据使用需要，自行确定，可以定期、不定期或使用前进行	按我国法律规定的强制检定周期实施

续表

项目	校准	检定
方式	可以自校、外校或自校与外校结合	只能在规定的检定部门或经法定授权具备资格的组织进行
内容	评定示值误差	计量特性进行全面评定，包括评定量值误差
结论	不判定是否合格，只评定示值误差。发出校准证书或校准报告	依据检定规程规定的量值误差范围，给出合格与不合格的判定。发给检定合格证书
法律效力	校准结论属没有法律效力的技术文件	检定结论属具有法律效力的文件，作为计量器具或测量装置检定的法律依据

任务五　制药用水管理

PPT

水是药品生产中影响药品质量的重要因素，在生产过程中需要用到大量的水，还需要大量的高质量的水。制药用水的水源有城市自来水和天然水，其水质往往含有悬浮杂质、细菌、热原、各种无机盐及溶解于水的各种气体等有害物质。所以，要根据制药要求对水进行处理。可采取有效措施，除去相关的有害物质，以制备符合标准的各种工艺用水。

一、制药用水相关概念

1. 制药用水　通常指药品生产工艺中使用并且符合相应标准的水。制药用水通常分为三大类：饮用水、纯化水和注射用水。

2. 饮用水　供人类日常饮用和日常生活用水，包括自来水和天然水，是制备纯化水的原料水。饮用水并不直接与药品接触，也不作为工艺用水参与药品直接制造过程。

3. 纯化水　原水经蒸馏法、离子交换法、反渗透法或其他适宜的方法制得的不含任何附加剂的制药用水。即水中的电解质几乎已完全去除，水中不溶解的胶体物质与微生物微粒、溶解气体、有机物等已降至很低限度，并在使用前于终端进行精制处理的高纯度水。可作为配制剂用的溶剂或试验用水，不得用于注射剂的配制。

4. 注射用水　指在纯化水的基础上，经过进一步蒸馏处理，不含微生物和热原物质的水。灭菌注射用水是注射用水经灭菌所制的无菌、无热原的水，主要作为注射用灭菌粉末的溶剂或注射液的稀释剂。

纯化水、注射用水、灭菌注射用水的质量标准对比详见表 5-4。

表5-4 纯化水、注射用水、灭菌注射用水质量标准对比

对比项目	纯化水	注射用水	灭菌注射用水
来源	蒸馏、反渗透等法制得	纯化水经蒸馏所得	用注射用水按注射剂工艺制得
性状	无色澄明液体，无臭	无色澄明液体，无臭	无色澄明液体，无臭
pH	检验反应不得显蓝色	5.0～7.0	5.0～7.0
电导率（25℃）	≤5.1μS/cm	≤1.3μS/cm	≤5μS/cm①
氨化物	≤0.00003%	≤0.00002%	检验反应不得发生浑浊
总有机碳	≤0.50mg/L	符合纯化水项下规定	符合纯化水项下规定
硝酸盐	≤0.000006%	≤6.00×10/100ml	≤6.00×10/100ml
重金属	≤0.00001%	≤0.00001%	≤0.00001%
不挥发物	遗留残渣≤1mg/100ml	—	—
需氧菌	≤100cfu/ml②	≤10cfu/100ml②	无菌生长
细菌内毒素	—	<0.25EU/ml	<0.25EU/ml

注：①标示装量为10ml以上时的测定值；②采用R2A琼脂培养基培养。

你知道吗

请你想一想

在你的生活中，纯化水能不能作为长期饮用的水？

纯净水和蒸馏水

日常生活中我们接触的水还有纯净水和蒸馏水。

纯净水是原水经过多道工序、多次过滤、提纯净化的纯洁干净、不含杂质和细菌的水。生产过程中基本除去水中的杂质如细菌、污染物、矿物质等。

蒸馏水是指经过蒸馏、冷凝操作的水。在生活中，一般和机器、电器相关的时候主要用蒸馏水，因其不导电，可以保证机器运行稳定并延长电器使用寿命。在医药行业，蒸馏水的作用是因为低渗作用，可以冲洗手术伤口。学校里的化学实验，有些也需要用蒸馏水，此时利用的是蒸馏水中几乎没有游离离子，或是没有杂质。

二、制药用水的制备

制药用水制备、贮存、分配及使用的全部系统和过程都能够使制药用水符合相应的水质标准，并对其进行全方位的质量监测，以保证其使用的安全性。

1. 原水制备　饮用水虽经自来水厂进行沉淀、沙滤和氯离子处理，但由于水中的杂质相当多，还必须进行过滤（如碳滤），并根据需要加入凝结剂、软化剂、氧化剂、杀菌剂等进行处理，直至达到我国饮用水的卫生标准。

2. 纯化水制备　制备纯化水的方法有很多种，针对不同的药品（剂型）生产工艺的具体要求，结合本企业的生产设备和水源（进料水）质量、药品的质量目标，选用合适的水处理方法与流程，以获得符合药品生产质量要求的纯化水。纯化水制备工艺流程详见图5-10。

纯化水的制备是以饮用水为原料逐级处理而完成的。一种方法经常和另外一种

（或几种）方法联用，效果才更好且更方便、更合理、更经济。常用的制备方法有离子交换法、电渗析法、反渗透法、大孔树脂法、电去离子法、化学法等。

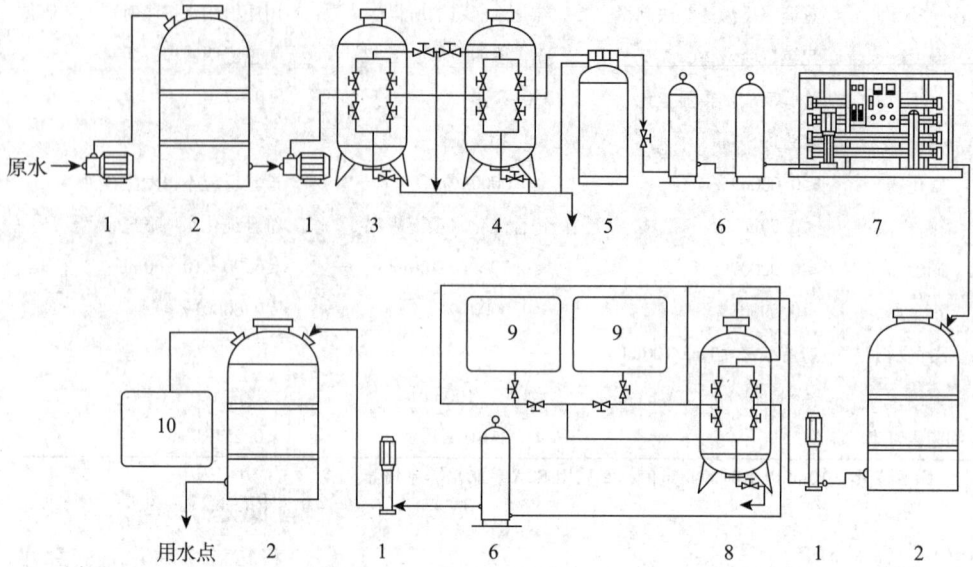

图 5 - 10　纯化水制备工艺流程

1. 水泵；2. 储水器；3. 多介质过滤器；4. 活性炭过滤器；

5. 加药装置；6. 精密过滤器；7. 一级 RO；8. 混床；9. 再生装置

10. 臭氧灭菌

3. 注射用水制备　注射用水与纯化水的区别主要在于内毒素的限制要求。一般情况下，注射用水的制备水源是纯化水，通过蒸馏等方法获得符合标准的注射用水。注射用水的制备方法有蒸馏法、反渗透法等。注射用水制备工艺流程详见图 5 - 11。

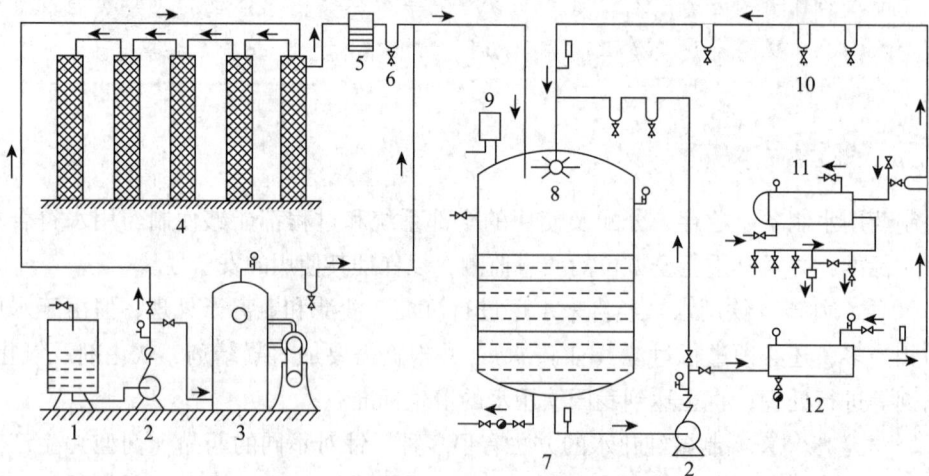

图 5 - 11　注射用水制备工艺流程

1. 纯化水储罐；2. 水泵；3. 纯蒸汽发生器；4. 多效蒸馏水机；

5. 冷凝器；6. 取样阀；7. 注射用水储罐；8. 在线清洗喷淋球；9. 空气过滤器；

10. 用水点；11. 冷却器；12. 加热器

三、制药用水的储存和分配

制药用水在制备后可能立即使用，也有可能放置后使用。在使用中可能存在不同的使用点和不同的使用距离，加之纯化水与注射用水的质量特性、易受污染而变质且要求严格等，所以在储存与分配的环节上应对设计、材料、布局、安装、使用、管理等方面进行严格管理。

（一）储存与分配设施

1. 储罐 目的是缓和水系统高峰流量的要求，确保制水系统生产能力和操作达到最佳化。储罐密封性要好。

2. 水泵 水泵的设置应着重考虑系统运行过程中泵可提供的扬程、流量，以及是否容易滋生微生物。

3. 管道 管道设计与安装要考虑材质、连接方式和配管形式。连接方式应以焊接为主，尽量减少管道使用的接头的种类和数量。

4. 阀门 阀体的制造材料要与管道系统相匹配，考虑到阀门可能对制水系统带来污染，在纯化水系统中应使用隔膜阀。

5. 过滤器 利用过滤器的均一孔径阻隔截留水中的微粒、微生物等，如多介质过滤器、活性炭过滤器、微孔过滤器等。

（二）储存与分配管理

（1）纯化水和注射用水的水源的储罐和输送管道所用材料应无毒、耐腐蚀。

（2）管道不应有不循环的静止角落，并规定灭菌、清洁周期，至少每周清洗、灭菌一次。

（3）注射用水的储罐的通气口应安装孔径为 0.22μm 且不脱落纤维的疏水性除菌滤器。

（4）注射用水应密闭储存，制备出来的水应在 8 小时之内用完，储存时间最长不超过 12 小时。如储存时间需超过 12 小时，应采用 80℃以上保温或 65℃以上循环保温的方式。如超过 24 小时，一般只能用作洗涤用水。纯化水储存周期不宜大于 24 小时。

（5）生产生物制品用的注射用水，其要求就更加严格，在制备后 4 小时或者 6 小时内就必须灭菌，灭菌用蒸汽不得对产品、设备或其他生产用具产生污染。

（6）循环系统中的环路流速应适当提高，设计选取流速≥2m/s，可保持对管道内壁较大的冲刷能力，可降低系统微粒和微生物的污染。

（7）室内给水管应设在排水管上方，不得铺在排水沟、烟道、风管内，不得穿过卫生设施。

（8）纯化水、注射用水的制备、储存和分配应能防止微生物的滋生，管道的设计和安装应避免死角和盲管，支管的高度或长度不能高于或长于管径的 6 倍。

四、制药用水管理要求

（1）水处理设备及其输送系统的设计、安装、运行和维护应当确保制药用水达到设定的质量标准，各工序均要制定标准严格的岗位工艺操作规程，并要对制水操作人员进行严格的岗前培训。

（2）涉及制药用水的设备材料要经过严格的检验，纯化水、注射用水储罐和输送管道所用材料应当无毒、耐腐蚀。

（3）纯化水、注射用水的制备、贮存和分配应当能够防止微生物的滋生。

（4）应制定"企业水系统网图"，并发送至制水及用水部门，其内容包括管线、阀门、通气点、排水点、用水点、抽样点、清洁点、检验仪表与仪器、管斜度、流动率、水流速度、循环方式等。

（5）应制定制水工艺规程及其岗位操作 SOP，设备使用、维护、保养、检修的 SOP 等。

（6）应制定水系统的清洁管理规程及清洁 SOP，内容包括放水、排净、消毒、清洁等操作方法和工具、清洁剂、消毒剂、频次、时间、地点等。

（7）应根据验证结果，分别规定纯化水、注射用水的储存周期。如注射用水，一般应在 4~8 小时内使用，用于生物制品生产的应在 6 小时内使用。

（8）纯化水及注射用水，应根据验证结果，规定每一个用水点在休假日后首次上班、每天上午上班及午休后上班时第一次用水前弃掉的水量。

（9）建立水系统档案，包括水管网络图，安装厂家的有关资料附件，制水工艺规程及 SOP，记录系统，水的质量标准、测定操作规程、抽样操作规程等，以及抽样指南、测试程序、验证程序等。

目标检测

一、选择题

（一）单项选择题

1. 纯化水储存周期不宜大于（　　）小时
   A. 12　　　　B. 8　　　　C. 24　　　　D. 6

2. 注射用水指在（　　）的基础上，经过进一步蒸馏处理，不含微生物和热原物质的水
   A. 蒸馏水　　B. 纯化水　　C. 自来水　　D. 饮用水

3. 排污管道一般是（　　）颜色
   A. 白色　　　B. 红色　　　C. 黑色　　　D. 蓝色

4. 设备使用中的维护与保养实行（　　）保养制度
   A. 一级　　　B. 二级　　　C. 三级　　　D. 四级

5. 下列设备编号原则中说法错误的是（　　）

    A. 设备编号基本体现所属的使用部门

    B. 用于同一剂型和规格的设备在编号中能体现统一性

    C. 设备编号能表现集群型设备特点

    D. 设备编号可不体现设备类别

6. 常用设备状态标识中表示运行中的标识是（　　）

    A. 绿色　　　　B. 红色　　　　　C. 黑色　　　　D. 蓝色

7. 电子天平属于（　　）计量器具

    A. B 级　　　　B. A 级　　　　C. D 级　　　　D. C 级

8. 关键仪器校准周期为（　　），直到有充足的数据证明仪表的可靠性

    A. 每 6 个月 1 次　B. 每 3 个月 1 次　C. 每 12 个月 1 次　D. 每 9 个月 1 次

9. 以下不是制药用水的是（　　）

    A. 饮用水　　　　B. 纯化水　　　　C. 注射用水　　　D. 纯净水

10. 以下无热原的是（　　）

    A. 蒸馏水　　　　B. 纯化水　　　　C. 自来水　　　　D. 注射用水

11. 以下不属于设备安装基本要求的是（　　）

    A. 满足工艺流程　　B. 卫生　　　C. 方便操作和维护　D. 有利于洁净

12. 与设备连接的水管管道颜色是（　　）

    A. 绿色　　　　B. 红色　　　　　C. 黑色　　　　D. 蓝色

13. 日常保养属于（　　）保养

    A. 一级　　　　B. 二级　　　　　C. 三级　　　　D. 四级

14. 检查设备漏油、漏气、密封防尘等性能属于（　　）

    A. 日常检查　　B. 定期检查　　　C. 功能检查　　D. 精度检测

15. （　　）具有强制性，属法制计量管理范畴的执法行为

    A. 校准　　　　B. 检定　　　　　C. 二者均是　　D. 二者均不是

（二）多项选择题

16. 以下属于生产设备特点的是（　　）

    A. 适用性　　　B. 洁净性　　　　C. 方便性　　　D. 抗污染性

17. 以下属于设备的设计要求的是（　　）

    A. 设备设计及选型首先应符合生产工艺要求

    B. 设备内表面平整光滑无死角及砂眼、易清洗、消毒或灭菌；外表面光洁、易清洁

    C. 凡与药物直接接触的容器、工具、器具应表面整洁，易清洗消毒

    D. 灭菌柜宜采用双扉式并具有对温度、压力、蒸汽自动监控、记录的装置，其容积应与生产规模相适应

18. 以下是设备管理原则的是（　　　）

　　A. 保障安全原则

　　B. 满足生产工艺原则

　　C. 保障生产原则

　　D. 方便操作和维护原则

19. 设备使用维护应做到（　　　）

　　A. 严格遵守设备操作规程，正确使用、合理润滑，作好交接班记录和认真填写规定的记录

　　B. 严格执行维护规程，弄懂设备性能及操作原理，及时排除故障，配合检修工人检修设备并参加试车验收工作

　　C. 熟悉设备的性能、结构、工作原理，学习和掌握操作规程，操作技术熟练准确

　　D. 学习和执行维护、润滑的要求，按规定进行清扫、擦洗，保持设备及周围环境的清洁

20. 企业对设备的维修在年度计划完成的是（　　　）

　　A. 大修　　　　　B. 中修　　　　　C. 年修　　　　　D. 系统停产检修

二、思考题

1. 简述计量器具的校准方式？

2. 简述设备管理包括哪些内容？

微课

划重点

自测题

3
模块三

药品生产企业软件管理

项目六 文件管理

学习目标

知识要求

1. **掌握** 文件系统构成、管理流程、制定步骤、使用等的主要管理要求。
2. **熟悉** 文件的编码要求、格式、工艺规程、操作规程的编制要求。
3. **了解** 文件的制定与修订适用情况、电子记录的分类和审批。

能力要求

1. 能够严格执行管理标准、技术标准和操作规程，从事相应的岗位工作。
2. 能够依据 GMP 的规定，编制、审核文件。
3. 能够依据文件规定，准确填写记录、表格及凭证。

实例分析

实例 2008 年 8 月，检查组针对济世药业冬凌草片、冬凌草糖浆、冬凌草胶囊和冬凌草含片的投料和生产质量管理情况进行了重点检查。检查发现该公司主要存在以下问题：①企业违反工艺规程和注册标准要求，对部分生产产品的中间品进行辐照处理；冬凌草片批号 1703002 与 1703026 微生物检验霉菌、酵母菌总数超过企业内控标准（160cfu/g），企业未进行调查，质量受权人对产品进行了放行；批生产记录等记录不真实，未记录辐照处理情况；企业未按照冬凌草片工艺规程要求对 2017 年生产的冬凌草片中间产品（冬凌草膏粉）含量进行检测。②抽查了冬凌草片（批号：1503031）批生产及检验记录，企业对中间产品干膏粉进行了检验，仅有检验报告，无检验记录的原始数据。③批号为 1702028 的冬凌草片微生物限度检查检验报告涉嫌造假。该批样品微生物限度检验日期显示为 2017 年 2 月 2 日至 2 月 7 日，经查培养基配置时间为 2017 年 2 月 3 日，培养箱使用记录显示，当天的检验品种为健胃消食片，企业不能提供冬凌草膏粉颗粒（170166B）微生物限度的检验记录。④进厂编号 07170668 批的中药材冬凌草收货总量 65340kg，1922 件，企业按照 1307 件进货量取样，现场未查到取样证明，且无取样痕迹。⑤企业冬凌草片、冬凌草糖浆批生产记录中的使用净药材批号不可追溯；现场检查时，存放浸膏的冷库温度显示为 18℃，现场不能提供提取车间冷库的出入库台账，核查冷库中的物料、账、物、卡不一致。

问题 1. 该企业哪些文件不符合 GMP 的要求？

2. 企业应如何管理文件？

任务一 文件系统

PPT

文件是以文字符号的形式记录和传达某种意图或活动情况的具有特定体式的信息材料，包括一切涉及药品生产和管理的书面标准和实施记录。文件是药品生产企业质量管理体系中的软件部分。完善的文件系统是制药企业质量保证体系的重要组成部分，是药品生产中保证药品质量的一个保障，应涉及药品生产管理和质量管理的各个方面。从企业管理的角度看，各类文件的建立是一种从人治到法治的变革，其目的是取代传统的以口授、靠回忆形式来进行管理的模式。一切行为以文件为准，要按 GMP 准则建立文件，从无到有、从不完善到完善，建立一套完备的文件系统。

一、文件分类 🅔 微课

GMP 所指的文件包括质量标准、工艺规程、操作规程、记录、报告等。文件实际上是涉及药品生产管理与质量控制的书面标准和实施过程中的结果记录，这些构成药品生产企业文件系统。药品生产企业文件系统示意图见图 6-1。

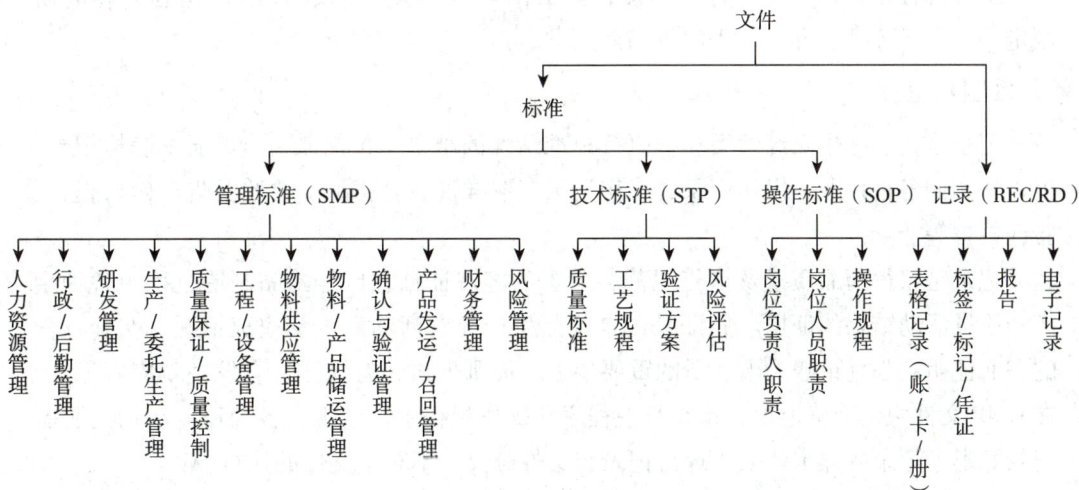

图 6-1 药品生产企业文件系统示意图

（一）管理标准

管理标准是指对企业中需要协调统一的管理事项制定的标准。制定管理标准，是适应企业管理从物的管理转向人的管理的客观需要。它使相关岗位之间的工作相互衔接、协调一致，从而使每个岗位的工作实现企业的目标，形成一个全员的目标保证系统，发挥企业的整体优化效应和系统功能。药品生产企业管理标准是指导企业管理、经营运作的依据，是药品生产企业规定，是针对企业生产经营中的计划、指挥、控制等管理职能而制定的准则。对不成熟的重复性管理事项不宜制定企业管理标准。

（二）技术标准

技术标准是指生产技术活动中，由国家、地方、行业及企业制定和颁布的技术性规范、准则、办法、标准、规程和程序等书面要求。药品生产企业文件系统中的技术标准是指对药品生产中需要协调统一的技术事项所制定的标准。它是从事厂房设施建设、药品生产及流通需共同遵守的技术依据。

技术标准是以产品为对象。产品是指药品制造过程中涉及的原料、辅料、直接接触药品的包装材料、印刷包装材料、中间产品、制药用水、成品等。对其质量及成品生产中涉及的工艺过程、生产环境、技术安全、生产设备、劳动组织、物产平衡等的描述和规定，是制定各种操作规程的依据。产品的技术标准可分为工艺规程和质量标准，质量标准还可进一步分为原辅料、包装材料、中间产品、制药用水及成品质量标准等。

（三）操作标准

操作标准主要为操作规程。操作规程是经批准用来指导生产程序、作业要求、设备操作、维护与清洁、验证、环境控制、取样和检验等药品生产活动的通用性文件，也称标准操作规程（SOP）。

操作规程是指以人的工作为对象，对工作范围、职责、权限、工作方法及内容所制定的规定、标准、办法、程序等书面要求。

（四）记录

记录是指实际生产经营活动中执行标准情况的结果，包括账、卡、册、表格记录、报告，例如各种台账、操作记录、工作记录、取样证、合格证、检验报告、确认报告、验证报告等。

记录是获得药品质量及执行规范各要素的客观证据，也是药品制造过程中各种生产和质量活动结果的证据。凭证是记录药品生产经营活动发生和完成情况、明确责任的书面证明，是登记账、卡、册的重要依据。原则上讲，有操作、有发生就应有记录。在 GMP 文件中，准确地说，是在管理程序和操作规程中，应规定各种作业活动的所需记录并附上记录的样本。人为地将记录与文件分离，不利于文件的执行。

药品生产企业文件管理是指文件的设计、制订、审核、印制、批准、分发、培训、执行、修订、变更、归档和撤销的一系列过程的管理活动。

二、文件制定管理

文件制定管理包括文件的设计、编码、格式、编制、审核、印制过程。企业首先要根据 GMP 的要求及企业的实际情况设计一个文件系统，即设计本

> **请你想一想**
> 文件系统是由哪几部分组成的？分别包括哪些内容？

企业的文件目录，并根据文件系统确定企业的文件编码系统；决定文件的格式、文件的制定程序、原则、方法等；同时，要对参与文件制定的人员进行 GMP 基本知识的培

训，然后再着手编制文件。

在编写文件时，可以依据文件规定的各项操作，明确规定需要做哪些记录、由哪些部门负责管理和保存记录、保存时间为多长。记录的编号应与文件编号相对应，可以使操作人员在填写记录时很容易查到记录的依据。

（一）文件设计

文件设计是根据 GMP 要求、本企业管理模式、各部门职能来确定文件系统的组成。文件系统的组成及文件目录应由企业负责人组织，由企业负责生产和质量管理的企业负责人和部门负责人参与设计，并组织部分管理人员、药学专业技术人员、工程技术人员商议，征求各方面的建议和意见，确定文件系统框架。文件系统的框架代表了企业管理模式，一经确定就不可变动，否则会造成文件混乱，也会给管理带来执行困难并易出现差错和漏洞。

编排文件目录时应同时编排文件编码。除少部分规程和凭证无编码外，绝大部分文件需编制号码。编制文件，不管是标准类文件还是记录类文件，均应有一个独一无二的、能够识别其文本、类别的系统编码。

企业设计文件系统时应先制定文件管理标准，并对参加编制文件的机构和人员进行文件管理标准培训，充分领悟文件编制的程序和要求后才可进行文件的设计和编制工作。

（二）文件编码

1. 编码要求 文件编码应符合以下要求。

（1）**系统性** 统一分类、编码，最好是按照文件系统来建立编码系统，并指定专人负责编码，同时进行记录。

（2）**准确性** 文件与编码一一对应，做到一文一码。一旦文件撤销，此文件编码也随之作废，不得再次使用。

（3）**识别性** 制订编码系统规定时，必须考虑到其编码能便于识别文件的文本和类别。

（4）**可追踪性** 根据文件编码系统的规定，可任意调出文件，亦可随时查询文件变更的历史。

（5）**一致性** 文件一旦经过修订，必须给定新的编码，对其相关文件中出现的该文件的编码同时进行修正。

（6）**稳定性** 文件编码系统一旦确定，一般情况下不得随意变动，应保证系统的稳定性，以防止文件管理的混乱。

（7）**发展性** 制订编码系统规定时，要考虑企业将来的发展及管理手段的改进。

2. 编码方式 企业内文件编码应统一，其代码可选用英文缩写、汉语拼音的第一个字母或汉字再加上一组数字组成。每个企业可自主确定编码系统，但必须制定一个有关文件编码系统规定的文件，详细地逐一列出编码的规定，以便正确编码和使用者明了。

文件编码由质量管理部门的文件管理人员负责编制。文件的编码应能传递文件的类别，且版本便于存储和取用，编制时力争科学、合理。文件编码一经确定，各部门不得擅自变更。确实需要变更必须向质量管理部门文件管理人员提出申请，说明变更理由，由文件管理人员进行重新编制。文件编码有两种方式，如下所示。

□□□ – ★★ – ●●● – ●●　　　　　　（1）
①　　　②　　　③　　　④

□□□ – ★★ – ▲▲ – ●●● – ●●　　　（2）
①　　②　　②a　　③　　④

其中，①表示使用相应字母代表文件类别。例如，SOP（操作标准）、SMP（管理标准）、STP（技术标准）、REC/RD（记录）。②表示使用相应字母代表①分类项下的进一步分类，如 SC（生产文件）、ZL（质量文件）、SB（设备文件）、WL（物料文件）、YZ（验证文件）、RY（人员文件）、QJ（清洁）、WJ（文件管理）、XS（销售文件）。②a 表示使用相应字母代表②分类项下的进一步分类。③表示使用数字表示文件的流水编号。④表示使用数字表示文件的修订号，00 为新版新发布的文件，01 为该版第一次修订，02 为该版第二次修订，以此类推。

示例说明：SMP – WL – 008 – 00 表示新版新发布的物料管理第 8 号文件。TS – YZ – SB – 003 – 00 表示新版新发布的设备验证方案第 3 号文件。

三、文件使用管理

文件使用管理包括文件的批准、颁布、发放、培训、执行、修订与变更、保管与归档、撤销及销毁等。

（一）批准

（1）批准人一般为企业的主管负责人或企业负责人。

（2）批准人对文件的内容、编码、格式、编订程序等进行复审时，应对该文件与其相关文件的统一性、各部门之间的协调性、文件内容的先进性、合理性及可操作性等进行把关。

（3）批准文件颁发，确定生效日期或执行日期。文件批准后即颁布发放。

（二）发放

（1）文件不宜多印，应控制份数。

（2）标准文件经批准人签字后方可颁发。文件一旦经批准，应在执行之日前发至有关人员或部门。

（3）不管哪个部颁发的文件，应由企业负责档案的人员或指定专人负责分发文件，分发文件时必须进行登记。

（4）该文件所涉及的每一部门、岗位均应收到本文件。文件颁发时，收发双方须在"文件发放、回收记录"上签字，并注明：文件名称、文件编码、复印份数、分发部门、分发份数、分发人、签收人、发送日期等。

（5）一旦新文件生效使用，前版文件必须交回。分发使用的文件为批准的现行文本，已撤销和过时的文件除留档备查外，不得在工作现场出现。

（三）培训

（1）新文件在执行之前必须进行培训并记录。文件在执行之日前应对文件使用者进行专题培训，可由文件编制人、审定人、批准人之一进行培训，以保证每个使用者知道如何使用文件。

（2）培训方式可有传阅、开会宣读、学习班等。

（3）一般情况下，文件批准后十个工作日后才正式执行文件，以利于培训、学习。

（四）执行

（1）文件由执行责任人于执行日期开始严格遵守执行。

（2）新文件开始执行阶段，相关管理人员应特别注意监督检查执行情况，以保证文件执行的有效性。

（3）任何人不得任意改动文件，对文件的任何改动必须经批准人批准，并签字及注明日期。

（五）复审与修订

药品生产企业应定期组织技术、质量管理部门和相关的业务部门复审文件，一般每两年复审文件一次，并做好记录。

一般情况下，生产工艺规程每5年修订一次，操作规程每2年修订一次。一旦政策、法规或药品标准修订和变更时，或者改变原辅料、与药品直接接触的包装材料、生产工艺、主要生产设备以及其他影响药品质量的主要因素时，应根据规定要求立即修订。文件管理部应负责检查文件修订后引起其他相关文件的变更，并及时修订其他相关文件。任何文件修订或变更，必须详细记录，以便追踪检查。

任何人均可以提出修订文件的动议或申请。由原文件批准人评价变更文件的必要性与可能性，若同意，则可启动文件修订程序。修订程序同义件制定程序，但生产工艺变更、主要原辅料变更、新设备的应用等，需先进行验证，重大工艺改革需先经鉴定。

（六）保管与归档

（1）文件持有者或部门应按文件类别及编码顺序将文件存放于规定的文件夹内，并进行登记。

（2）文件持有者或部门应妥善保管文件，不得丢失、撕毁或涂改，应保持文件清洁、整齐及完整。

（3）若需保密的文件，应按有关保密规程管理。

（4）应严格遵守借阅规程，不得随便复印文件。

（5）如果文件采用自控系统或管理系统记录，应仅允许受权人操作。

（6）文件的归档包括现行文件归档和各种记录归档。

（7）文件管理部门（或档案室）应有一套现行文件原件（或样本），并根据文件变更情况随时更新、记录在案。

（8）各种记录一旦填写完成，应按类归档，并保存至规定日期。

（9）应按档案管理办法来管理归档文件。

（七）撤销及销毁

一旦修订文件生效，原文件应自动失效。文件管理部门应定期公布撤销文件名单。修订文件生效之日，必须由文件分发者根据文件分发登记表，向持有原文件的人员或部门收回过时的文件。在生产、工作现场不允许同时有 2 个或 2 个以上文件的版本。收回的文件，档案室必须留存 1~2 份留档备查，若有必要，质量管理部门也可考虑留档一份，其余在清点数量后应全部销毁，有监销人并做销毁记录。

文件进行了修订，且新修订的文本已被批准使用，则原文本自新文件生效之日起废止，要及时回收。文件发现错误，对药品质量及生产经营活动产生不良影响，必须立即废止，及时回收。文件回收时必须在"文件发放、回收记录"上签字，填明收回日期、收回人，并在回收的文件上加盖"回收文件"印章，以表示回收的文件。

你知道吗

"修订""撤销""替换"的含义

GMP 第 153 条规定："文件的起草、修订、审核、批准、替换或撤销、复制、保管和销毁等应当按照操作规程管理，并有相应的文件分发、撤销、复制、销毁记录。"

"起草"与"修订"属于文件程序内容的管理。

"替换"与"撤销"属于文件发放控制的管理。

"修订"表示"文件内容需要更新完善"。

"撤销"表示"文件停止使用"。

"替换"表示"使用的现行文件因破损等原因的更换"。

任务二　质量标准

PPT

物料和成品的质量标准主要包括原料、辅料、直接接触药品的包装材料和容器、印刷包装材料、中间体或中间产品、待包装产品、成品、制药用水等的质量标准。企业质量标准的制定和执行应符合国家有关标准，而且企业应制定高于国家标准或行业标准等法定标准的内部控制标准，以保证产品质量。

一、原料质量标准

（一）标准依据

企业应根据生产工艺、成品质量需要及供应商质量管理体系评估的情况制定内控标准。以法定标准为依据的次序为：《中国药典》、局颁标准、注册标准、卫生标准和炮制规范，均以现行版本为准。原料药的原料，企业可根据工艺要求、物料的特性以及对供应商质量管理体系评估的情况，确定物料质量控制项目。

（二）标准内容

（1）原料品名、编码、来源、药用部位、法定规格标准。

（2）微生物学标准。

（3）内控标准及检查方法。

（4）标准品、对照品、标准样品、标本的编号。

（5）企业批准的供应商或供货产地。

（6）贮存条件及注意事项。

（7）取样方法、取样工具、容器、数量、地点。

（8）取样时观察的外观及特征。

（9）复验周期。

（10）用途。

中药材标准还应包含下列内容：采购原料规定的商品等级、加工标准及加工地点、炮制标准及炮制地点。

二、辅料标准

（一）标准依据

（1）法定标准。

（2）食用标准：依据国家标准或行业标准，需经验证，并经药监部门批准。

（3）企业标准：参照相关的规格标准制定。

（二）标准内容

（1）名称、代码。

（2）成分、来源及成分组成：应列出成分组成配方清单或物料处方文件编号。

（3）注册文号或备案文号：包括药用辅料批准文号或批准证明文件、注册文号或备案文号。

（4）标准依据、企业内控标准。

（5）企业批准的供应商资料。

（6）取样、检验方法或相关操作规程编号。

（7）使用的标准品、对照品、标准样品、标本的编号。

（8）定性和定量的限度要求。

（9）规格和包装。

（10）供应商提供的生产厂商产品与物料直接接触的包装材料的质量标准编号。

（11）供应商提供的生产厂商产品印刷包装材料实样，包括印有标签内容相同的药品大、中、小包装的包装材料、使用说明书、产品合格证、封口签、防伪签等印刷品标准样板实样。

（12）储存条件及注意事项。

（13）有效期或保质期。

（14）复验期。

三、包装材料标准

（一）与药品直接接触的包装材料和容器

（1）名称、代码。

（2）材质包括包装材料的构成、材料组成及化学成分。

（3）注册文号或备案文号　包括药包材注册文号、注册号或备案文号。

（4）标准依据。

（5）企业批准的供应商资料。

（6）取样、检验方法或相关操作规程编号。

（7）使用的标准品、对照品、标准样品、标本的编号。

（8）技术指标。

（二）印刷包装材料

（1）材料名称：包装材料的命名应按照用途、材质和形制的顺序编制，文字简洁，不使用夸大修饰语言，尽量不使用外文缩写。

（2）材质：指包装材料的构成成分。

（3）规格及偏差。

（4）标准依据：应依据国家标准 GB 系列、行业标准制定的企业内控标准。

（5）企业批准的供应商资料。

（6）取样、检验或相关操作规程编号。

（7）技术指标。

（三）包装材料标识印刷标准

（1）名称、编号：包括识别品种、包装配套、印刷版次。

（2）文字内容标准。

（3）文字设计的样稿及复印件。

（4）标准依据。

（5）印刷质量要求。

四、成品标准

(一) 标准依据

(1) 法定标准。

(2) 内控标准：企业必须制定内控标准，以内控标准组织生产，符合内控标准的产品才能放行销售。

(二) 标准内容

(1) 名称、代码。

(2) 药品批准文号或药品批准证明文件。

(3) 处方来源、处方编号。

(4) 标准依据、企业内控标准。

(5) 取样、检验方法或相关操作规程编号。

(6) 定性和定量的限度要求。

(7) 产品规格和产品包装。

(8) 印刷包装材料标准样板：包括印有标签内容相同的药品大、中、小包装的包装材料、使用说明书、产品合格证、封口签、防伪签等印刷品标准样板。

(9) 包装材料质量标准编号。

(10) 储存条件及注意事项。

(11) 有效期。

五、制药用水标准

(一) 标准依据

(1) 饮用水　《生活饮用水卫生标准》（GB 5749—2006）及《生活饮用水标准检验方法》（GB/T 5750—2006）。

(2) 纯化水　《中国药典》（2020 年版二部）。

(3) 注射用水　《中国药典》（2020 年版二部）。

(4) 灭菌注射用水　《中国药典》（2020 年版二部）。

(二) 标准内容

(1) 名称、代码。

(2) 原料水来源。

(3) 标准依据、企业内控标准。

(4) 取样、检验方法或相关操作规程编号。

(5) 使用的标准品、对照品、标准样品、标本的编号。

请你想一想

企业内控标准的质量指标为什么要高于法定标准？

(6) 定性和定量的限度要求。

（7）储存条件及注意事项。

任务三　生产管理文件

PPT

一、工艺规程

工艺规程是指为生产特定数量的成品而制定的一个或一套文件，包括生产处方、生产操作要求和包装操作要求，规定原辅料和包装材料的数量、工艺参数和条件、加工说明（包括中间控制）、注意事项等内容。

（一）原料药生产工艺规程

（1）品名、产品概述、化学反应及副反应过程，生产工艺及设备流程图。

（2）工艺流程及生产操作要求：包括物料、中间产品名称及代码，投料量、投料比；工艺过程及参数，操作顺序及要求；物料、中间产品储存条件及期限，标签、包装材料。

（3）生产过程的质量控制，物料、中间产品、成品的质量标准，取样方法。

（4）生产地点、设备（含仪表）型号及材质一览表及主要设备生产能力。

（5）预防措施及注意事项，技术安全及防火、劳动保护，原料消耗定额和技术经济指标，副产品、回收品的处理，"三废"治理及排放标准。

（6）操作工时与生产周期，单个步骤或整个工艺过程的时限，劳动组织与岗位定员。

（7）附录：包括有关理化常数、曲线、图表、计算公式、换算表等。

（二）制剂生产工艺规程

1. 生产处方

（1）产品名称和产品代码。

（2）产品剂型、规格和批量。

（3）所用原辅料清单：包括生产过程中使用但不在成品中出现的物料。阐明每一种物料的指定名称、代码和用量，如原辅料的用量需要折算时，还应当说明计算方法。

2. 生产操作要求

（1）对生产场所和所用设备的说明：如操作间的位置和编号、洁净度级别、必要的温湿度要求、设备型号和编号等。

（2）关键设备的准备：如清洗、组装、校准、灭菌等所采用的方法或相应操作规程编号。

（3）详细的生产步骤和工艺参数说明：如物料的核对、预处理、加入物料的顺序、混合时间、温度等。

（4）所有中间控制方法及标准。

（5）预期的最终产量限度：必要时，还应当说明中间产品的产量限度，以及物料平衡的计算方法和限度。

（6）待包装产品的储存要求：包括容器、标签及特殊储存条件。

（7）需要说明的注意事项。

3. 包装操作要求

（1）以最终包装容器中产品的数量、重量或体积表示的包装形式。

（2）所需全部包装材料的完整清单：包括包装材料的名称、数量、规格、类型以及与质量标准有关的每一包装材料的代码。

（3）印刷包装材料的实样或复制品：标明产品批号、有效期打印位置。

（4）需要说明的注意事项：包括对生产区和设备进行的检查，在包装操作开始前，确认包装生产线的清场已经完成等。

（5）包装操作步骤的说明：包括重要的辅助性操作和所用设备的注意事项、包装材料使用前的核对。

（6）中间控制的详细操作：包括取样方法及标准。

（7）待包装产品、印刷包装材料的物料平衡计算方法和限度。

二、操作规程

操作规程是指经批准用来指导设备操作、维护与清洁、验证、环境控制、取样和检验等药品生产活动的通用性文件，又称标准操作规程，英文缩写为"SOP"。

1. 编写基本原则

（1）合理、可行，各操作步骤的前后衔接要紧凑，条理性好。

（2）语言简练、确切、通俗、易懂。

（3）关键步骤可采用流程图来强调。

（4）必须包括每一项必要的步骤、信息和参数。

2. 操作规程内容

（1）操作名称。

（2）编写依据。

（3）操作范围及条件：应注明时间、地点、对象、目的。

（4）操作步骤或程序：包括准备过程、操作过程、结束过程。

（5）操作标准。

（6）操作结果的验收、检验标准。

（7）操作过程复核与控制。

（8）操作过程的安全事项与注意事项。

（9）操作中使用的物品、设备、器具及其编号。

（10）操作异常情况处理等。

三、批记录

批记录是用于记述每批药品的生产、质量检验和放行审核的所有文件和记录，可追溯所有与成品质量有关的历史信息。

批记录包括批生产指令记录、批包装指令记录、批生产记录和批包装记录、批检验记录、批放行记录。生产中批指令一般包括批生产指令和批包装指令。生产过程中进行记录填写时，应遵循以下原则。

（1）必须及时填写，不能当成备忘录提前写，也不能当成回忆录过后写，更不能造假记录。

（2）字迹整洁，不得使用铅笔填写。

（3）按内容逐一填写，不得空格、漏填。如无内容时，用"／"表示。与前项相同的空格不得使用"同上""同前"或"…"代替。

（4）不得撕毁与任意涂改，不得使用刀片、橡皮及涂改液进行涂改。如确需更改时，在错误地方画横道，保持原字迹清晰可辨，写上正确的内容并签名。

（5）品名应写全称，不得简写或使用英文字头等代替。

（6）人员签名应写明全名，填写日期应注明年、月、日不得点点代替。

（7）数据的修约应采用舍进机会相同的修约原则，即"4"舍"6"入，"5"留双。

（一）批生产指令

1. 生产指令的基本信息　生产指令又称生产订单，一般是产品生产的计划性指令，是生产安排的计划和核心，用于指导现场生产安排。不同企业的生产指令各不相同，基本要素包括生产指令号、产品名称、产品批号、产品批量、生产时间等。

如果企业设计的生产指令仅包括生产指令号、产品名称、产品批号、产品批量、生产时间等内容，为了明确生产此批号所需的物料信息情况，则需要配合使用其他能够体现生产该批产品所需的物料名称、物料代码、物料批号、物料需要量等内容信息的正式表格或记录。

如果企业设计的生产指令内容包括生产指令号、产品名称、产品代码、产品规格、产品批号、产品批量、生产时间、所需使用的物料名称、物料代码、物料批号、物料需要量等，则此生产指令可单独使用。

2. 生产指令的制订　生产指令由生产部计划员或管理员来拟定，制订生产指令的依据是经过批准的月度生产计划。生产指令中应包括产品的名称和规格、生产指令下达时间和生产开始的时间、生产指令接收车间或工序、生产批号和生产指令编号、操作依据和物料需求量等内容。除开具人签字确认外，生产指令还需要经过质量管理部QA、仓库管理员的审核。①仓库管理员负责填写生产指令中的物料编号，审核生产指令中所填写的物料名称，核对生产所需原辅料及包材数量、规格等是否齐备，及是否处于合格状态，确认无误后签字。②质量管理部的QA对生产指令中的产品名称、规格、生产批号、原辅料及包材的处方量、物料编号等进行审核，审核通过后签字确认，如存在错误，则将生产指令退还拟定人。生产指令最后由生产部负责人签字并正式生效，原件下发至接收车间或操作岗位，相关部门可将复印件留存备查。

3. 生产指令的使用和管理 生产指令可以一式一份、一式二份、一式多份，具体根据企业相关部门在生产计划安排时的需要自行确定；生产指令的原件和复印均需要有控制，发放数量和去向要明确、可追溯，不得随意复印。

通常由生产管理部门负责制订、审核、发放生产指令。应根据生产指令制定相应的物料提取单，物料提取单通常包括：生产指令号、产品名称、产品代码、产品规格、产品批号、产品批量、生产时间、所需使用的物料名称、物料代码、物料批号、物料需要量、物料实际领取量、领取/发放人和日期等。

为防止混乱、差错、重复给定生产指令号，通常由生产指令的管理部门指定专人负责生产指令的制定和发放，生产指令的接收部门需指定专人负责接收和传达。

生产指令应在正式生产前制订、审核、发放完成并通知相关部门，确保预留足够的时间以便物料管理部门、生产部门或其他相关部门完成相应的生产前准备工作，使每位操作人员和相关人员清楚正在生产或将要生产的产品名称、规格、批量等信息。

（二）批生产记录

1. 批生产记录的主要内容

（1）产品名称、代码、规格、批号。

（2）生产以及中间工序开始、结束的日期和时间。

（3）每一原辅料的批号、投料量、折算投料量、实际投料量（包括投入的回收或返工处理产品的批号及数量）、称量人与复核人签名。

（4）所用主要生产设备的编号。

（5）相关生产操作或活动、工艺参数及控制范围，各步生产过程的控制操作记录，操作者签名及日期、时间。

（6）中间控制结果的记录以及操作人员的签名。

（7）各生产阶段及不同工序的产品数量，物料平衡的计算。

（8）结退料记录。

（9）设备清洁、操作、保养记录。

（10）前次包装操作的清场记录副本及本次包装清场记录正本。

（11）对特殊问题或异常事件的记录，包括对偏离工艺规程的偏差情况的详细说明或调查报告处理及结果记录，并经签字批准。

2. 批生产记录的复核 生产记录应分别由生产、技术部门和质量管理部门指定专人进行复核，复核的内容一般包括：配料、投料、称重过程中的复核情况；生产各工序检验记录；清场记录；中间产品质量检验结果；物料平衡的统计计算；各种状态标识等。

3. 批生产记录的整理、审核与保管 生产过程的各项记录由车间按批整理后，形成批生产记录，交生产、技术部门审核，然后交质量检验部门审核，最后交质量管理部门终审，并保存。批生产记录应保留至产品有效期后一年。

（三）批包装指令

批包装指令主要包括以下内容。

（1）包装产品名称及代码、包装规格、批号、生产日期。

（2）计划产量。

（3）包装方法、包装要求、作业顺序、操作规程编号、生产地点、使用设备与生产线及其编号。

（4）专用模具代码清单。

（5）包装材料定额量、计划领用量。

（6）生产技术部门负责人、生产车间生产负责人签名。

（四）批包装记录

批包装记录主要包括以下内容。

（1）产品名称、规格、包装形式、批号、生产日期和有效期。

（2）包装开始日期、时间，各工序生产日期、时间，包装结束日期、时间。

（3）包装操作负责人签名。

（4）包装工序的操作人员签名。

（5）待包装产品数量。

（6）每一包装材料的名称、代码、批号，发放和实际使用的数量。

（7）根据工艺规程所进行的检查记录，包括中间控制结果。

（8）包装操作的详细情况，包括所用设备及包装生产线的编号。

（9）所用印刷包装材料的实样，并印有批号、有效期及其他打印内容，不易随批包装记录归档的印刷包装材料可采用印有上述内容的复制品。

（10）包装操作记录，设备、生产线操作记录，操作者、复核者、负责人签名。

（五）批检验记录

所有原料、辅料、包装材料、中间产品和成品都必须经过检验，确保符合相应标准，并有记录。检验记录主要包括以下内容。

（1）原辅料与药品直接接触的包装材料的检验项目、检验结果报告单。

（2）中间产品检验项目、检验结果报告单。

（3）成品检验项目、检验结果报告单。

（六）放行审核记录

放行审核记录包括对物料和产品的放行，产品包括药品的中间产品、待包装产品和成品。中间产品、待包装产品和成品放行应进行合规性审查，对药品生产现场的人员操作、清洁及环境监测过程进行核查，审核批生产、批包装、批检验等记录，实施电子记录的，应对电子记录予以审核和确认。对于批记录审核合格的，须经质量受权人或质量管理负责人批准放行，中间产品可进入下一工序，成品可发运投放市场。

四、电子记录

电子记录（简称 EPR）是指实施计算机化系统管理的企业在执行控制配方和生产

操作过程中存储来自生产相关活动中的数据和信息，数据和信息可由系统产生并经人工输入或为单纯人工输入。电子数据可能保存在一个或多个系统或数据库中。

电子记录一般有两种类型：电子批生产记录（以下简称 EBR）和电子设备历史记录（以下简称 EDHR）。EBR 用来记录一个批次（含回收、重新加工、返工批次）或连续过程中药品生产和质量控制的电子数据信息。EDHR 的一系列记录涵盖一个已完成的电子设备的历史记录。

（一）电子记录审核

电子记录审核指对从生产相关的运行中得到的数据进行筛选，用于编制审核与事务处理如发布、隔离、拒绝报告的方法。该方法既包括对关键工艺异常的审核，也包括减少或取消对可接受数据和趋势的审核。EPR 审核适用于生产的全过程或工艺步骤的一部分，包括计算机化系统或与纸质记录形式共同使用的情形。审核可采用人工审核和系统附带的自动审核功能。

在完整的生产报告使用数据审核之前，可以用分阶段的方法来实施数据审核。如果有程序化的技术控制措施来控制管理方法，可将每个报告作为整体报告的一部分进行管理，而各个单独的报告和数据审核报告可以结合使用。

电子记录审核应确保达到以下要求：①将工艺保持在规定的可接受偏差范围内；②准确地记录了数据与事件；③当超出了规定的偏差范围或其他操作规定时，应发出警报和警告；④电子记录是准确、可信且安全的，用来进行流程产品审核的生产报告是准确的。

（二）电子记录数据库

生产过程中包含了大量主要数据，比如物料规格说明、工艺参数、警报与警告限制，或者由几个系统共同控制的工艺步骤程序。

（三）电子表格

可以通过应用程序工具来创建各种最终用户应用程序，包括定制的统计数据分析、本地数据库创建、数据挖掘、多元分析。

电子表格的应用类型包括：一次性电子表格、存档电子表格、数据库电子表格、模板电子记录表格、桌面数据库。

EPR 审核、迁移、实时发布流程见图 6-2。

你知道吗

电子记录的优缺点

与传统纸介质记录相比，电子记录具有以下优势。第一，采集的数据更完整，如一些实现了无纸化记录的灭菌柜或发酵罐，在灭菌或发酵完成之后可以记录下一条完整的时间-温度曲线，这更有利于工艺改进和产品质量的追溯。第二，计算机化系统自动采集的数据被汇总之后直接由相应的软件来处理，省时省力。第三，检索方便快捷。对于那些将电子签名也良好地应用起来的企业的计算机化系统，访问人被赋予一定权限之后，可以在权限范围之内对所有电子记录和处理结果进行访问和检索，十分方便。除此之外，电子记录还具有生成效率高、节省纸张等优点。

然而，电子记录潜在的缺点和出现差错的风险也不可忽视，比如它易被改变、替代，易被伪造，一旦丢失也不易补救，且如果相关的计算机化系统发生问题，有可能会对电子记录造成较严重的负面影响。

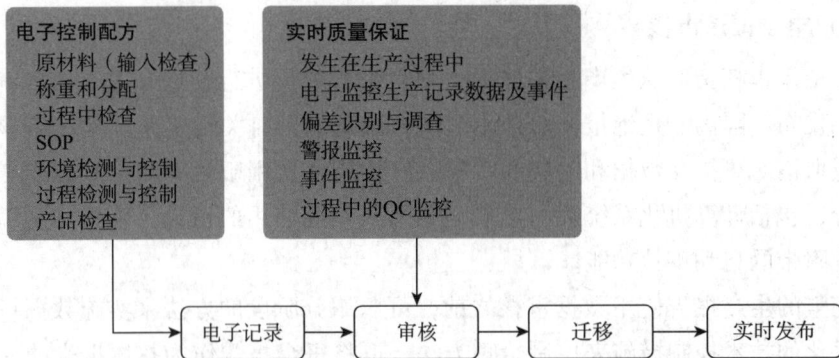

图 6-2　EPR 审核、迁移、实时发布流程

目标检测

一、选择题

（一）单项选择题

1. 与 GMP 有关的每项活动均应有记录，所有记录至少应保存至药品有效期后（　　），确认和验证、稳定性考察的记录和报告等重要文件应长期保存，以保证产品生产、质量控制和质量保证等活动可以追溯

　　A. 四年　　　　　B. 三年　　　　　C. 两年　　　　　D. 一年

2. 标准操作规程是（　　）

　　A. 一切涉及生产、经营管理的书面标准和实施标准的结果

　　B. 经批准用来指导药品生产活动的通用性文件

　　C. 一般是指由法定机关、单位印发，用来处理公务活动，并具有特定格式的书面文字材料

　　D. 规范书面内容的文字材料

3. 编码为 SMP - WL - 008 - 00 的文件，其文件类别为（　　）

　　A. 操作标准　　　B. 管理标准　　　C. 技术标准　　　D. 记录

4. （　　）应当保存所有变更的文件和记录

　　A. 质量管理部　　B. 生产技术部　　C. 总经办　　　　D. GMP 办公室

5. 一般情况下，生产工艺规程每（　　）年修订一次

 A. 1   B. 2   C. 3   D. 5

6. 6. 一般情况下，操作规程每（　　）年修订一次

 A. 1   B. 2   C. 3   D. 5

7. 当政策、法规或药品标准修订和变更时，生产工艺规程和操作规程应（　　）修订

 A. 1 月后   B. 1 年后   C. 1 年内   D. 立即

8. 药品生产质量管理规范有关的文件要经（　　）的审核

 A. 生产管理部门   B. 行政管理部门

 C. 企业法定代表人   D. 质量管理部门

9. 物料的包装上必须有标签注明规定的信息，被污染了的要进行清洁，有影响物料质量的问题，要报告给（　　）

 A. 供应部门 B. 质量管理部门 C. 供应商 D. 质量管理负责人

10. 下列文件编码中表示技术标准的是（　　）

 A. SOP   B. STP   C. SMP   D. REC/RD

11. 现有一批待检的成品，因市场需货，仓库（　　）

 A. 可以发放

 B. 审核批生产记录无误后即可发放

 C. 检验合格、审核批生产记录无误后，方可发放

 D. 检验合格即可发放

12. 工作现场的文件要求必须为（　　）

 A. 撤销的旧版文件   B. 批准的现行文本

 C. 现行的文本   D. 旧版文件

（二）多项选择题

13. 批生产记录的每一页应当标注产品的（　　）

 A. 规格   B. 数量   C. 名称   D. 批号

14. 药品企业应当长期保存的重要文件和记录有（　　）

 A. 质量标准   B. 操作规程

 C. 紫外灯运行记录   D. 稳定性考察报告

15. 下列有关于生产指令的叙述正确的是（　　）

 A. 生产指令的原件和复印件均需要有控制，发放数量和去向要明确、可追溯，不得随意复印

 B. 生产指令的基本要素包括生产指令号、产品名称、产品批号、产品批量、生产时间等

 C. 生产指令的管理部门需指定专人负责生产指令的制定和发放

 D. 生产指令的接收部门需指定专人负责生产指令的接收和传达

16. 批生产记录的内容应当包括（   ）

A. 产品名称、规格、批号

B. 生产以及中间工序开始、结束的日期和时间

C. 每一生产工序的负责人签名

D. 生产步骤操作人员的签名

17. 下列关于电子记录的叙述正确的是（   ）

A. 使用电子数据处理系统的，只有经授权的人员方可输入或更改数据，更改和删除情况应当有记录

B. 应当使用密码或其他方式来控制系统的登录

C. 关键数据输入后，应当由他人独立进行复核

D. 用电子方法保存的批记录，应当采用磁带、缩微胶卷、纸质副本或其他方法进行备份，以确保记录的安全，且数据资料在保存期内便于查阅

18. 下列关于文件的叙述正确的是（   ）

A. 文件的起草、修订、审核、批准、替换或撤销、复制、保管和销毁等应当按照操作规程管理，并有相应的文件分发、撤销、复制、销毁记录

B. 文件的起草、修订、审核、批准均应当由适当的人员签名并注明日期

C. 文件应当标明题目、种类、目的以及文件编号和版本号

D. 文件应当分类存放、条理分明，便于查阅

二、思考题

1. 文件管理的目的是什么？

2. 成品质量标准应包括什么内容？

微课　　　　　　　划重点　　　　　　　自测题

▶▶ 项目七　物料与产品管理

学习目标

知识要求

1. **掌握**　GMP 对物料与产品的主要规定。
2. **熟悉**　物料供应商的确定及变更管理；包装材料的管理要求、物料采购原则、物料储存及发放管理。
3. **了解**　中间产品和待包装产品管理；供应商的评估和批准；麻醉药品、精神药品和医药用毒性药品的仓储管理要求。

能力要求

1. 能够依据 GMP 的相关规定，根据工作要求对物料和产品进行采购、验收、仓储、养护及发放管理。
2. 能按要求对特殊管理物料的仓储和发放进行管理。

🔍 实例分析

实例　2006 年 4 月，广州市某院连续发生 15 起因使用齐齐哈尔第二制药有限公司（以下简称为"齐二药"）生产的"亮菌甲素注射液"导致患者肾功能衰竭的重大事件，引起全国广泛专注，事件共造成 13 名患者死亡、两人病情加重。经调查发现，2005 年 9 月，齐二药违反相关规定，采购物料时没有对供货方进行实地考察，也未要求供货方提供原、辅料样品进行检验，购进一批假冒"丙二醇"的"二甘醇"；发现药品原料密度超标后，也没有进一步复检，直接非法出具了合格的化验单。2006 年 3 月 28 日，该公司用假丙二醇辅料生产了大批规格为 10ml/5mg、批号为 06030501 的亮菌甲素注射液并投入市场使用，导致 13 人死亡的严重后果。2006 年 5 月 9 日，广东药检所最终确定齐二药厂生产的亮菌甲素注射液里含有大量工业原料二甘醇，导致患者急性肾衰竭死亡。

问题　1. "齐二药"事件中，药厂在生产质量管理过程中违反了 GMP 的哪些规定？

2. "齐二药"在物料采购过程中违反了哪些规定？正确的操作步骤应是什么？

PPT

📋 任务一　原辅料管理　ⓔ 微课

GMP 对"物料与产品"的管理做了明确规定，范围包括对原辅料、包装材料、印刷包装材料、中间产品和待包装产品、成品以及特殊管理的物料和产品的管理。

一、物料相关概念

1. 物料　包括原料、辅料和包装材料等。

2. 原料　化学药品制剂的原料是指原料药；生物制品的原料是指原材料；中药制剂的原料是指中药材、中药饮片和中药提取物；原料药的原料是指用于原料药生产的除包装材料以外的其他物料。

二、原辅料的接收

物料接收是物料进入厂内的第一个环节，是物料管理的重要工作环节。应当制定相应的操作规程，采取核对或检验等适当措施，确认所接收的每一包装内的原辅料正确无误。GMP 明确规定：原辅料接收应当有操作规程，所有到货物料均应当经检查，以确保与订单一致，并确认供应商已经质量管理部门批准。

（一）接收要求

物料接收均应当有记录，内容如下：①交货单和包装容器上所注物料的名称。②企业内部所用物料名称和（或）代码。③接收日期。④供应商和生产商（如不同）的名称。⑤供应商和生产商（如不同）标识的批号。⑥接收总量和包装容器数量。⑦接收后企业指定的批号或流水号。⑧有关说明（如包装状况）。

原辅料进厂，均需提供供应商有效的检验报告，验收员按规定的程序进行验收，验收需要注意以下内容：①审查文件凭证，确定这些单据的真实性、规范性以及和所到货物的一致性。②物料的外包装是否有标签，是否注明规定的信息；必要时，还应当进行清洁，发现外包装损坏或其他可能影响物料质量的问题，应当向质量管理部门报告并进行调查和记录。③由验收员按货物凭证逐项核对所到物料的品名、规格、数量、厂家名称，检查包装是否完整，原物料有无受潮、发霉、虫蛀现象，标签与货物是否一致，凡不符合要求的应予以拒收。④要求填写到货记录和入库记录。填写记录真实准确，并要有验收人和复核人签名。

（二）待验

进厂物料，在仓库先统一编号，其目的是尽量减少或避免混药的危险。

编好号的物料按定置管理要求放置于指定区，用黄色绳围栏，树立待验牌，并及时填写物料请验单，交质检部门抽样检查。

（三）原辅料的检验

原辅料应当按照有效期或复验期贮存。贮存期内，如发现对质量有不良影响的特殊情况，应当进行复验。

质量控制实验室接到请验单后，即派经授权的抽样人员到仓库按规定的抽样方法进行取样，并填写取样记录。取样后重新封好，贴上取样证，抽出的样品按被抽货物的标签标明。

按照标准所规定的检测项目，对原辅料进行检验，并根据检查（或检验）结果，向仓库送交检验报告单。

样品经检验合格后，质量控制实验室将检验报告单报质量管理部门或受权人审核，批准放行使用，质量管理部门根据审核结果通知仓储部门，并根据检验结果按货物件数发放绿色的合格证。

（四）原辅料的贮存

1. 入库　仓储部门根据质量管理部门的通知对所到的原辅料进行处理，除去原来的待验标签，将合格的原辅料移送到合格区（或挂绿色合格标识），贴上绿色"合格证"；将不合格的原辅料移送至不合格品库区，挂红色标识，贴上红色"不合格证"，并按规定通知有关部门及时处理。检验合格的原辅料入库后应填写库存货位卡，记录收发结存情况。

2. 储存养护　物料的合理储存需要按其性质，提供规定的储存条件，并在规定使用期限内使用。

（1）分类储存　物料须按其类别、性质、储存条件分类储存，避免相互影响和交叉污染。通常的分类原则如下：①常温、阴凉、冷藏应分开。②固体、液体原料分开储存。③挥发性及易串味原料避免污染其他物料。④原药材与净药材应严格分开。⑤特殊管理物料按相应规定储存和管理并立明显标志。

（2）规定条件下储存　物料储存必须确保与其相适宜的储存条件，来维持物料已形成的质量，此条件下物料相对稳定。GMP规定：仓储区应当能满足物料或产品的贮存条件（如温湿度、避光）和安全贮存的要求，并进行检查和监控。

对于仓储区的空间和面积要求应与生产规模相适应，以便于存放物料，应最大限度地减少差错和交叉污染。同时做好仓库"五防"，即做好防蝇、防虫、防鼠、防霉、防潮。落实"五距"码放原则，即注意垛距、墙距、行距、顶距、灯距（热源）。

根据物料性质定期检查养护，采取必要的措施预防或延缓其受潮、变质、分解等；对已发生变化的物料要及时处理，避免污染其他物料。GMP规定：物料应根据其性质有序分批贮存。

规定的物料储存条件如下：①冷藏：2～10℃。②阴凉：20℃以下。③常温：10～30℃。④相对湿度：一般为45%～75%，如有特殊要求，则按规定储存。⑤储存要求：遮光、干燥、密闭、密封、通风等。

（3）规定期限内使用　物料的使用期限是指物料经过考察，在规定储存条件下一定时间内质量能保持相对稳定，当接近或超过这个期限时，物料趋于不稳定，甚至变质的期限。GMP第114条规定：原辅料应当按照有效期或复验期贮存。贮存期内，如发现对质量有不良影响的特殊情况，应当进行复验。

（五）原辅料的发放

原辅料的发放应凭生产指令或包装指令限额领用并记录。原辅料在发放和使用过程中，必须复核无误后方可发放和使用，以保证其数量准确、质量良好。应由指定人员按照操作规程进行配料，核对物料后，精确称量或计量，并作好标识。配制的每一物料及其重量或体积应当由他人独立进行复核，并有复核记录。用于同一批药品生产的所有配料应当集中存放，并做好标识。

1. 物料状态与控制　物料的质量状态有三种，分别为待验、合格、不合格。使用黄、绿、红三种不同颜色来明显区分，以避免物料在储存、发放和使用时发生混淆和差错。①待验——黄色，标识处于搁置、等待状态。②合格——绿色，标识被允许使用或被批准放行。③不合格——红色，标识不能使用或不准放行。

2. 物料发放原则　物料发放的原则是按指令发放，先进先出和近有效期先出，按批号发货。

3. 物料发放要求　生产部门的材料员按生产指令单填写需料送料单，交仓库备料。原辅料发放时应注意以下问题。

（1）仓库所发出的原辅料应包装要完好，有合格标志。物料的标签、合格证，应与物料一致。

（2）分次领用的辅料、分装件也应附有标签和合格证的复印件。按规定要求称重计量，并填写仓库称量记录。

（3）送料员与仓库管理人员核对实物后，把原辅料送到生产部门指定地点，码放整齐，由生产部门材料员点收。发料、送料、收料人均应在需料送料单上签字。

（4）仓库管理人员在每次发料后，要在库存货位卡和台账上填写货物去向及结存情况，以便追溯。

（5）装在容器内的原辅料如分数次领用时，发料人应在容器上标以领发料清单，发料时应复核存量，如有差错，应查明原因。

（六）退库

不连续生产或更换品种时，车间不得存放与现品种生产有关的原辅料。退库应注意以下几点。

（1）物料退库时，退库的班组负责人须在物料领用退库记录中填写退库数量和退库日期，并填写退库单，交车间领料员退料。

（2）车间领料员核对退库物料名称、物料编号、检验单号和数量，确认无误后将物料、退库单及物料领用退库记录退往车间指定地点。

（3）仓库送料员到车间指定地点接料。

（4）仓库保管员接料后，与仓库送料员进行物料交接时，仓库送料员核对物料名称、物料编号、检验单号和数量，确认无误后将物料及退料单、物料领用退库记录交仓库保管员。

（5）退货人和收货人均应在退库清单上签字，怀疑质量有变化时，应复验合格后收回。

（6）仓库保管员根据物料领用、物料退库情况及时做好物料台账，调整货位卡。

任务二 采购管理

PPT

物料的采购是一项极其重要的工作，药品生产企业按规定的质量标准购进高品质又安全有效的原料，对药品生产全过程的质量保证起到作为先决条件的关键作用。

一、采购原则

采购人员应对所需物料的生产厂家进行全面了解。确定物料的规格及质量标准是一项科学而复杂的工作，需要生产部门、供应部门、质量管理部门等合作，以便在价格和质量要求之间选择最优化的物料。即在药品采购环节内，坚持"按需进货、择优采购、质量第一"的原则。

（1）物料供应商的确定及变更应当进行质量评估，并经质量管理部门批准后方可采购。

（2）确定供货单位的合法资格，建立供应商档案。采购的物料必须从具有合法资格的企业购进，即原料、辅料及包装材料的采购都必须按照国家有关规定，从具有合法资格的企业购入。供应商档案中要有供应厂家的地址、电话和传真，供应材料的信息如通用名称、各种性状描述、用途、包装和其他要求等。

（3）确定所购入物料的合法性。GMP规定：药品生产所用的原辅料、与药品直接接触的包装材料应当符合相应的质量标准。药品上直接印字所用的油墨应当符合食用标准要求；进口原辅料应当符合国家相关的进口管理规定；采购的物料必须有产品的生产许可批准文件、注册文件或备案文件。

（4）采购物料都必须按照药品批准注册时核准的质量标准进行检验，确保符合药用要求。对已颁布国家药品标准的药用辅料，必须符合国家药品标准的要求。

（5）采购物料包装和标识必须符合药品生产企业质量要求或法定要求。

二、采购管理内容

（一）供货商的确定与管理

药品生产企业应加强物料供应商审核。应按照有关规定要求，对物料供应商进行质量评估审核，根据审核结果确定合格供应商名单，经批准确定供应商对物料的供应，并签订质量协议。与供货单位签订的质量保证协议，应遵循以下要求。

（1）明确双方质量责任。

（2）供货单位应当提供符合规定的资料并对资料的真实性、有效性负责。

（3）供货商应当按照国家规定开具发票。

（4）与供货单位签订购销合同和质量保证协议，明确质量条款。

（二）购货合同管理

对于提供物料并经过企业内供应商审核批准的供应厂商方可签订供货合同。所有草拟的购货合同必须由供应部门负责人审核，并经企业负责人核定签字，加盖本企业公章后方可生效。草拟每份合同应具体、准确，涉及质量时必须标明质量条款。为便于执行，在避免不必要纠纷的前提下，应当具备以下主要条款。

（1）商品的品种、规格和数量。

（2）商品的质量和包装。

（3）商品的价格和结算方式。

（4）交货期限、地点和发送方式。

（5）商品验收办法。

（6）违约责任。

（7）合同的变更和解除条件。

> **请你想一想**
>
> 假如你是一名药品生产企业采购部门工作人员，你应怎样对原辅料进行采购呢？

任务三　包装材料管理

PPT

一、相关概念

1. 药品包装材料　包括与药品直接接触的包装材料和容器及印刷包装材料，但不包括发运用的外包装材料。

2. 印刷包装材料　指具有特定式样和印刷内容的包装材料，如印字铝箔、标签、说明书、纸盒等。

二、直接接触药品的包装材料和容器管理

直接接触药品的包装材料和容器也称内包材或药包材，药用胶塞、药用铝箔、输液瓶、安瓿、药用瓶（管、盖）、药用软膏管（盒）等，其外表虽印制标识，仍按内包材管理，标识印字部分按印刷包装材料管理。GMP 明确规定：与药品直接接触的包装材料和印刷包装材料的管理和控制要求与原辅料相同。包装材料应当由专人按照操作规程发放，并采取措施避免混淆和差错，确保用于药品生产的包装材料正确无误。

三、印刷包装材料管理

印刷包装材料应根据药品的特性选用不易破损的包装材料，以保证药品在运输、贮藏、使用过程中的质量。在正常储运条件下，包装材料必须保证合格的药品在有效期内不变质。

印刷包装材料是药品外在质量的主要体现。为防止流失、确保质量，GMP 中规

定：企业应当建立印刷包装材料设计、审核、批准的操作规程，确保印刷包装材料印制的内容与药品监督管理部门核准的一致，并建立专门的文档，保存经签名批准的印刷包装材料原版实样。

（一）印制管理

印刷性包装材料的版本变更时，对于版本变更的控制及印刷厂商的控制也有明确的要求。GMP 第 123 条规定："印刷包装材料的版本变更时，应当采取措施，确保产品所用印刷包装材料的版本正确无误。宜收回作废的旧版印刷模版并予以销毁。"即对于收回作废的旧版印刷模板要求及时销毁，有销毁人、监督人签字，并有记录，以防止出现差错。

（二）贮存管理

为防止印刷包装材料的流失、确保质量，印刷包装材料应当由专人保管。GMP 第 124 条规定："印刷包装材料应当设置专门区域妥善存放，未经批准人员不得进入。切割式标签或其他散装印刷包装材料应当分别置于密闭容器内储运，以防混淆。"

过期或废弃的印刷包装材料应当予以销毁并记录。

（三）发放管理

印刷包装材料要求必须按操作规程和需求量进行发放。印刷包装材料发放必须注意以下内容。

（1）领用原则：领用印刷包装材料由车间专职标签保管员负责。仓库按生产部下达包装指令单，对车间领用内包装材料、印刷包装材料的品种、规格、数量进行审核，按计划限额发料。

（2）标签准确计数：标签在发放时，应确保计数准确。

（3）发放印刷包装材料及印有批号的印刷包装材料须经车间质监员的检查后方可投入使用（发放）。

（4）车间标签保管员在发放印刷包装材料时，须及时记录，各小组每天或批生产结束后须同车间标签保管员合数，发放数与使用数、残损数（结存数）之和须一致。

（5）印刷包装材料在使用过程中，如有质量问题的标签不得使用，如出现较为严重的偏差，须及时向车间质监员汇报。印刷包装材料不得随便涂划，不得挪作他用，不得带出车间。

（6）退库与销毁：车间剩余的没有打印批号且完好的印刷包装材料退库应清洁、完整、整齐，经仓库保管员核对无误后，由车间标签保管员填写退料单，办理退库手续。

（7）剩余的残损印刷包装材料不得退库，须经车间标签保管员、质监员在场清点数量，及时销毁，记录销毁数量并签字。

（8）印刷包装材料须建立台账，领出数量必须同使用数量、退库数量、销毁数量之和一致，账物相符。

药用辅料实施分类管理制度

药品监督管理部门对药用辅料实施分类管理。对新的和安全风险较高的药用辅料实行许可管理，即生产企业应取得《药品生产许可证》，品种必须获得注册许可；对其他辅料实行备案管理，即对生产企业及其产品进行备案。实行许可管理的品种目录由国家药品监督管理局组织制定，分批公布。

对实施许可管理的药用辅料，生产企业应按要求提交相关资料。经省级药品监督管理部门按照《药用辅料生产质量管理规范》的要求进行生产现场检查、动态抽样检验，并经国家药品监督管理局审核合格后，予以注册。国家药品监督管理局对辅料注册申请的审核应与相应的药物制剂进行关联。

对实施备案管理的药用辅料，由生产企业提交相关资料，报所在地省级药品监督管理部门备案。省级药品监督管理部门可根据需要进行现场检查和抽样检验。

药用辅料许可及备案的相关要求另行制定。进口药用辅料参照此规定，报国家药品监督管理局许可或备案。

任务四　中间产品与待包装产品管理

PPT

中间产品指完成部分加工步骤的产品，尚需进一步加工方可成为待包装产品。待包装产品指尚未进行包装但已完成所有其他加工工序的产品。

生产过程中的中间产品和待包装产品的贮存条件应有规定，应和产品的生产工艺要求保持一致，确保质量不发生变化。对其贮存条件也应经过稳定性考察，予以确认。贮存过程不得对产品的质量产生影响。GMP 第 118 条规定：中间产品和待包装产品应当在适当的条件下贮存。

一、中间产品与待包装产品的质量控制

生产区和贮存区应当有足够的空间，确保有序地存放设备、物料、中间产品、待包装产品和成品，避免不同产品或物料的混淆、交叉污染，避免生产或质量控制操作发生遗漏或差错。

中间产品和待包装产品应当有明确的标识，并至少标明下述内容：①产品名称和企业内部的产品代码。②产品批号。③数量或重量（如毛重、净重等）。④生产工序（必要时）。⑤产品质量状态（必要时，如待验、合格、不合格、已取样）。

中间产品、待包装产品均应有产品质量标准，由质量管理部门审核并执行。一般在洁净厂房内流动转移交接，必须按照人员及物料进出洁净区等相关管理规程进行管理。中间产品、待包装产品放入洁净区中间站后，其质量应符合企业质量标准。如离开洁净厂房长距离运输，须执行并启动变更控制程序和质量风险管理程序，并做好纠

正和预防措施。

二、中间产品与待包装产品的贮存管理

在中间站的中间产品、待包装产品，应盛于洁净容器内，且必须按照品种、批号、规格分类分区存放。摆放整齐，不同品种、不同规格、不同批号的产品之间应有一定的距离，要求附着明显货位卡和产品质量状态标识。货位卡应标明产品名称和企业内部的产品代码、产品批号、规格、数量或重量（如毛重、净重等）、生产工序等；产品质量状态标识有待验、合格、不合格等。产品应加盖密封保存，并根据产品的质量性质以"红色牌"表示不合格，以"黄色牌"表示待验，以"绿色牌"表示合格。

生产结束后，各工序将加工好的产品存放于中转间（区）内，按品种要求定置存放，码放整齐，并填写货位卡，待验品种存于待验区。中间产品按贮存条件贮存，保证贮存质量，有可能相互影响质量、混药、易

> **请你想一想**
>
> 为什么 GMP 规定"账""卡""物"必须相符？试分析不相符可能会出现的后果有哪些？

交叉污染或易串味的中间产品应分室存放。中间产品的贮存管理，同样要求必须做到账、卡、物相符。

任务五　成品管理

PPT

成品指已完成所有生产操作步骤和最终包装的产品。

一、成品的质量管理

成品应当有经批准的现行质量标准。成品的质量标准应当包括：①产品名称以及产品代码。②对应的产品处方编号（如有）。③产品规格和包装形式。④取样、检验方法或相关操作规程编号。⑤定性和定量的限度要求。⑥贮存条件和注意事项。⑦有效期。

二、成品的贮存管理

成品放行前应当待验贮存。成品放行前按照待验质量状态进行管理的目的就是为了防止差错发生。

GMP 规定：成品的贮存条件应当符合规定条件和药品注册批准的要求。成品的贮存条件除另有规定外，一般按照常温贮存。仓储区要有足够的空间保证成品的存放，标注醒目的标志，避免污染与混淆。

1. 成品入库验收　成品入库时，首先验收成品入库单，逐项核对成品入库单中的产品信息（名称、规格、批号、数量、包装等）与实际是否相符，字迹是否清晰无误。检查产品外包装是否清洁、完好、无破损。

核验入库单与检验报告单信息是否一致，确保准确无误后入库。产品定置存放，实行色标管理，产品要有醒目的状态标记。将新入库产品放置于待验区，挂黄色待验标识。经取样检验后，根据检查结果，将合格的产品挂绿色标识牌，移至合格区。

2. 成品的贮存与养护　成品的贮存条件应当符合药品注册批准的要求，按照品种、规格码放。同一品种不同规格分开存放；同一品种、同一规格的不同批号，做到"先进先出、近期先出"。对库房的温、湿度进行控制，必要时采取降温、除湿等措施，以保证产品质量。

三、成品的放行管理

成品的放行需要质量受权人批准。成品的发放需凭"成品放行单"及"产品发货单"发放成品。

成品发货时，同样执行先进先出和近效期先出的原则。成品发货时，需认真核对出库（发货）单上的品名、规格、批号、数量等信息，同时需及时填写更新成品库存货位卡。产品的放行应当至少符合以下要求。

1. 在批准放行前，应当对每批药品进行质量评价　应当保证药品及其生产符合注册和 GMP 要求，并确认以下各项内容。

（1）主要生产工艺和检验方法经过验证。

（2）已完成所有必需的检查、检验。

（3）所有必需的生产和质量控制均已完成，并经相关主管人员签字批准。

（4）变更已按照相关规程处理完毕，需要经药品监督管理部门批准的变更已得到批准。

（5）对变更或偏差已完成所有必要的取样、检查、检验和审核。

（6）所有与该批产品有关的偏差均已有明确的解释或说明，或者已经彻底调查和适当处理；如偏差还涉及其他批次产品，则应当一并处理。

2. 药品的质量评价应当有明确的结论　如批准放行、不合格或其他决定。

（1）每批药品均应当由质量受权人签名批准放行。

（2）疫苗类制品、血液制品、用于血源筛查的体外诊断试剂以及国家药品监督管理局规定的其他生物制品放行前，还应当取得批签发合格证明。

你知道吗

成品放行条件

成品放行前至少应当符合以下条件。

1. 完成所有规定的工艺流程。

2. 规定的批生产记录完整齐全。

3. 所有规定的进货、过程、成品检验、验证等质量控制记录完整齐全，结果符合规定要求，检验、试验、验证、确认人员及其审核、授权批准人员均已按规定签发记录。

4. 产品实现全过程，特别是采购、生产等过程中的不合格、返工、返修、降级使用、紧急放行等特殊情况已经按规定处理完毕。

5. 产品说明书、标签及其版本符合规定要求；经授权的放行人员已按规定签发产品放行单，批准成品放行。

任务六　其他状态物料管理

PPT

其他状态物料和产品主要指不合格的物料、中间产品、待包装产品和成品。

一、相关概念

1. 不合格物料　指进厂验收检验不合格的物料与超过贮存期复检不合格的物料。

2. 不合格中间产品　指不符合加工要求或中间产品质量标准的中间产品。

3. 不合格成品　指不符合成品质量标准的不合格产品。

4. 不合格待包装产品　指不符合待包装产品质量标准的待包装产品。

二、GMP 中有关不合格品管理的规定

GMP 规定企业必须建立不合格品管理，这样才能对不合格产品进行严格监控，确保不合格品能妥善处理，防止差错。①不合格、退货或召回的物料或产品应当隔离存放。不合格的物料、中间产品、待包装产品和成品的每个包装容器上均应当有清晰醒目的标志，并在隔离区内妥善保存。②不合格的物料、中间产品、待包装产品和成品的处理应当经质量管理负责人批准，并有记录。产品回收需经预先批准，并对相关的质量风险进行充分评估，根据评估结论决定是否回收。回收应当按照预定的操作规程进行，并有相应记录。回收处理后的产品应当按照回收处理中最早批次产品的生产日期确定有效期。③制剂产品不得进行重新加工。不合格的制剂中间产品、待包装产品和成品一般不得进行返工。只有不影响产品质量、符合相应质量标准，且根据预定、经批准的操作规程以及对相关风险充分评估后，才允许返工处理。返工应当有相应记录。对返工或重新加工或回收合并后生产的成品，质量管理部门应当考虑需要进行额外相关项目的检验和稳定性考察。

三、不合格物料管理

1. 未入库的不合格物料的处理　到货验收不合格的物料，拒收，填写拒收记录，与供应商确认退货并记录。

2. 入库的不合格物料的处理　经检验不符合规定质量要求的，经质量管理部门确认为退货的物料，在仓库移至不合格品区，悬挂红色不合格标识牌。按程序办理退货

手续，并记录备查。

3. 使用过程确认的不合格物料　经检验合格入库，在实际生产过程中发现质量问题的物料，车间应办理退库手续，仓库员核对无误后移存至不合格品区，挂红色标识牌，由仓库提出申请，按相关规定报废处理。

四、不合格中间产品管理

生产操作过程中发现不合格中间产品应立即处理，发现大量的不合格中间产品应首先按《生产过程偏差和管理规程》处理。

不合格中间产品移至不合格品暂存处，挂醒目"不合格"标识牌，填写记录。根据实际情况，按照经质量管理负责人批准的处理程序进行处理。

五、不合格待包装产品和成品管理

经检验认定为不合格的待包装产品和成品，包装挂醒目"不合格"标识牌，并立即将其移至不合格品区。

六、退货管理

GMP规定：企业应当建立药品退货的操作规程，并有相应的记录，内容至少应当包括：产品名称、批号、规格、数量、退货单位及地址、退货原因及日期、最终处理意见。同一产品同一批号不同渠道的退货应当分别记录、存放和处理。

只有经检查、检验和调查，有证据证明退货质量未受影响，且经质量管理部门根据操作规程评价后，方可考虑将退货重新包装、重新发运销售。评价考虑的因素至少应当包括药品的性质、所需的贮存条件、药品的现状、历史，以及发运与退货之间的间隔时间等因素。不符合贮存和运输要求的退货，应当在质量管理部门监督下予以销毁。对退货质量存有怀疑时，不得重新发运。

对退货进行回收处理的，回收后的产品应当符合预定的质量标准，并按产品回收程序进行处理。退货处理的过程和结果应当有相应记录。

你知道吗

飞行检查之不合格品控制实例

某企业某批号产品共有20套退货不合格品，退货原因为"外箱破损污迹，单包装粉尘"，企业于2018年6月30日对此不合格品进行了返工再灭菌处理，但产品批号为06L-180514的批次产品的5套退货原因相同的退货不合格品却进行了报废处理。处理方式不一致，无相关程序文件和作业指导书规定，且再灭菌处理未进行相关验证和确认，不符合GMP规定的"只有不影响产品质量、符合相应质量标准，且根据预定、经批准的操作规程以及对相关风险充分评估后，才允许返工处理。返工应当有相应记录"的要求。针对该企业质量管理体系存在的缺陷，某省药品监督管理部门依法责令该企业立即停产整改。待企业完成整改项目并经所在地省级药品监督管理部门跟踪复查合格后方可恢复生产。

任务七　特殊管理的物料和产品

PPT

特殊管理的物料和产品包括麻醉药品、精神药品、医疗用毒性药品（包括药材）、放射性药品、药品类易制毒化学品及易燃、易爆和其他危险品。特殊管理的范围主要包括特殊管理的物料和产品的管理。GMP 规定：麻醉药品、精神药品、医疗用毒性药品（包括药材）、放射性药品、药品类易制毒化学品及易燃、易爆和其他危险品的验收、贮存、管理应当执行国家有关的规定。

一、储存管理

（一）麻醉药品、精神类药品专库要求

麻醉药品药用原植物种植企业、定点生产企业需要设置储存麻醉药品和第一类精神药品的专库。麻醉药品和第一类精神药品的使用单位应当设立专库或者专柜。

专库和专柜均应当实行双人双锁管理。其中，专库应当符合下列条件和要求：①安装专用防盗门。②具有相应的防火设施。③具有监控设施和报警装置，报警装置应当与公安机关报警系统联网。专柜应当使用保险柜。

第二类精神药品原料药以及制剂应当在药品库中设立独立的专库存放。

（二）特殊管理物料与产品专库要求

特殊管理物料与产品专库建筑物应当符合下列条件和要求：①麻醉药品、第一类精神药品专用仓库必须位于库区建筑群之内，不靠外墙。②仓库采用无窗建筑形式，整体为钢筋混凝土结构，具有抗撞击能力和防火能力。③入口采用钢制保险库门。

储存麻醉药品、精神药品和毒性药品都必须采取专柜加锁，并由专人保管，严防混药。必须建立专用账册，定期盘点，做到账物相符。出现问题必须迅速追查，并报主管部门。

二、特殊物料与产品发放

特殊管理的物料发放应严格遵守以下规定：①仓库保管人员凭专用单据办理领发手续，详细记录领发料和出入库日期、规格、数量并有经手人签字。②发放细贵料、毒剧药（包括危险品）及辅料的备料必须在与洁净级别相适应的区域进行，精确称量。③麻醉药品、精神药品出入仓库，必须由双方当场签字、检查验收。④生产过程中按需发料，成品及时入库。⑤专用账册的保存期限应当自药品有效期期满之日起不少于 5 年。此外，特殊物料与产品的发放还应注意以下内容。

（1）生产及使用麻醉药品、第一类精神药品的药品生产企业，应当建立安全检查

规程，对出入麻醉药品、第一类精神药品相关区域的人员、物品与车辆实行安全检查。

（2）严格执行库房与车间麻醉药品、精神药品原料药的交接规程。制剂车间应当坚持"领料不停产，停产不领料"的原则，生产过程中应当对麻醉药品、精神药品原料药和中间产品、成品进行严格管理。

（3）必须同时两人以上方可进入车间的生产岗位，不允许一人单独上岗操作。生产工序交接应当实行两人复核制。

（4）企业应建立麻醉药品和精神药品的取样、留样、退样管理规程。检验部门要严格履行领取登记手续，按需取样，精确称重计数，做好记录，并由检验部门与被取样部门双方签字。

（5）检验部门应当及时检验、妥善保管样品（留样）以及可回收利用的残渣残液。退回的样品要称重计数，登记消耗和退回的数量，由交接双方签字。

（6）麻醉药品和精神药品的生产、经营企业和使用单位对过期、损坏的麻醉药品和精神药品应当登记造册，并向所在地县级药品监督管理部门申请销毁。县级药品监督管理部门应当自接到申请之日起 5 日内到场监督销毁。

（7）生产中产生的具有活性成分的残渣残液，由企业自行销毁并做记录。

（8）加工、使用毒性药品的单位必须建立健全保管、验收、领发、核对等规程；严防收假、发错，严禁与其他药品混杂，做到划定仓间或仓位、专柜加锁并由专人保管。毒性药品的包装容器上必须印有毒药标志。在运输毒性药品的过程中，应当采取有效措施，防止发生事故。

目标检测

一、选择题

（一）单项选择题

1. 只有经（   ）批准放行并在有效期或复验期内的原辅料方可使用。批准的变更应在得到批准后方可实施

    A. 质量管理部门   B. 生产技术部门

    C. 药品监督管理部门   D. 物料部门

2. 物料供应商的确定及变更应当进行质量评估，并经（   ）批准后方可采购

    A. 质量管理部门   B. 生产技术部门

    C. 药品监督管理部门   D. 物料部门

3. 下列关于物料的说法错误的是（   ）

    A. 物料包括原料、辅料和包装材料

    B. 化学药品制剂的原料是指原料药

    C. 中药制剂的原料是指中药材、中药饮片和外购中药提取物

    D. 原辅料包括包装材料在内的任何物料

4. 成品的贮存条件应当符合（　　）的要求
   A. 药品注册
   B. 生产技术部门
   C. 药品生产部门
   D. 质量管理部门

5. 物料接收后应当及时按照（　　）状态管理，直至放行
   A. 合格　　　　　B. 待验　　　　　C. 不合格　　　　　D. 以上均不是

6. 成品的放行需要（　　）批准
   A. 质量管理负责人
   B. 生产经理
   C. 质量受权人
   D. 销售经理

7. 物料和产品应当根据其性质有序分批贮存和周转，发放及发运应当符合（　　）的原则
   A. 先进先出和近效期先出
   B. 按流水号发货的原则
   C. 数量多的先出
   D. 方便发运

8. 下列不属于物料质量状态表述词语的是（　　）
   A. 待验　　　　　B. 合格　　　　　C. 不合格　　　　　D. 已清洁

9. 下列关于物料与产品的描述说法不正确的是（　　）
   A. 一次接收数个批次的物料，应当按批取样、检验、放行
   B. 仓储区内的原辅料不要求有适当的标识
   C. 待验、合格、不合格、已取样为物料管理的几种状态标识
   D. 配制的每一物料及其重量或体积应当由他人独立进行复核，并有复核记录

10. 与药品直接接触的包装材料和印刷包装材料的管理和控制要求与（　　）相同
    A. 原辅料　　　B. 与药品相同　　　C. 食品　　　　　D. 成品

11. 不符合贮存和运输要求的退货，应当在（　　）监督下予以销毁。对退货质量存有怀疑时，不得重新发运
    A. 质量管理部门
    B. 生产技术部门
    C. 药品监督管理部门
    D. 质量负责人

12. 不符合贮存和运输要求的退货，应当在质量管理部门监督下予以（　　）
    A. 退回　　　　　B. 销毁　　　　　C. 重新加工　　　　　D. 重新灭菌

13. 下列说法错误的是（　　）
    A. 制剂产品在一定条件下可进行重新加工
    B. 不合格的制剂中间产品、待包装产品和成品一般不得进行返工
    C. 只有不影响产品质量、符合相应质量标准，且根据预定、经批准的操作规程以及对相关风险充分评估后，才允许返工处理
    D. 返工应当有相应记录

14. 回收处理后的产品应当按照回收处理中（　　）产品的生产日期确定有效期
    A. 回收日期　　　B. 处理日期　　　C. 最晚批次　　　D. 最早批次

15. 下列有关印刷包装材料的说法错误的是（　　）

    A. 印刷包装材料应当由专人保管

    B. 印刷包装材料应当设置专门区域妥善存放，未经批准人员不得进入

    C. 过期或废弃的印刷包装材料应当予以归档存放并记录

    D. 印刷包装材料应按照操作规程和需求量发放

16. 下列有关使用计算机化仓储管理的说法正确的是（　　）

    A. 应当有相应的操作规程，防止因系统故障、停机等特殊情况而造成物料和产品的混淆和差错

    B. 使用完全计算机化仓储管理系统识别的物料信息必须以书面可读的方式标出

    C. 使用计算机化仓储管理，特殊情况下数据可以适当修改

    D. 有关产品的相关信息不能用计算机化进行数据管理

17. 下列不属于储存麻醉药品和第一类精神药品的专库要求的是（　　）

    A. 安装专用防盗门   B. 实行双人双锁管理

    C. 具有监控设施和报警装置   D. 报警装置不与公安机关报警系统联网

18. 下列有关特殊管理物料、产品的说法错误的是（　　）

    A. 第二类精神药品原料药以及制剂应当在药品库中设立独立的专库存放

    B. 麻醉药品、第一类精神药品专用仓库必须位于库区建筑群之内，不靠外墙

    C. 麻醉药品药用原植物种植企业、定点生产企业等应当设置储存麻醉药品和第一类精神药品的专库

    D. 专用账册的保存期限应当自药品有效期期满之日起不少于 2 年

19. 下列关于退货的说法不正确的是（　　）

    A. 退货处理的过程和结果应当有相应记录

    B. 同一产品同一批号不同渠道的退货应当分别记录、存放和处理

    C. 不符合贮存和运输要求的退货，应当在质量管理部门监督下予以销毁

    D. 正常退货的产品可直接重新发送销售

20. 每批药品均应当由（　　）签名批准放行

    A. 质量受权人   B. 质量管理负责人

    C. 生产管理负责人   D. 关键人员

（二）多项选择题

21. 一次接收数个批次的物料，应当（　　）

    A. 按批取样 B. 按批检验   C. 按批放行   D. 随机取样

22. 仓储区内的原辅料应当有适当的标识，需要标明的内容包括（　　）

    A. 物料代码   B. 企业接收时设定的批号

    C. 物料质量状态   D. 有效期或复验期

23. 下列有关说法正确的是（　　）
    A. 印刷包装材料应当由专人保管，并按照操作规程和需求量发放
    B. 过期或废弃的印刷包装材料应当予以销毁并记录
    C. 成品放行前应当待验贮存
    D. 不合格的物料、中间产品、待包装产品和成品的每个包装容器上均应当有清晰醒目的标志，并在隔离区内妥善保存

24. 企业应当建立药品退货的操作规程，并有相应的记录，内容至少应当包括（　　）
    A. 产品名称、批号　　　　　　　B. 产品规格、数量
    C. 退货单位及地址　　　　　　　D. 退货原因及日期

25. 下列属于特殊管理的物料和产品的是（　　）
    A. 麻醉药品　　　　　　　　　　B. 精神药品
    C. 医疗用毒性药品（包括药材）　D. 放射性药品

26. 同一产品同一批号不同渠道的退货应当（　　）
    A. 分别记录　　B. 分别存放　　C. 分别处理　　D. 集中处理

二、思考题

原辅料的发放程序及发放原则是什么？

　微课

　划重点

　自测题

学习目标

知识要求

1. **掌握** 生产阶段、包装阶段、清场等的管理。
2. **熟悉** 生产前的准备、污染预防的原因及措施、药品批号及生产日期管理等。
3. **了解** 生产指令的管理。

能力要求

1. 能按照 GMP 的要求，正确开展药品生产的各项工作。
2. 能按照岗位 SOP 进行操作，并及时做好相关记录。
3. 能发现未严格执行岗位 SOP 的现象，并及时进行制止。

📖 **实例分析**

　　实例 2007 年 7 月底，国家药品不良反应监测中心，陆续收到广西、上海等地部分医院的药品不良反应病例报告，一些白血病患者在使用上海华联制药厂生产的甲氨蝶呤注射液后，出现行走困难等神经损害症状，国家食品药品监督管理局和卫生部随即组织专家对相关不良事件病例进行调查和分析。7 月 30 日，上海华联制药厂 070405B、070502B 两个批号注射用甲氨蝶呤（5mg）被暂停用于鞘内注射。事件原因是华联制药厂在生产过程中，现场操作人员将硫酸长春新碱尾液混于注射用甲氨蝶呤及盐酸阿糖胞苷等批号药品中，导致了多个批次的药品被污染，造成重大的药品生产质量责任事故。

　　问题 1. 甲氨蝶呤药害事件的发生原因是什么？
　　　　　　2. 如何避免药品生产质量事故的发生？

📋 **任务一　生产指令**

PPT

　　所有药品的生产和包装均应当按照批准的工艺规程和操作规程进行操作并有相关记录，以确保药品达到规定的质量标准，并符合药品生产许可和注册批准的要求。GMP 要求药品生产的所有操作要依据正式批准的文件，不可使用口头通知的方法。因此，生产部下达生产指令需建立一套流程，确保生产指令的发布准确无误。

　　生产指令是计划部门下发给现场，用于指导现场生产安排的报表，一般都包含生产的产品、数量、作业担当、作业时间，作业开始时间、作业结束时间等。生产指令的下达是以"生产指令单"的形式实现的。生产指令单是生产安排的计划和核心，一般交给库管部门、采购部门和生产车间。生产指令包括包装前生产指令与包装指令。

生产指令单由生产部负责编制，一式两份，经生产管理部门专人审查，于生产前下达到仓库与生产车间。

为保证产品的质量，生产必须严格按照规定的程序来执行，生产指令执行程序如下。

（1）生产管理部门将签发好的生产指令单先后下达给仓库和车间。

（2）仓库保管员接到生产指令单后，立即进行备料准备。

（3）核查待发物料的品名、规格及其库存数量能否满足生产需要。

（4）核查物料有效期或储存期是否在规定的期限内。

（5）检查物料批号或编号，同一物料有多个批号时，做到先进先出，先产先出。

（6）检查物料包装是否完好，如发现净药材、化学原辅料及直接接触药品的包装材料破损或有其他污染，不准发放。

（7）发现上述情况有变化立即向生产部和质量管理部报告。

（8）生产部有责任根据仓储物料情况及生产需求情况周密地安排生产计划，因生产计划安排不当所导致的损失一律由生产部承担。

（9）工艺员接到生产指令单后，根据生产指令单的要求，将各班组的需料、配料及生产计划情况逐项以书面形式（在生产记录中的生产指令栏中填写分指令）下达给相应班组。

（10）各班组长接到生产指令后，根据生产指令的要求安排领料和组织生产。

另外，生产指令单（包括包装指令单）在每批生产结束时须汇入相应的批生产记录中。

任务二　药品批号及生产日期管理

PPT

企业应当建立划分产品生产批次的操作规程，生产批次的划分应当能够确保同一批次产品质量和特性的均一性。应当建立编制药品批号和确定生产日期的操作规程。每批药品均应当编制唯一的批号。除另有法定要求外，生产日期不得迟于产品成型或灌装（封）前经最后混合的操作开始日期，不得以产品包装日期作为生产日期。

一、药品批号的管理

（一）批

批是指经一个或若干加工过程生产的、具有预期均一质量和特性的一定数量的原辅料、包装材料或成品。为完成某些生产操作步骤，可能有必要将一批产品分成若干亚批，最终合并成为一个均一的批。在连续生产情况下，批必须与生产中具有预期均一特性的确定数量的产品相对应，批量可以是固定数量或固定时间段内生产的产品量。例如：口服或外用的固体、半固体制剂在成型或分装前使用同一台混合设备一次混合所生产的均质产品为一批；口服或外用的液体制剂以灌装（封）前经最后混合的药液所生产的均质产品为一批。

（二）批号

批号是指用于识别一个特定批的具有唯一性的数字和（或）字母的组合。

（三）批次的划分

药品生产批次一定要具有质量的代表性，一般按下列方式划分批次。

1. 口服制剂　以同一混合机或配制罐最终混合或配制的均质产品为一批。

2. 大（小）容量注射剂　以同一配液罐最终一次配制的药液所生产的均质产品为一批；同一批产品如用不同的灭菌设备或同一灭菌设备分次灭菌的，用亚批号进行区分。

3. 粉针剂　以一批无菌原料药在同一连续生产周期内生产的均质产品为一批。

4. 冻干产品　以同一批配制的药液使用同一台冻干设备在同一生产周期内生产的均质产品为一批。

5. 眼用制剂、软膏剂、乳剂和混悬剂等　以同一配制罐最终一次配制所生产的均质产品为一批。

6. 原料药　连续生产的原料药，在一定时间间隔内生产的在规定限度内的均质产品为一批；间歇生产的原料药，可由一定数量的产品经最后混合所得的在规定限度内的均质产品为一批。

二、批号编制的管理

生产部门下达生产指令时，同时给出生产产品的批号，如采用无规律批号时应下达产品批号和生产日期。生产批号一经制定就具专一性，任何人无权变动。

（一）正常批号

一般采用年－月－流水号，如 20080301 批，即 2008 年 3 月的第 1 批；或采用年－月－日－流水号，如 2008031202 批，即 2008 年 3 月 12 日生产的第二批。

另一种是利用计算机系统软件以某一生产日期生产的批次生成相同位数的随机数字与英文字母组合，编制出无规律的随机批号，再将批号数据输入包装设备上的批号打印机或激光喷码机在产品上印制批号，生产日期与批号信息资料存入数据库，并提供给药监部门，在流通市场查验产品真伪，可消除产品被假冒的情况。

（二）返工或重新加工产品批号

返工后的批号不变，只是在原批号后加一代号（R）以示区别。例：2008031505－R，即 2008 年 3 月 15 日投料生产的第五批药品经返工处理。

重新加工产品批号需重新编制。

（三）合箱批号

同一性质和质量的"尾数"药品，因批号不同要合并一箱时，只能允许连续二个批次的成品合箱，合箱外应标明全部批号，并建立合箱记录。

（四）亚批号

下列情形药品须编制亚批号。

（1）使用数台灭菌设备灭菌或使用同一灭菌设备多次灭菌时，批号应能表示出所用的灭菌设备或灭菌次数。

（2）已制成制剂的成品在内包装而非定量分装时使用不同的分装线或分装设备同时分装的批次，如使用数台塑料瓶分装生产线、铝塑包装机、双铝箔包装机等分装药品。

亚批号的表示方法为 20120812 – 1、20120812 – 2 等。

三、药品生产日期的管理

生产日期与批号是相对应的，是追溯药品生产历史的依据之一。

（1）应该严格根据起始原料投料日期确定生产日期。化学合成原料及使用化学原料药制剂的生产日期均按此标示。生产日期不得迟于产品成型或灌装（封）前经最后混合的操作开始日期，不得以产品包装日期作为生产日期。

（2）原料药或中间产品混合批次的生产日期和有效期应当根据参与混合的最早批次产品的生产日期确定。

> **请你想一想**
>
> 一批六味地黄丸的投料时间是 2020 年 7 月 16 日，成品包装时间为 2020 年 7 月 25 日。该批六味地黄丸标签上的生产日期应该写哪个日期？

任务三 生产过程的管理

PPT

生产过程的管理是为了保证药品生产全过程处于受控状态，对从文件记录、物料到生产的每一步发生或有可能发生异常情况或不合格等情况的处理给予规定和要求，以确保生产秩序良好，符合 GMP 要求。生产过程的技术管理包括以下内容。

一、药品生产准备阶段的管理

（一）编制及发放生产指令和记录文件

生产管理部门根据企业的产品库存和市场需求情况安排生产计划，编制批生产指令发放到生产供应、仓库等相关部门，同时，将相应的记录文件发放至生产车间。

（二）下达生产计划、领料

生产车间按生产指令、工艺规程及操作规程，由车间工艺员向各工序分别下达生产计划，各工序根据计划向仓库限额领取物料，领料时须核对品名、规格、批号、生产厂家、数量及检验合格报告单等，并填写领料记录。

（三）生产前的检查

生产操作开始前，操作人员必须对设备、清洁等状况进行检查。

（1）检查生产场所是否符合该区域洁净要求。

（2）更换品种、规格前应有前一批产品的"清场合格证副本"，未取得"清场合格证副本"不得进行另一个品种或同品种不同规格产品的生产。

（3）设备完好清洁，有设备状态标识。

（4）计量器具清洁完好，有"校准或检定合格证"，并在周检有效期之内。

（5）衡器、量具使用前应进行检查、调试，对生产上用于测定和测试的仪器、仪表，应进行必要的调试。

（6）所用各种物料、中间产品应按质量标准核对检验报告单，盛装容器要桶、盖编号一致，并有明显标志。

（7）盛装物料的容器外必须具有标签，标签上应标明品名、规格、批号、重量、工序、名称、操作人等。

二、生产阶段的管理

（一）物料的计算、称量、投料管理

生产过程中物料的计算、称量、投料等操作，都必须有其他人员复核，操作人、复核人应在操作记录上签名，车间工艺员、QA 应对此关键操作进行监督。

对于疫苗、血液制品、麻醉药品、精神药品、医疗用毒性药品、放射性药品、易制毒化学品等特殊管理药品的生产，应按国家有关规定严格执行。使用后剩余的散装物料应及时密封，由操作人在容器上注明启封日期、剩余数量，使用者、复核者签字后由专人办理退库手续。再次启封使用过的原辅料时，应核对记录，检查外观性状，如发现有异常情况或性质不稳定时，应再次送检，无异常的方可使用。

每批生产结束后的剩余物料，操作人员应及时退库，生产现场不得存放未使用完的剩余物料，但暂存室存放的中间产品除外。

（二）生产工艺及操作的管理

企业生产管理部门和车间工艺员应对生产工艺规程和操作规程的执行情况进行检查，以保证工艺规程及操作规程的准确执行。工艺检查内容由企业按各岗位操作规程的要求，检查各工艺参数执行情况、洁净室温湿度以及定期检查尘粒数、微生物数、质量抽查记录及批生产记录。操作人员必须熟悉相关岗位的工艺控制点、质量控制点，并严格进行监控。

生产过程中如发现物料或中间产品异常或可能存在质量问题，操作人员不可自作主张，须向相关技术人员及车间负责人报告，按偏差处理程序进行处理，最终由质量受权人决定物料的使用。

你知道吗

编造记录被处罚 225 万元

2020 年 4 月 7 日，吉林省药品监督管理局长春检查分局对长春新安药业有限公司进行现场检查时，发现该单位生产的化痰平喘片（批号：20200304）涉嫌编造生产记

录。经药监部门立案调查发现，2020 年 3 月 6 日，化痰平喘片（批号：20200304）压片过程中，出现片重差异不符合内控标准的情况，当事人挑出存在片重差异不符合内控标准的药片 1 袋（约 50 千克），于 2020 年 3 月 8 日重新粉碎，2020 年 3 月 12 日重新压片，并与之前剩余的该批次合格药片一同在 2020 年 3 月 13 日进行铝塑包装。但化痰平喘片（批号：20200304）的批生产记录没有如实记录上述不符合内控标准的药片重新粉碎、重新压片的过程，导致编造记录，被药监部门发现，处罚 22.5 倍（按十万元计算），罚没合计约 226 万元。

（三）定置管理

定置管理是对生产现场中的人、物、场所三者之间的关系进行科学的分析研究，使之达到最佳结合状态的一门科学管理方法，它以物在场所的科学定置为前提，以完整的信息系统为媒介，以实现人和物的有效结合为目的，通过对生产现场的整理、整顿，把生产中不需要的物品清除掉，把需要的物品放在规定位置上，使其随手可得，促进生产现场管理文明化、科学化，达到高效生产、优质生产、安全生产。

为避免发生污染、混淆和差错的可能性，车间应进行定置管理。可移动的生产设备及操作应按生产工艺的物料流转方向流动，避免物料的交叉流动，减少交叉污染的可能性，且不可遗漏任何生产工序。生产中所使用的器具须专用，在使用完毕后都应放回原位，不可随意到处乱放被其他工序误用或遗留在设备内部，以免发生事故。暂存室等其他区域也应进行定置管理，洁具间应规定各种清洁工具的存放位置。

（四）状态标识的管理

与设备连接的主要固定管道包括制药用水管道，应标明管道内物料的名称及流向。管道应安装整齐、有序，用不同的颜色进行喷涂以示区别，各企业可按实际情况自定，以喷涂颜色和方向表示物料和流向。

各生产操作间应有状态标识，说明操作间当前的生产状态，生产时应标明所生产的品种、规格、批号、生产日期、操作者等，未生产时应用"已清场""待清场"等表示，已清场状态应标明清场日期、清场人等。

设备的状态有"已清洁""运行中""备用""待清洁""待维修"等，设备固定状态标识应标明设备的型号、设备负责人等，对已损坏报废的设备，应从生产线上移除。设备运行时应标明所生产的品种、规格、批号、生产日期、操作人等。

物料和使用容器也应有状态标识，标明容器内容物的情况，如品名、规格、批号、状态。

请你想一想

某日，小李上白班，按照生产指令，要生产吡哌酸片，发现要使用的一台压片机，没有悬挂任何状态标志，目视压片机是干净的，小李应该先和上个班操作者进行设备状态确认还是直接进行生产操作？

（五）暂存室的管理

车间生产的中间产品，应存放在暂存室内，不得长时间存放于操作间。暂存室存放的范围包括中间产品，返工、重新加工的产品，清洁的周转容器等。除上述范围以外的物品不得存放于暂存室，暂存室应随时保持清洁，不得有散落的物料，地面散落的物料不得回收使用，进入暂存室的物品其外包装必须清洁、无浮尘。

中间产品在暂存室应有明显的状态标识，应标明品名、批号、规格、数量，操作人员每天及时将物料存放到暂存室，并填写暂存室收料记录，并由送料人及暂存室管理员共同签字，填写交接日期，并将物料按规定摆放整齐，暂存室管理员填写中间产品台账及暂存室物料卡。

暂存室存放的物料要求账、卡、物一致，质量管理部门管理人员或受权人及车间工艺员应定期对暂存室的物料状况进行检查。

根据车间下达的工序生产指令，暂存室管理员可向下一工序发放合格的中间产品，并填写中间产品发料记录，由下一工序的领料人员复核品名、重量或数量等，在暂存室发料记录上共同签字，同时填写台账。

暂存室应上锁管理，管理人员在上锁后方可离开。

（六）不合格品的处理

经质量管理部门检验确认不合格的产品，由检验部门发出不合格品检验报告单。车间及时将不合格品存放于规定的不合格品存放区内，由生产管理部门会同有关部门执行偏差处理程序，调查、分析、评估，提出处理意见，后报质量管理部门审核同意后，由企业主管负责人批准执行，限期处理，并填写处理记录。

（七）模具、筛网的管理

1. 模具的管理 车间设备管理人员应对生产使用的模具建立档案，存放于相应的模具间。模具使用前后均应检查其洁净度，零配件是否齐全，有无破损，是否符合生产要求等，并填写模具使用发放记录。

2. 筛网的管理 筛网使用前应检查其完好程度，是否符合生产工艺的要求。每一存放的筛网都应标明其规格，如目数或孔径。

（八）生产过程中产生的特殊物料管理

1. 尾料的管理 尾料是指生产过程中产生的合格的、性质和组成无变化的可以回收利用的或未用完的少量物料，如胶囊充填完成后加料盘中剩余的物料等。

生产结束后，产生的尾料应及时装入洁净的容器中，注明品名、规格、批号、重量或数量、生产日期、操作人及复核人等，送入暂存室保存并做记录，报送车间工艺员。

车间工艺员根据生产安排情况，将无异常的尾料投入下一批生产的同一规格品种的产品中，并要求在批生产记录中注明尾料流向，产品以参与回收的最早生产日期的尾料定有效期。尾料必须规定限期使用，超过规定限期的必须复检，无异常的才能继续使用，不合格的尾料应作为废弃物处理。

2. 生产中产生的废弃物的管理　生产中的废弃物是指生产过程中产生的不合格的物料及其他不能继续使用的物品，应按照废弃物管理规程，由生产操作人员及时将废弃物装入专门盛放废弃物的密闭容器中，在规定的时间，由专门人员收集后由废弃物通道传出洁净区。

（九）物料平衡核算的管理

1. 物料平衡　是指产品或物料的实际产量或实际用量及收集到的损耗之和与理论产量或理论用量之间的比较，并考虑可允许的偏差范围。

通过物料平衡核算可以判断物料与产品间的定量转变关系，以及计算各种物料的消耗量，各种中间产品、副产品的产量、损耗量及组成。如超出范围，要按偏差处理程序进行分析调查，采取措施要经质量管理部门批准，在得出合理解释、确认无潜在的质量事故后，方可进入下一道工序，避免出现差错、造成物料失衡。

2. 物料平衡及产率的计算　计算公式如下。

物料收率 =（实际产量/用量 + 实际损耗量）/理论产量×100%

企业应建立并规定物料平衡检查标准，密切关注生产过程中物料消耗和收率的数据，对物料平衡严格控制，使之在合理的范围内，对不正常的情况进行分析处理，这是防止差错和混淆的有效方法之一。

3. 物料平衡检查的注意事项

（1）生产必须按照处方标示量的100%投料。

（2）物料平衡核算时适当考虑允许正常的偏差，正常偏差值是根据同品种的行业水平和本企业历史水平、技术条件制定的。

（3）每批产品在生产作业完成后，及时填写暂存室物流卡并做物料平衡检查，如有显著差异，必须查明原因，在得出合理解释、确认无潜在质量事故后，方可按正常产品入库。出现偏差时，要及时执行偏差处理程序。

（十）偏差处理

生产过程中可能出现的偏差包括物料平衡超出规定范围，生产过程时间控制超出工艺规定范围，生产过程工艺条件发生偏移、变化，生产过程中设备发生异常，可能影响产品质量等。发现偏差时，车间管理层应进行核查确认，记录并执行偏差处理程序。

> **请你想一想**
>
> 假如生产过程中的一批物料，实际得到物料收率超出了规定偏差范围，你该如何处理？

三、包装阶段的管理

对符合生产工艺规程要求，在质量管理部门和车间工艺员的监控下完成生产全过程且检验合格的待包装产品，可由生产管理部门下达批包装指令。对于一些检验耗费时间长、需要在检验结果前包装的制剂产品，则允许先包装后入库，按待验处理，检验合格后才办理入库手续。

（一）与药品直接接触的包装材料和容器的管理

与药品直接接触的包装材料和容器应由专人验收保管，有专门的房间分类存放，包装容器上贴的标识要求内容齐全、清晰，不同的产品包装材料不能互用或代用。

（二）印刷包装材料的管理

印刷包装材料在包装使用前，由收料员按规程规定逐项验收，首先对照标准版进行检查，印刷包装材料应整洁、印刷清晰。外观检查及核对完毕后，应对外包装进行除尘、清洁工作，尽量减少外界灰尘及不洁物随包装一起进入厂房，切割式标签或其他散装印刷包装材料应当分别置于密闭容器内储运，以防混淆。车间还应由专人负责标签、说明书和小盒的领用和发放，并按品种、规格分类，存放在标签库内，上锁保管，并有记录登记。已印批号待用的标签按批存放，产品包装时，由包装工序根据批包装指令派专人向车间领取并填写领用记录。

1. 领用 印刷包装材料由车间专职标签保管员负责领用。仓库按生产管理部门下达的包装指令，对车间领用内包装材料和印刷包装材料的品种、规格、数量负责审核，并按计划限额发料。

车间印刷包装材料的保管员对照内包装材料质量标准和印刷包装材料标准样板进行核对，仓库保管员和领料人员均在领料单上签字。

车间印刷包装材料保管员领用印刷包装材料后，将标签按品种、规格直接存放于车间标签暂存室相应的柜中，上锁存放，其他印刷包装材料按品种、规格直接存放于车间标签暂存室中，上锁存放，并做记录。由工序专人领取，进行包装生产，已打印批号的标签存放柜与没有打印批号的标签存放柜应分开放置。

2. 标签计数 根据标签使用经验，有以下几种计数方式。

（1）对于数量不多的标签，逐张清点。

（2）标签在激光喷码机印制批号过程中，喷码机自动计数。

（3）各小组在标签保管员处领用标签时，须逐张清点。

（4）对于整叠大页不干胶标签，可以先计算每页标签数量，然后乘以页数，即为标签总数。

（5）切割式标签可用称重法计数。

3. 发放 印刷包装材料及印有批号的印刷包装材料须经车间质检员的检查后方可投入使用。

车间标签保管员在发放印刷包装材料时，须及时记录，各小组每天或批生产结束后须同车间标签保管员核数，发放数与使用数、残损数、结存数之和须一致。

4. 使用 印刷包装材料在使用过程中，须随时注意其质量情况，如有套色偏差超过规定、印刷不清、切割偏离等质量问题的标签不得使用。车间班组长作为班组级质检员，须经常检查各小组包装材料质量情况及批号打印情况，如出现较为严重的偏差，须及时向车间 QA 汇报。印刷包装材料不得随便涂画，不得挪作他用，不得带出车间。

5. 退库与销毁　车间剩余的没有打印批号且完好的印刷包装材料退库时应清洁、完整、整齐，经仓库保管员核对无误后，由车间标签保管员填写退料单，办理退库手续。剩余的残损印刷包装材料不退库，由车间标签保管员、质检员在场清点数量，及时销毁，记录销毁数量并签字。长期不用或淘汰的印刷包装材料由仓库保管员核对数量，报受权人、企业生产负责人批准销毁，经批准销毁的印刷包装材料由仓库保管员在场清点数量后，在质检员的监督下及时销毁，销毁人、监督人须在销毁记录上签字。

每批产品在包装完成后应及时填写包装记录，如实填写所领用的包装材料数量，如果使用数、剩余数、残损数之和与领用数不相符合时，应查明原因，并做好记录，标签不得改作他用或涂改后再使用。

四、污染预防措施

（一）分区域生产

生产区和储存区应当有足够的空间，确保有序地存放设备、物料、中间产品、待包装产品和成品，避免不同产品或物料的污染、混淆或差错。

各生产操作室的面积以满足生产操作、安置必要的生产设备为宜，不宜大量堆放各种物料作储存室使用。在同一厂房内有数台生产设备或数条生产线时，尽可能每台设备或每条生产线置于独立的操作间内，不宜在同一操作室内放置多套设备，特别是生产能力较大的生产线或设备，以免造成交叉污染、混淆或差错。

制剂生产车间除应具有生产的各工序用室外，还应配套足够面积的生产辅助用室，即应有原辅料暂存室，称量室，备料室，中间产品、内包材料等各自的暂存室，工具、器具与周转容器的洗涤、干燥、存放室，清洁用具的洗涤、干燥、存放室，工作服的洗涤、整理、保管室，并按需配置制水间、空调净化机房、车间检验室等。清洁间设置应合理，方便清洁操作，清洁室的洁具应设置带集水功能和烘干功能的地拖架或存放柜悬挂地拖，以便晾干和烘干。

在同一生产区域（包括相应的辅助生产区域），尽可能进行同一批号、同一规格的相同产品生产操作，如辅助区域通过前室或缓冲走廊隔开则无限制。在同一生产区域绝不可同时生产不同品种、规格的

> **请你想一想**
> 药品生产区的工作服为什么要有不同的颜色区分？

药品，避免混淆。提供适当的原辅料、包装材料处理区，中间体、中间产品储存区，不同净化级别的清洁区和通道，以及减少人流、物流混杂也是防止物料混淆的方法。

对于生物制品、毒性药材、高致敏药品等的生产，所使用的设备、输送管道、容器及其他设施等应专用，使用后必须进行彻底清洗、消毒处理，检验无残留物才能再用于生产。

中药制剂的生产操作区应与中药材的前处理、提取、浓缩以及动物脏器、组织的

洗涤或处理等生产操作区严格分开。

（二）阶段性生产

阶段性生产方式是指在共用生产区内，一段时间内集中生产某一产品，再对相应的共用生产区、设施、设备、器具等进行彻底清洁，更换生产另一种产品的方式。阶段性生产须通过清场操作确保无污染。

生产某些激素类、细胞毒性类、高活性化学药品应当使用专用设施，如独立的空气净化系统和设备；特殊情况下，如采取特别防护措施并经过必要的验证，上述药品制剂则可通过阶段性生产方式共用同一生产设施和设备。

而生产高致敏性药品（如青霉素类）或生物制品（如卡介苗或其他用活性微生物制备而成的药品），以及 β - 内酰胺结构类药品、性激素类避孕药品等高风险药品，不可采用阶段性生产方式生产，只能使用独立厂房或独立区域和独立的空气净化设施。

（三）洁净区空气压差的控制

应当根据药品品种、生产操作要求及外部环境状况等配置空气净化系统，使生产区有效通风，并有温度、湿度控制和空气净化过滤，以保证药品的生产环境符合要求。各操作室根据净化要求保持一定的压差。洁净区与非洁净区之间、不同级别洁净区之间的压差应当不低于10Pa。必要时，相同洁净度级别的不同功能区域之间也应当保持适当的压差梯度。

（四）交叉污染的控制

交叉污染是指不同原料、辅料及产品之间发生的相互污染。也就是在洁净厂房内，在两种以上药品同时生产过程中，生产、取样、包装、储存或运输时，彼此的组成成分进入或沾染对方原料、中间产品或成品造成的污染。

为防止污染，对进入洁净室的人员和物品要进行净化处理，人流、物流应简单合理，无菌生产所需的物料经消毒处理后再从传递窗或货淋室传送，房间应装有防尘及捕尘设施。工艺过程产生粉尘、有害物质和易燃、易爆物质的工序，其操作室与其他房间或区域之间应保持相对负压，而洁净走廊保持正压，走廊洁净度应与生产房间相同。洁净室内使用的设备应尽量密闭并附有吸尘装置，生产所用的设备容器等，尤其是与药物直接接触的部分必须使用不与药品起作用、不吸附药物的材料。

（五）中间控制

中间控制又称过程控制，是指为确保产品符合有关标准，生产中对工艺过程加以监控，以便在必要时进行调节而做的各项检查。可将对环境或设备的控制视作中间控制的一部分。

物料的计算、称量、投料操作管理，定置管理，状态标志管理，暂存室管理，模具、筛网管理，偏差处理等都属于中间控制，生产过程中应严格执行生产操作规程。

（六）清洁管理

药品生产过程中严格按厂房、设备、物料清洁管理和工艺卫生管理规程操作，保持清洁生产状态。

进入洁净区人员严格按更衣操作规程，规范着装进入洁净生产区。各种物料进入生产区域必须在物料净化解包室进行解包、清洁、表面擦拭等处理才能进入，进入生产操作车间的生产用具，必须经过严格的清洁。投料前应认真检查设备，投料后的原辅料的包装应及时清理回收，不允许乱放。设备、工具、容器等在使用前后应该彻底清洗、消毒。维修、检查设备时，不得污染物料及产品，按规定清洁、消毒生产场地、走廊、更衣室等，做到内表面洁净、完好，门、窗、各种管道、灯具以及其他设施，墙壁与地面的交界处保持洁净无灰尘。严格控制进入生产车间的人数，仅限于生产车间该区域操作人员以及经过批准的人员进入，工作时应关闭操作间的门，并尽量减少进出入次数。

> **请你想一想**
> 药品生产洁净区房顶、墙壁与墙壁的连接处为什么不是教室看到的垂直线，而是圆弧线呢？

任务四　清场管理

PPT

一、清场的范围与内容

（一）清场的概念

清场是指在药品生产过程中，每一个生产阶段完成后，由生产人员按规定的程序和方法对生产过程中所涉及的文件、设施、设备、仪器、物料等进行清理并进行严格、彻底的清洗和消毒，以便于进行下一阶段的品种生产和更换其他品种的生产。目的是防止药品污染、混淆和差错。

（二）清场的范围

清场的范围应涵盖生产操作的所有区域和空间，包括生产区和辅助生产区，以及涉及的一切设施、设备、仪器及物料等。在药品生产过程中，经常出现重视生产现场的清场工作，而忽视本次生产相关的辅助生产区的清理或清理不彻底。

（三）清场的内容

1. 物料清理　生产中所用到的物料包括原料、辅料、中间产品、包装材料、剩余物料等，应对全部物料进行相应的清理、退库、储存或销毁工作。

2. 配件、器具清理　对本次生产使用的设备配件、模具、器具、容器等清出现场，应将所有能够拆除的全部拆卸或将可移动设备移出生产区，在清洁区域清洗。

3. 文件清理　生产中所用到的各种规程、指令、记录，包括各种状态标志等的清除、交还、交接和归档工作。

4. 清洁、消毒、灭菌　对生产区域和辅助生产区域的清洁、整理和消毒、灭菌工作。

5. 残留检验 对生产设备及其管道采用擦拭法、冲洗法取样，采用经验证的、具有检测残留物或污染物的灵敏度的分析方法，检验是否仍有前次生产残留物，限度须符合规定要求。

你知道吗

杜绝混药

药品生产中一定要杜绝混淆，通俗地说就是"混药"，是指一种或一种以上的其他原材料或成品与已标明品名的原材料或成品相混。例如：一台压片机可以阶段性生产多个品种，每个品种更换前需要彻底清场，避免上个品种残留的物料混入下一个品种。

二、清场过程的管理

车间各工序在本批产品生产完毕后，必须及时进行清场，填写清场记录。清场工作由各岗位操作人员严格按照各岗位清场操作规程进行。

（一）清场的程序与要求

（1）地面无积尘、无结垢，门窗、室内照明灯、风管、墙面、开关箱外壳无积尘，室内不得存放与下次生产无关的物品（包括物料、中间产品、待包装产品、成品、文件、记录等），生产废弃物已处理，地漏、卫生洁具已清洁消毒。

（2）使用的工具、容器已清洁，无异物、无遗留物。

（3）设备内外无生产遗留物、无油垢。

（4）非专用设备、管道、工具、容器已按规定拆洗或消毒。

（5）凡直接接触药品的设备、管道、工具、容器应每天或每批清理，同一设备连续加工同一非无菌产品时，其清洗周期可按生产工艺规程及操作规程执行。

（6）包装工序更换品种或规格时，多余的标签、包装材料应全部按规定退库。

（二）清场记录

清场操作应有清场记录。清场记录内容应包括工序名称、产品名称、规格、批号、清场日期、清场项目、清场人、检查人等。包装清场记录一式两份，正本纳入本批包装记录，副本纳入下一批批包装记录。其余工序清场记录纳入本批生产记录。

（三）清场检查

清场结束后先由车间工艺员、QA 按清场检查细则进行自检，合格后再由质量管理部质量管理人员按清场检查细则复检，并填写清场检查记录，应由质检员采样检验是否有前次生产残留。清场检查合格后，由质量管理人员签发"清场合格证"；清场检查不合格，必须由操作人员重新进行清场，直到清场检查合格后，方可签发"清场合格证"。清场合格证应规定有效期，超过有效期的应重新进行检查。未取得"清场合格证"的不得进行另一个品种或同一品种不同批号的产品的生产。生产接班时，应检查清场合格证，在确认无误后方可执行生产作业。

目标检测

一、选择题

（一）单项选择题

1. 企业应当建立划分产品生产批次的操作规程，生产批次的划分应当能够确保统一批次产品质量和特性的（　　）

　　A. 均一性　　　　B. 稳定性　　　　　C. 完整性　　　　　D. 代表性

2. 关于生产批次的划分叙述错误的是（　　）

　　A. 连续生产的原料药，在一定时间间隔内生产的在规定限度内的均质产品为一批

　　B. 间歇生产的原料药，经最后混合所得的在规定限度内的均质产品为一批

　　C. 固体、半固体制剂的批号划分，是以一个工作日的包装量确定为一个批次

　　D. 口服或外用的液体制剂以灌装（封）前经最后混合的药液所生产的均质产品为一批

3. 衡器、量具、仪表、用于记录和控制的设备以及仪器应当有明显的标识，标明其（　　）

　　A. 生产日期　　　B. 出厂日期　　　　C. 使用日期　　　　D. 校准有效期

4. 有关生产工艺及操作的管理，下列说法错误的是（　　）

　　A. 检查各工艺参数执行情况

　　B. 检查洁净室温湿度

　　C. 车间工艺员应检查生产工艺规程和操作规程的执行情况

　　D. 生产过程中如发现物料或中间产品异常或可能存在质量问题，操作人员自行处理

5. 药品生产的岗位操作记录应由（　　）

　　A. 监控员填写　　　　　　　　　　B. 车间技术人员填写

　　C. 岗位操作人员填写　　　　　　　D. 班长填写

6. 下列叙述中不正确的是（　　）

　　A. 产品生产日期为包装日期

　　B. 企业应当建立划分产品生产批次的操作规程

　　C. 生产日期不得迟于产品成型或灌装（封）前经最后混合的操作开始日期

　　D. 企业应当建立编制药品批号和确定生产日期的操作规程

7. 批，即用于识别一个特定批的具有唯一性的（　　）的组合

　　A. 英文　　　　　　　　　　　　　B. 拼音

　　C. 汉字　　　　　　　　　　　　　D. 数字和（或）字母

8. 下列关于物料平衡的说法正确的是 (　　)

A. 产品或物料实际产量或实际用量及收集到的损耗之和与理论产量或理论用量之间的比较，并考虑可允许的偏差范围

B. 产品或物料实际产量或实际用量与理论产量或理论用量之间的比较，并考虑可允许的偏差范围

C. 产品或物料实际产量或实际用量及收集到的损耗之和与理论产量或理论用量之间的比较，不允许有偏差

D. 产品或物料实际产量或实际用量与理论产量或理论用量之间的比较，不允许有偏差

9. 下列说法中不正确的是 (　　)

A. 每批产品应当检查产量和物料平衡，确保物料平衡符合设定的限度

B. 不得在同一生产操作间同时进行不同品种和规格药品的生产操作，除非没有发生混淆或交叉污染的可能

C. 在生产的每一阶段，应当保护产品和物料免受微生物和其他污染

D. 每次生产结束后应当进行清场，确保设备和工作场所没有遗留与本次生产有关的物料、产品和文件。下次生产不必检查可直接进行生产

10. 有关生产过程中防止污染和交叉污染的措施，叙述不正确的是 (　　)

A. 采用阶段性生产方式　　　　B. 空气洁净度级别不同的区域不需有压差

C. 采用密闭系统生产　　　　　D. 设置必要的气锁间和排风

11. 生产开始前应当进行检查，检查的主要内容不包括 (　　)

A. 确保设备和工作场所没有上批遗留的产品、文件

B. 确保没有与本批产品生产无关的物料

C. 设备处于已清洁及待用状态

D. 室外的温湿度

12. 除另有法定要求外，生产日期不得迟于产品成型或灌装（封）前经最后混合的操作开始日期，不得以产品包装日期作为 (　　)

A. 生产日期　　　　　　　　　B. 最后混合的操作开始日期

C. 出厂日期　　　　　　　　　D. 检验日期

13. 返工批号的编制一般是采用在原批号后加一代号以示区别，如在原批号 140307 之后加一字母 (　　)，表示 2014 年 3 月 7 日生产的这批药品经返工处理

A. P　　　　　　B. R　　　　　　C. M　　　　　　D. H

14. 当物料平衡的数值过高时，分析有可能是 (　　)，该批次产品则不能继续生产加工或出厂，必须找出原因，予以解决

A. 有上一批生产的物料混入本批产品　B. 本批次物料存在跑料损失

C. 混入下批次产品　　　　　　　　　D. 丢失等原因

15. 清场在每道工序的（　　　）进行

    A. 开始前　　　　B. 结束后　　　　　　C. 生产过程　　　　D. 开始前和结束后

（二）多项选择题

16. 无菌药品批次的划分原则为（　　　）

    A. 大（小）容量注射剂以同一配液罐最终一次配制的药液所生产的均质产品为一批；同一批产品如用不同的灭菌设备或同一灭菌设备分次灭菌的，应当可以追溯

    B. 粉针剂以同一批无菌原料药在同一连续生产周期内生产的均质产品为一批

    C. 冻干产品以同一批配制的药液使用同一台冻干设备在同一生产周期内生产的均质产品为一批

    D. 眼用制剂、软膏剂、乳剂和混悬剂等以同一台配制罐最终一次配制所生产的均质产品为一批

17. 当物料平衡的数值过低时，分析有可能是（　　　　），该批次产品则不能继续生产加工或出厂，必须找出原因，予以解决

    A. 有上一批生产的物料混入本批产品　　B. 本批次物料存在跑料损失

    C. 混入下批次产品　　　　　　　　　　D. 丢失等原因

18. 生产操作间的状态标识有（　　　）

    A. 待清场　　　　B. 已清洁　　　　　　C. 运行中　　　　　D. 待清洁

19. 下列清场符合 GMP 要求的是（　　　）

    A. 使用的工具、容器，应清洁、无异物

    B. 包装工序调换品种时，多余的标签由各操作人员自行保管好，以防差错

    C. 设备内外无前次生产遗留的药品，无油垢

    D. 清场完毕后需 QA 人员验收签字

20. 药品零头包装为一个合箱时，（　　　）

    A. 合箱批号最多三个　　　B. 合箱外标注的批号为数量多的那一批

    C. 合箱批号最多两个　　　D. 合箱外标注的批号为组成合箱的所有批号

二、思考题

1. 清场的内容有哪些？

2. 生产中如何防止污染和交叉污染？

划重点

自测题

项目九 药品质量控制与质量保证

学习目标

知识要求

1. **掌握** 药品抽样、检验、记录、报告及留样管理；物料与产品放行；变更与偏差处理；纠正和预防措施等的相关规定。
2. **熟悉** 持续稳定性考察、供应商的评估和批准。
3. **了解** 产品质量回顾分析；投诉与不良反应报告。

能力要求

1. 能够依据 GMP 的相关规定，对药品质量进行控制，保证药品质量。
2. 能够严格遵守 GMP 质量管理的岗位职责。

实例分析

实例 2006 年 8 月安徽华源生物药业有限公司生产的"欣弗"克林霉素磷酸酯葡萄糖注射液在使用过程中发生药品不良反应，造成十余人不幸死亡。此事件发生后，安徽省食品药品监督管理局迅速采取措施，对安徽华源生物药业有限公司生产的"欣弗"药品进行紧急召回、封存，停产彻查。国家食品药品监督管理局会同安徽省食品药品监督管理局对安徽华源生物药业有限公司进行现场检查，负责生产工作的副总经理潘某说，"欣弗"注射液向国家有关部门申报时的灭菌温度为 105℃，灭菌时间为 30 分钟。但实际生产时，企业对这一标准做了适当调整。经分析认定，企业未按批准的生产工艺进行生产，记录不完整。企业擅自降低灭菌温度，缩短灭菌时间，增加灭菌柜装载量，影响了灭菌效果。中国药品生物制品检定所对相关样品进行检验，结果表明，无菌检查和热源检查均不符合规定。

问题 1. "欣弗"在生产质量管理过程中违反了 GMP 的哪些规定？

2. 如果"欣弗"标准的工艺参数需要变更，属于哪种类型的变更？应如何变更？

任务一 质量控制实验室管理

PPT

质量控制是质量管理的一部分，强调的是质量要求。企业应建立质量控制部门，且必须独立于生产部门。药品质量控制实验室，即质量检验室，是质量管理体系的重要组成部分，是独立行使检验职权的技术职能机构，在执行质量标准和判定检验结果时，不受生产企业内外任何方面的干扰。

质量控制实验室的核心目的在于获取反应样品乃至样品代表的批产品（物料）质量的真实客观的检验数据，为质量评估提供依据。具体是指按照规定的方法和规程对原辅料、包装材料、中间品和成品进行取样、检验和复核，以保证这些物料和产品的成分、含量、纯度和其他指标符合已经确定的质量标准。

一、人员

质量控制负责人应当具有足够的实验室管理的资质和经验，可以管理本企业一个或多个实验室。质量控制实验室的检验人员至少应当具有相关专业中专或高中以上学历，并经过与所从事的检验操作相关的实践培训且通过考核，具体职责主要包括以下内容。

（1）严格执行物料与产品的内控标准及检验标准操作规程，确保实验的准确可靠，对自身实验工作的质量负责。

（2）负责对物料与产品进行抽样、检验、留样及样品持续性考察，并出具检验报告。

（3）负责对检测数据和化验结果进行复核。

（4）正确使用检验用仪器及计量器具，并做好校准、检定管理工作。

（5）负责标定检定用标准品、对照品。

（6）负责监测洁净室（区）的尘粒数和微生物数。

（7）可以向有关部门汇报质量检验信息，为纠正偏差和确保产品质量提供依据。

二、设施

质量控制实验室应根据需要设置各类实验室。实验室应与药品生产区分开。质量控制实验室应当配备与生产规模相适应的检验仪器与设备；药典、标准图谱等必要的工具书及标准品或对照品等相关的标准物质。

三、仪器与试剂

（一）仪器的相关规定

质量控制实验室应根据规定和使用的物料及生产产品的需要，配备足够数量、与其相适应的检验仪器，并按要求配备标准品或对照品等相关的标准物质。

应当确保检验使用的关键衡器、量具、仪表、记录和控制设备以及仪器经过校准，所得出的数据准确、可靠。属列入计量检定管理的，还应按规定对仪器进行检定。

（二）试剂、试液、培养基和检定菌的管理

试剂、试液、培养基和检定菌的管理应当至少符合以下 GMP 要求。

（1）试剂和培养基应当从可靠的供应商处采购，必要时应当对供应商进行评估。

（2）应当有接收试剂、试液、培养基的记录，必要时，应当在试剂、试液、培养

基的容器上标注接收日期。

（3）应当按照相关规定或使用说明配制、贮存和使用试剂、试液和培养基。特殊情况下，在接收或使用前，还应当对试剂进行鉴别或其他检验。

（4）试液和已配制的培养基应当标注配制批号、配制日期和配制人员姓名，并有配制（包括灭菌）记录。不稳定的试剂、试液和培养基应当标注有效期及特殊贮存条件。标准液、滴定液还应当标注最后一次标化日期和校正因子，并有标化记录。

（5）配制的培养基应当进行适用性检查，并有相关记录。

（6）应当有检验所需的各种检定菌，并建立检定菌保存、传代、使用、销毁的操作规程和相应记录。

请你想一想

如果你是质量控制实验室的试剂和试液管理员，你应怎样按照 GMP 的要求进行管理呢？

（7）检定菌应当有适当的标识，内容至少包括菌种名称、编号、代次、传代日期、传代操作人。

（8）检定菌应当按照规定的条件贮存，贮存的方式和时间不应当对检定菌的生长特性有不利影响。

（三）标准品或对照品的管理

标准品或对照品的管理应当至少符合 GMP 以下要求。

（1）标准品或对照品应当按照规定贮存和使用。

（2）标准品或对照品应当有适当的标识，内容至少包括名称、批号、制备日期（如有）、有效期（如有）、首次开启日期、含量或效价、贮存条件。

（3）企业如需自制工作标准品或对照品，应当建立工作标准品或对照品的质量标准以及制备、鉴别、检验、批准和贮存的操作规程，每批工作标准品或对照品应当用法定标准品或对照品进行标化，并确定有效期，还应当通过定期标化证明工作标准品或对照品的效价或含量在有效期内保持稳定。标化的过程和结果应当有相应的记录。

四、文件

质量控制实验室的文件应当符合 GMP 文件系统的原则，并符合下列要求。

（1）质量控制实验室应当至少有下列详细文件：①质量标准。②取样操作规程和记录。③检验操作规程和记录（包括检验记录或实验室工作记事簿）。④检验报告或证书。⑤必要的环境监测操作规程、记录和报告。⑥必要的检验方法验证报告和记录。⑦仪器校准和设备使用、清洁、维护的操作规程及记录。

（2）每批药品的检验记录应当包括中间产品、待包装产品和成品的质量检验记录，可追溯该批药品所有相关的质量检验情况。

（3）宜采用便于趋势分析的方法保存某些数据（如检验数据、环境监测数据、制药用水的微生物监测数据）。

（4）除与批记录相关的资料信息外，还应当保存其他原始资料或记录，以方便查阅。

PPT

任务二 检验管理

企业应当严格按照法定标准和内控标准对物料与产品进行检验，确保药品按照批准的方法进行全项检验。

一、取样

质量控制实验室的取样工作是进行质量检验工作的基础，不但关系到检验结果是否准确、有效，更关系到所生产药品的质量问题。因此，企业应制订详细的取样计划，执行取样SOP，严格控制取样这一环节。

取样是按一定方案从总体批量物料、产品的样本中采集能代表总体物料、产品的样品，通过检验样品而对总体批量物料、产品的质量做出评价和判断。因此，采集的样品必须能够代表总体批量物料、产品的所有特性。

质量检验部门的检验人员在检验过程中，应熟练掌握设计取样方案所需的数理统计学相关知识、所检验物料和产品的检验标准与操作程序。

取样类型包括常规取样、复验取样、无菌取样等。

与药品生产质量控制相关的物料包括用于制剂生产的起始物料、生产过程中的中间产品（如压片前的颗粒）、药品（包装前后的产品）、内包装材料、标签、制药用水、压缩空气、清洁剂、消毒剂等。

（一）取样人员

取样的人员必须是经QA授权，有一定的学历、资历和经验，并经过相关培训的人员，负责物料、中间产品、成品和留样观察样本的取样。取样者必须熟悉取样方法和方案、物料样本的特性、安全操作的有关知识及处理方法。抽取有毒、有害样品时，应穿戴适宜的劳动保护用品。进入洁净区取样时，应当按洁净区的有关规定出入。取样后要尽快检验。

（二）取样方法

取样须建立操作规程，并详细规定以下内容：经授权的取样人；取样方案、取样方法；所用器具；样品量；分样的方法；存放样品容器的类型和状态；取样后剩余部分及样品的处置和标识；取样注意事项，包括为降低取样过程中产生的各种风险所采取的预防措施，尤其是无菌或有害物料的取样以及防止取样过程中污染和交叉污染的注意事项；贮存条件；取样器具的清洁方法和贮存要求。

（三）取样量

1. 中药材、中药饮片和贵细药材 一般药材和饮片抽取100~500g，粉末状药材和饮片抽取25~50g，贵重药材和饮片抽取5~10g。最终抽取的供检验用样品量，一般不得少于检验所需用量的3倍，分成三等份，分别供实验室分析用、复核用、留样保存。

2. 原辅料　取样量原则上与《中国药典》第四部通则规定的中药材取样量相同。无菌物料的取样应充分考虑取样对于物料的影响，取样过程应严格遵循无菌操作的要求。取样件数可按照《中国药典》第四部通则无菌检查法中单批次出厂产品最少检验数量的要求计算。

3. 包装材料　按取样方案抽取规定的数量即可。

4. 中间产品和待包装产品　按批号每批抽取，因无留样需要，故取样量为供两次全检的用量。

5. 成品　按批取样，以箱、袋、盒、桶等为包装单位，在已包装好的包装件中按上述规定随机抽取。样品量应满足检验和留样观察规定的需要。成品按批取样，一般不得少于检验所需用量的 3 倍，用途同中药材、中药饮片。

取样的容器应当贴有标签，注明样品名称、批号、取样日期、取自哪一包装容器、取样人等信息，样品应当按照规定的贮存要求保存。取样后应及时将打开的包装容器重新扎口或封口，同时在包装容器上贴上取样证，并填写取样记录。对于大包装样本，每个包装至少在 2～3 个不同部位取样。

> **请你想一想**
>
> 如果你是取样员，现对购进的 10 袋共 100 千克的贵重药材人参进行取样，你应该取几袋？多少克呢？

你知道吗

GMP 关于"取样"的配套文件

原国家食品药品监督管理总局发布的 2014 年第 32 号公告，是根据 GMP 第 310 条规定而制定的三个附录。其中附件 3 是"取样"，作为 GMP 的配套文件，适用于药品生产所涉及的物料和产品的取样操作，自 2014 年 7 月 1 日起施行。该文件对取件的原则、取样设施、取样器具、取样人员和防护、文件、取样操作、样品的容器、转移和贮存等方面做了相应规定。

二、检验

在检验过程中，应严格执行质量标准及检验操作规程。计量器具、仪器必须按规定进行检定和校准。所有检验数据必须确保真实有效、精确可靠、具有可追溯性，实事求是地反映产品质量，不得弄虚作假。物料和不同生产阶段产品的检验应当至少符合以下要求。

（1）企业应当确保药品按照注册批准的方法进行全项检验。

（2）采用新的检验方法、检验方法需变更的、采用《中国药典》及其他法定标准未收载的检验方法、法规规定的其他需要验证的检验方法时，应当对检验方法进行验证。

（3）对不需要进行验证的检验方法，企业应当对检验方法进行确认，以确保检验数据准确、可靠。

（4）检验应当有书面操作规程，规定所用方法、仪器和设备，检验操作规程的内容应当与经确认或验证的检验方法一致。

（5）检验应当有可追溯的记录并应当复核，确保结果与记录一致，所有计算均应当严格核对。

（6）所有中间控制（包括生产人员所进行的中间控制），均应当按照经质量管理部门批准的方法进行，检验应当有记录。

（7）应当对实验室容量分析用玻璃仪器、试剂、试液、对照品以及培养基进行质量检查。

（8）必要时应当将检验用实验动物在使用前进行检验或隔离检疫。饲养和管理应当符合相关的实验动物管理规定。动物应当有标识，并应当保存使用的历史记录。

三、检验记录

只有完整的检验记录方可作为提供书面证据，证明实际分析的检验过程及结果。检验原始数据的记录涉及物料到成品检验的各个环节。

（一）检验记录的内容

检验记录应当至少包括以下内容。

（1）产品或物料的名称、剂型、规格、批号或供货批号，必要时注明供应商和生产商（如不同）的名称或来源。

（2）依据的质量标准和检验操作规程。

（3）检验所用的仪器或设备的型号和编号。

（4）检验所用的试液和培养基的配制批号，对照品或标准品的来源和批号。

（5）检验所用动物的相关信息。

（6）检验过程：包括对照品溶液的配制、各项具体的检验操作、必要的环境温湿度。

（7）检验结果：包括观察情况、计算和图谱或曲线图，以及依据的检验报告编号。

（8）检验日期。

（9）检验及复核人员的签名和日期。

（二）检验记录的填写要求

检验记录的填写应当符合以下要求。

（1）记录保持清洁，不得撕毁和任意涂改，不得使用铅笔、涂改液和橡皮。

（2）在检验过程中应及时记录检验过程和结果，并及时填写相应的记录、台账和日志。内容真实、完整、准确，字迹清晰、易读、不易擦除。不得进行追溯性记录和提前记录。

（3）所有原始数据应真实、及时、清晰、完整和准确。

（4）原始数据需由有资质的第二人进行复核，并签名和标注日期。复核过程中，如果发现错误，由检验人员进行更正，并签名和标注日期；必要时，说明更改理由。

（5）记录填写的任何更改都需在错误的地方画一条横线并使原有信息仍清晰可辨，书写正确信息后签名和标注日期；对于更改的记录，可以在必要时采取说明理由的方式，也可采用所有更改必须加注更改理由的方式；企业所用的更改方式需要在操作规程中明确规定。

> **请你想一想**
>
> 如果你是检验员，在填写检验记录时，如果原始数据填写错误，应当怎样更正呢？

四、检验报告单

检验报告单要以检验原始记录为依据，是决定物料、中间产品是否流入下道工序、成品是否出厂的依据。因此，在填写检验报告单时，检验依据必须明确，检验结论必须清楚，并有检验人员签章、检验部门负责人复核签章、质量管理部门负责人审查和部门签章。

检验报告单要写明品名、规格、批号、数量、来源、取样日期、检验日期、报告日期、检验依据等。成品检验报告书为一式 3 份，中间体为 2 份，物料为 2 份，分别交仓库或车间，另一份质量管理部门存档。仓库、车间要设专人保存检验报告。

检验记录、检验报告单必须按品种分类、以批号顺序装订；同时，检验报告单还需编号，建立检验台账，并归档专人专柜保存。不得外借，内部查阅要登记并及时归还保管人。检验原始记录、检验报告书须按批号保存三年或保存至药品有效期后一年，方可销毁。

你知道吗

铬超标胶囊事件

2012 年 4 月 15 日，央视《每周质量报告》当期节目《胶囊里的秘密》，对"非法厂商用皮革下脚料制造药用胶囊导致胶囊铬含量超标"进行了曝光。经过调查发现，河北省一些企业用生石灰处理皮革废料，熬制成工业明胶，卖给绍兴新昌一些企业制成药用胶囊，最终流入问题胶囊药品企业。《中国药典》明确规定，药用胶囊以及使用的明胶原料，重金属铬的含量均不得超过 2mg/kg。经中国检验检疫科学研究院综合检测中心反复多次检测确认，多家药厂生产的药品所用胶囊的重金属铬含量超过国家标准，超标最多的达 90 倍。

《中华人民共和国药品管理法》第 47 条规定：药品生产企业应当对药品进行质量检验。不符合国家药品标准的，不得出厂。铬超标胶囊从工业皮革废料变成药用胶囊，经过多次的工序，辗转几个厂家，最后进入到流通领域，被千千万万的人们消费，这其中经过的关卡很多，却没有一个关卡真正起到质量检验把关的作用！用廉价有毒的工业明胶替代价格较高的食用级明胶，这样明显有害人民身体健康的事情却在默认当中变成了行业的潜规则。这是对自身良知的忽视，还是对道德法律的蔑视？此事件中，相关的企业及个人都受到了法律的制裁！

任务三　留样管理

留样是指企业按规定保存的、用于药品质量追溯或调查的物料与产品的样品。产品稳定性考察的样品不属于留样。企业应当按照操作规程对留样进行管理，留样应当能够代表被取样批次的物料或产品。

一、留样的原则

质量控制实验室应当按照操作规程对留样进行管理；留样应当能够代表被取样批次的物料或产品，也可抽取其他样品来监控生产过程中最重要的环节；存放留样的容器应贴有标签。原辅料标签需注明产品名称、产品批号、取样日期、储存条件和储存期限等；成品的留样容器标签需注明产品名称、批号、失效期及留样的保留时间，同时留样需要有相应的记录。

企业应制定相应规程来规定留样的使用。一般情况下，留样仅在特殊目的时才能使用，如调查和投诉。使用前需要得到质量管理负责人的批准。物料与产品已按照规定保存并超过保存期后，需要进入报废程序，执行前需得到质量管理部门的批准，报废时可根据企业规定的流程进行，并对所有报废进行存档。

二、留样的要求

留样应当至少符合以下要求。

（1）应当按照操作规程对留样进行管理。

（2）留样应当能够代表被取样批次的物料或产品。

（3）每批药品均应当有留样。如果一批药品分成数次进行包装，则每次包装至少应当保留一件最小市售包装的成品。

（4）制剂生产用的每批原辅料和与药品直接接触的包装材料均应当有留样。与药品直接接触的包装材料（如输液瓶），如成品已有留样，可不必单独留样。

三、物料的留样范围

物料、中间产品与成品质量出现异常，或质检员认为有必要时可抽取留样检测。物料更换厂家、改变工艺，需每年做一次留样分析，并做好记录。物料的留样观察期限至产品的有效期后一年。物料留样观察期限为中间产品的留样观察时间至产品放行。

1. 物料与中间产品留样　物料、中间产品经质量控制实验室检验确认合格后，由质检员将规定数量的样品送留样室留样，并写明品种、批号、规格、数量、来源和留样日期等。留样观察员应按留样的不同要求进行登记、保管。

2. 成品留样　成品是完成包装操作后，由指定的经授权的检验人员根据抽样方案，按留样的规定要求和数量随机抽取样品。留样观察员核对留样产品的品名、规格和数量，按留样的贮存条件等不同要求，进行登记、保管。留样产品按剂型、品种、规格、批号分别妥善存放，排列整齐。并及时填写留样卡，建立登记台账，做到收发有登记、卡、账、物相符。

在留样观察期限内，每季度检查物理外观一次，每年抽取相应的 2~3 批进行全检；在每半年检查发现物理外观有异常变化时也要做全检。在留样观察期限内，发现留样产品质量有异常情况，留样观察员填写质量变化通知单，立即向质量管理负责人报告，及时分析原因，并做出处理。凡有重大工艺改进或检测方法改变的产品，应视为新产品，重新进行留样跟踪观察。

另外，留样观察员负责检查留样观察室的温度、相对湿度，每天记录一次。留样观察员根据观察结果，详细填写留样观察记录（有品名、规格、批号、数量、检测项目、数据、日期、结论等）。将留样观察结果、质量变化情况进行系统分析，做好分析报表，每月、季度书面小结一次，半年、年终总结一次，并及时报告质量管理部门，并纳入质量档案。

四、留样观察期限

每批样品规定观察到有效期后一年，有科研需要的特殊品种，可延长留样时间，积累资料。质量不稳定的产品，在留样期间可根据质量变化程度，如无留样观察价值时报质量管理部门，中断观察并进行登记、清理。

五、留样期满的处理

留样产品供观察、研究及摸索产品在贮存期间质量变化规律之用，任何人不得取用或赠送。必要时必须经质量管理部门负责人同意，并办理手续后方可取用留样样品。观察期满的留样产品，由留样观察员填写留样处理申请表，报质量管理部门负责人批准后进行处理。留样处理品，不得让患者使用。

任务四　持续稳定性考察管理

PPT

持续稳定性考察是指在有效期内考察已上市药品的质量，以发现药品与生产相关的稳定性问题（如杂质含量或溶出度特性的变化），并确定药品能够在标示的贮存条件下符合质量标准的各项要求。

持续稳定性考察主要针对市售包装药品，但也需兼顾待包装产品。例如，当待包装产品在完成包装前，或从生产厂运输到包装厂，还需要长期贮存时，应当在相应的环境条件下，评估其对包装后产品稳定性的影响。此外，还应当考虑对贮存时间较长的中间产品进行考察。

持续稳定性考察是通过稳定性试验实现的，为药品的生产、包装、贮存、运输条件提供科学依据，同时通过试验建立药品的有效期。

一、持续稳定性考察要求

持续稳定性考察应当有考察方案，结果应当有报告。用于持续稳定性考察的设备（尤其是稳定性试验设备或设施）应按要求进行确认和维护。持续稳定性考察的时间应当涵盖药品有效期。

考察批次数和检验频次应当能够获得足够的数据，以供趋势分析。通常情况下，每种规格、每种内包装形式的药品，至少每年应当考察一个批次，除非当年没有生产。某些情况下，持续稳定性考察中应当额外增加批次数，如重大变更或生产和包装有重大偏差的药品应当列入稳定性考察。此外，重新加工、返工或回收的批次，也应当考虑列入考察，除非已经过验证和稳定性考察。

关键人员，尤其是质量受权人，应当了解持续稳定性考察的结果。应当对不符合质量标准的结果或重要的异常趋势进行调查。对任何已确认的不符合质量标准的结果或重大不良趋势，企业都应考虑是否可能对已上市药品造成影响，必要时应当实施召回，调查结果以及采取的措施应当报告当地药品监督管理部门。应当根据所获得的全部数据资料，包括考察的阶段性结论，撰写总结报告并保存。应当定期审核总结报告。

二、持续稳定性考察方案

持续稳定性考察的时间应当涵盖药品有效期，考察方案应当至少包括以下内容。

（1）每种规格、每个生产批量药品的考察批次数。

（2）相关的物理、化学、微生物和生物学检验方法，可考虑采用稳定性考察专属的检验方法。

（3）检验方法依据。

（4）合格标准。

（5）容器密封系统的描述。

（6）试验间隔时间（测试时间点）。

（7）贮存条件（应当采用与药品标示贮存条件相对应的《中国药典》规定的长期稳定性试验标准条件）。

（8）如检验项目少于成品质量标准所包含的项目，应当说明理由。

三、持续稳定性考察试验

持续稳定性考察分为原料药和药物制剂两个部分，均包括影响因素试验、加速试验及长期试验。影响因素试验用一批原料药或一批制剂进行；加速试验与长期试验要求用三批供试品进行。

（一）影响因素试验

影响因素试验的目的是探讨药物的固有稳定性、了解影响其稳定性的因素及可能的降解途径与降解产物，为制剂生产工艺、包装、贮存条件与建立降解产物的分析方法提供科学依据。

1. 高温试验　开口置 60℃ 温度下考察检测。若有明显变化则置 40℃ 进行试验。

2. 高湿度试验　开口置恒温 25℃、相对湿度 90% ±5% 条件下放置，若吸湿增重 5% 以上，则在相对湿度 75% ±5% 条件下，同法进行试验。

3. 强光照射试验　开口置有适宜的光照的装置内，于 4500lx ±500lx 条件下考察供试品的外观变化。

（二）加速试验

在温度 40℃ ±2℃、相对湿度 75% ±5% 的条件下放置 6 个月，考察项目检测。

（三）长期试验

在温度 25℃ ±2℃、相对湿度 60% ±10% 的条件下放置 12 个月，每 3 个月取样考察检测，12 个月以后仍需要继续考察。将结果与 0 月比较，以确定药物的有效期。

长期试验采用的温度为 25℃ ±2℃、相对湿度为 60% ±10%，是根据国际气候带而定。

> **请你想一想**
>
> 通过认真学习和理解持续稳定性考察试验，根据试验类别、试验项目、环境条件、放置时间、取样时间等要求，你能做出原料药及制剂稳定性考察试验表吗？

任务五　放行与质量事故管理

PPT

一、放行管理

放行是指对一批物料或产品进行质量评价，批准使用或发运及其他决定的操作过程。放行涉及物料、关键的中间产品、待包装产品和成品，企业应有相应的放行规程，药品生产企业一般指定质量受权人或质量负责人履行物料与产品的放行职责。应当分别建立物料和产品批准放行的操作规程，明确批准放行的标准、职责，并有相应的记录。

（一）物料放行

物料的放行应当至少符合以下要求。

（1）物料的质量评价内容应当至少包括生产商的检验报告、物料包装完整性和密封性的检查情况和检验结果。

（2）物料的质量评价应当有明确的结论，如批准放行、不合格或其他决定。

（3）物料应当由指定人员签名批准放行。

（二）产品放行

产品包括药品的中间产品、待包装产品和成品。产品的放行应当至少符合以下要求。

（1）在批准放行前，应当对每批药品进行质量评价，保证药品及其生产符合注册和 GMP 要求，并确认以下各项内容：①主要生产工艺和检验方法经过验证。②已完成所有必需的检查、检验，并综合考虑实际生产条件和生产记录。③所有必需的生产和质量控制均已完成并经相关主管人员签名。④变更已按照相关规程处理完毕，需要经药品监督管理部门批准的变更已得到批准。⑤对变更或偏差已完成所有必要的取样、检查、检验和审核。⑥所有与该批产品有关的偏差均已有明确的解释或说明，或者已经过彻底调查和适当处理；如偏差还涉及其他批次产品，应当一并处理。

（2）药品的质量评价应当有明确的结论，如批准放行、不合格或其他决定。

（3）每批药品均应由质量受权人签名批准放行。

（4）疫苗类制品、血液制品、用于血源筛查的体外诊断试剂以及国家药品监督管理部门规定的其他生物制品放行前还应当取得批签发合格证明。

> **请你想一想**
>
> 如果你是企业药品质量管理员，每批药品在批准放行前，应该从哪些方面进行质量评价呢？

二、不合格品管理

检验不合格的物料，一般按不合格品处理，但特殊情况可以限制性使用。物料限制性使用必须履行严格的审批手续，经质量管理部门批准，并有相应的记录。

生产过程中的不合格中间产品，由车间会同有关人员调查原因、提出处理措施，并进行风险评估，报质量管理部门审核批准。对在确认不影响最终产品质量的情况下可以进行返工或者重新加工，如确认可能影响产品质量，则报废或销毁。

成品检验结果不合格，由质量管理部门会同生产部门对生产过程进行追踪调查，查明原因；由质量管理部门组织风险评估，提出处理意见，确认重新加工可以达到产品质量标准的可以返工处理，否则在质量管理部门的监督下进行销毁。

三、质量事故管理

质量事故是指生产产品的质量达不到质量标准的规定或因包装不良而变质的，生产出的产品收率极低，产生大量的废品。

（一）质量事故处理

质量管理部门负责质量事故的处理，企业应当制定质量事故处理管理规程。发生质量事故时，会同技术、生产部门分析质量事故原因、提出解决办法，并采取适当的纠正措施以避免此类事故的再次发生。重大质量事故需及时报告当地药品监督管理部门。在未找到原因及解决办法前应该暂停生产。

所有的分析、质量事故调查的结果、建议及付诸实施的计划都应该是书面的。如果以后再发生同类质量事故，则要考虑是否对工艺过程进行重新验证。

质量事故处理要遵循"四不放过"原则，即事故原因不清不放过、事故责任者和员工没有受到教育不放过、没有制定防范措施不放过、事故未经处理不放过。质量管理部门及相关部门应及时、慎重、有效地处理好质量事故，通报其他各部门引以为戒。

（二）质量事故报告

所有质量事故的处理要有书面记录和处理报告。内容包括分析、调查发生的原因，即产生质量事故的产品与预期的质量差异何在，对可能引起问题的工艺过程或操作人员技术的审查结果，对质量事故所采取的纠正措施和解决办法，为防止此类质量事故再次发生而采取的措施，生产、技术、质量管理部门的意见，有关生产、技术、质量管理人员的签名和日期。

任务六　变更管理

PPT

变更是指药品生产企业涉及的原辅料、包装材料、质量标准、检验方法、操作规程、厂房、设施、设备、仪器、生产工艺和计算机软件与现行状况不一致时，企业应当建立变更控制系统，对所有影响产品质量的变更进行评估和管理。需要经药品监督管理部门批准的变更应当在得到批准后方可实施。

一、变更的要求

药品生产企业应当建立操作规程，规定原辅料、包装材料、质量标准、检验方法、操作规程、厂房、设施、设备、仪器、生产工艺和计算机软件变更的申请、评估、审核、批准和实施。质量管理部门应当指定专人负责变更控制。变更都应当评估其对产品质量的潜在影响。企业可以根据变更的性质、范围和对产品质量存在潜在影响的程度将变更进行分类（如主要、次要变更）。判断变更所需的验证、额外的检验以及稳定性考察应当有科学依据。

与产品质量有关的变更由申请部门提出后，应当经评估、制定实施计划并明确实施职责，最终由质量管理部门审核批准。变更实施应当有相应的完整记录。需要经药品监督管理部门批准的变更应当在得到批准后方可实施。如果变更可能影响药品的有效期，则质量评估还应当包括对变更实施后生产的药品进行稳定性考察。变更实施时，应当确保与变更相关的文件均已修订。质量管理部门应当保存所有变更的文件和记录。

二、变更的类别

按照变更控制对象的范围、对产品质量潜在影响的程度，将变更控制主要分为以下三个类别。

1. 主要变更　对产品关键质量特性有潜在的重大影响，需经稳定性考察、验证等研究以确定主要因素变化的合理性，需报送药品监督管理部门批准或备案的变更。

2. 次要变更　由企业控制，无须批准或备案的，生产工艺不发生漂移的，对产品关键质量特性基本不产生影响，通过确认与验证结果支持的变更。

3. 一般变更　属于主要变更和次要变更之外的，对产品质量特性无影响的变更。

三、变更的范围

（一）变更涉及的范围

（1）产品所用原辅料的所有变更，尤其是来自新供应商的原辅料。

（2）关键中间控制点及成品的检验结果出现异常。

（3）所有不符合质量标准的批次及其调查结果。

（4）所有重大偏差及相关的调查、所采取的整改措施和预防措施的有效性考察结果不符合要求或出现异常。

（5）生产工艺或检验方法等的所有变更。

（6）已批准或备案的药品注册所有变更。

（7）稳定性考察的结果及出现的任何不良趋势。

（8）所有因质量原因造成的退货、投诉、召回及调查结果。

（9）与产品工艺或设备相关的纠正措施的执行情况和效果达不到要求和目标。

（10）新获批准和有变更的药品，按照注册要求上市后应当完成的工作需要。

（11）相关设备和设施，如空调净化系统、水系统、压缩空气等的确认状态结果不符合要求或异常。

（12）委托生产或检验的技术合同履行情况不符合要求或出现异常。

（二）须再验证的变更范围

发生下列任一种情况，根据变化的大小和重要性，需做必要的再验证：处方改变、制造工艺改变、制造场所改变、相关设备变动、批量大小变动。

（三）无须再验证的变更范围

如果认为变动较小，一般不需再验证，但是必须要有书面评价和技术理由，填写变动控制程序申请。较小的变动情况主要有以下三种。

（1）产品处方中减少或取消了色素和香料。

（2）批量大小变化≤10%。制造场所改变仅发生在同一建筑物内，而生产设备、人员、操作规程、环境条件、空气洁净度等没有变化。

（3）调换了相同设计和操作原理的生产设备。

四、变更控制流程

变更控制系统由企业质量受权人、生产管理、质量控制、药物不良反应监测、工程设备、物料供应等部门负责人和专业人员组成，必要时聘请医药领域内相关学科专家。变更控制管理的职责为：按照变更控制规程对变更进行分类、评估、审核、批准，确定额外的检验、稳定性考察、确认与验证的必要性以及文件的充分性和技术依据。变更控制流程包括以下内容。

1. 变更的申请　变更通常由变更发生的部门发起。变更应提出申请，主要内容包括变更描述，变更理由，受影响的文件和产品，受影响的供应商或客户，支持变更的依据、文件及需要追加的文件，实施计划及需要进行的验证。

2. 变更的评估 由变更控制小组基于风险管理评估变更可能带来的影响并确定采取的行动。评估内容包括对产品质量的影响、质量标准、检验方法、稳定性研究、生物等效性研究、工艺验证、杂质等情况。需报送药品监管部门批准或备案的，企业批准变更前，应备齐相关资料，经药监部门批准方可实施。

3. 变更的审核和批准 变更控制系统的管理人员负责变更申请文件的形式审查，确保资料填写齐全，内容准确，所附资料完整，符合规程的要求。如果变更影响到其他供应商、客户等，则应通知并获得其认可。

4. 变更执行 变更批准后，方可执行变更。质量管理部门及相关部门应建立追踪监控体系，以确保变更的实施。对于不影响注册内容的内部变更，批准后即可执行。

5. 变更效果的评估 变更执行后，质量管理部门组织效果评估，以确认变更是否已达到预期目标。

6. 变更关闭 当变更执行完毕，相关文件已被更新，完成评估并得出变更的有效性和可控性结论后，变更即关闭。

变更控制流程详见图 9 - 1。

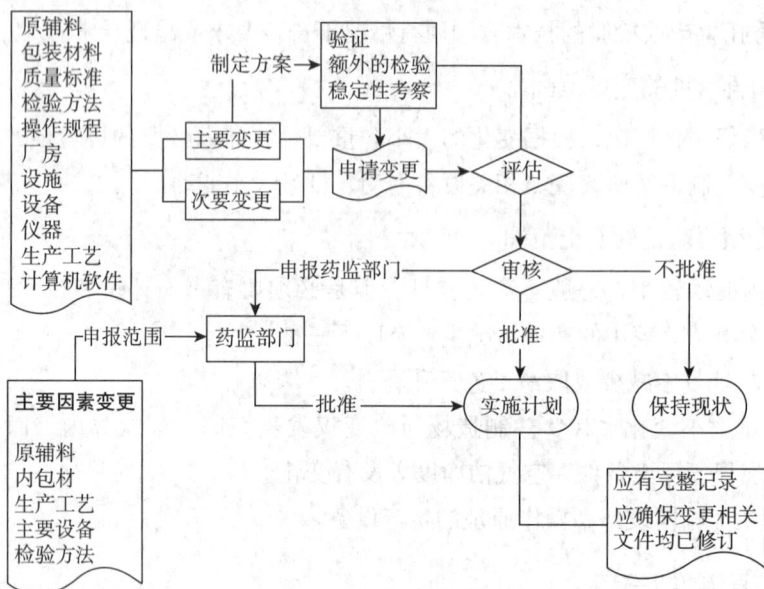

图 9 - 1 变更控制流程

任务七 偏差管理

偏差是指任何偏离生产工艺、质量标准、检验方法和操作规程的情形。各部门负责人应当确保所有人员正确执行生产工艺、质量标准、检验方法和操作规程，防止偏差的产生。

一、偏差的类型

（一）按偏差发生领域分类

1. 生产偏差　是指偏离生产工艺、规程和过程控制的情况，包括非生产工艺偏差和生产工艺偏差。

（1）非生产工艺偏差　是指因人为操作错误、设备故障、生产环境等原因，引起的对产品质量产生实际或潜在影响的偏差。

（2）生产工艺偏差　是指生产工艺不完善、存在缺陷，引起产品质量发生可发现的或潜在影响的偏差，即使人员操作、设备和物料完全正确也不可避免。

2. 检验偏差　是指因质量控制实验室检验过程的相关因素引起的检验结果偏差，包括取样、仪器、试剂、检验操作、计算错误等引起的偏差，也称为"实验室偏差"。

（二）按偏差严重程度分类

1. 重大偏差　可能对产品质量、安全性和有效性产生严重后果的偏差，包括涉及多个批次的产品、与国家法规和标准不符的、可能导致产品不合格或报废等的偏差。例如混药、中间产品或成品受到污染导致报废、检验结果超出纠偏限度等。

2. 次要偏差　可能对产品质量产生实际或潜在影响的偏差，或者性质严重、影响范围较大的偏差。例如工艺参数超出规程规定、物料平衡超出标准、检验结果超过警戒限度等。

3. 轻微偏差　轻微偏离法规或规程，对产品质量无影响或者经评估风险可接受的偏差。例如非关键部位的设备故障等。

二、企业可能出现的偏差

（1）物料平衡超出允许范围的正常偏差。

（2）生产过程时间控制超出工艺规定范围。

（3）生产过程工艺条件发生偏移、变化。

（4）生产过程中设备发生异常，可能影响产品质量。

（5）产品质量发生偏移。

（6）非工艺损失。

（7）标签实用数、剩余、残损数之和与领用数发生差额。

（8）生产中发生其他的异常情况。

三、偏差处理程序

企业应当建立偏差处理的操作规程，规定偏差的报告、记录、调查、处理以及所采取的纠正措施，并有相应的记录。任何偏差都应当评估其对产品质量的潜在影响。

任何偏离生产工艺、物料平衡限度、质量标准、检验方法、操作规程等的情况均应当有记录，并立即报告主管人员及质量管理部门，应当有清楚的说明。重大偏差应当由质量管理部门会同其他部门进行彻底调查，并有调查报告。偏差调查报告应当由质量管理部门的指定人员审核并签字。

企业还应当采取预防措施以有效防止类似偏差的再次发生。质量管理部门应当负责偏差的分类并保存偏差调查和处理的文件和记录。

（一）生产过程中的偏差处理程序

（1）偏差发现人在采取措施仍不能将偏差控制在规定范围内时，立即停止生产并报告车间负责人。

（2）发现偏差时，车间管理人员应进行调查，根据调查结果提出处理措施，具体如下：①确认不影响产品最终质量的情况下可继续加工。②确认不影响产品质量的情况下进行返工，或采取补救措施。③确认影响产品质量，则报废或销毁。

（3）由 QA 填写偏差调查处理报告两份，内容包括：品名、批号、规格、批量、工序、偏差内容、发生的过程及原因、地点、日期。偏差调查处理报告经填表人签名后送交生产部和质量管理部门。质量管理部门认真审核偏差调查结果及需采取的措施，最后批准、签字。

（4）生产技术部门和质量管理部门派员到车间督促检查偏差处理情况。

（5）如调查发现有可能与本批前后生产批次的产品有关联，则必须立即通知质量管理部门，采取措施停止相关批次的放行，直到调查确认与之无关方可放行。

（6）处理完成后，车间将偏差处理情况及相关资料汇入批生产记录。

（7）生产过程中出现重大质量事故和重大损失时，必须按事故报告规程向有关负责人和上级主管部门及时报告。

偏差处理流程见图 9-2。

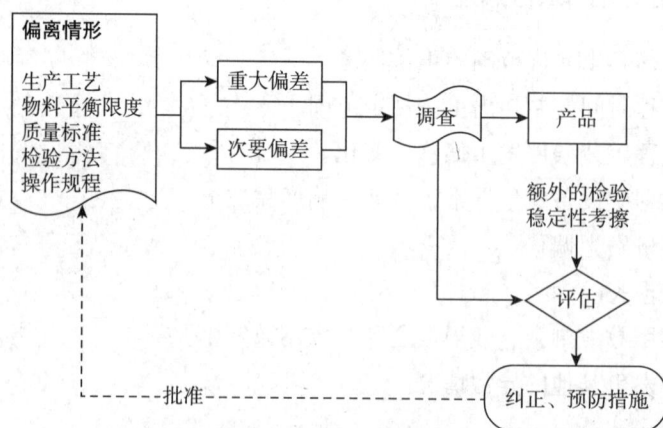

图 9-2　偏差处理流程

（二）质量控制实验室检验结果偏差处理程序

1. 偏差结果报告　检验结果偏差一旦出现，检验员应立即报告质量控制部负责人，检验过程中的样品予以保存以备调查，检验员及质量控制部负责人尽快进行实验室内部调查。

2. 实验室初步调查　由检验人员与质量控制部负责人一起实施实验室调查以确定检验偏差结果的有效性。通常情况下，需调查如下内容。

（1）检验人员是否使用了符合标准、经过校验并通过系统适用性确认的仪器。

（2）回顾检验方法，确定遵循了相关规程和技术要求。

（3）检查原始数据，包括图谱及其他相关的信息。

（4）回顾检验结果及计算。

（5）确认仪器性能，检查保留的溶液和玻璃器皿外观，确定使用了正确容量瓶、无污染的玻璃器皿。

（6）确定使用了适当的标准品、对照品、试剂及溶剂。

（7）检查检验人员的培训历史及工作经验、人员资质。

3. 实验室初步调查结果确认　若实验室初步调查确定实验室错误，则由质量控制部负责人指派一名经验丰富的检验人员和原检验人员共同对原始样品进行复检，根据实际需要制定检测次数 n。每人各检 n 次，若 n 次结果均合格，则取 n 次的平均值报告，并制定相应的纠正预防措施；若 n 次结果有 1 次不合格，则判定结果有偏差。

4. 取样调查　当实验室初步调查不能确定实验室错误时，需对样品和取样过程进行调查。若调查发现样品本身或取样过程存在错误，导致所取样品不具代表性，则需要进行再取样检验。再取样应填写申请表，由质量保证部经理批准后方可实施。

5. 全面调查　当样品和取样过程调查未发现错误时，则需要启动全面调查。若样品为进厂原料，则由质量控制部负责人指派一名经验丰富的检验人员和原检验人员共同对原始样品进行复检。若调查并未确认为生产过程偏差，则由质量管理员进行全面评估。若发现实验室初步调查、样品及取样过程调查、生产过程偏差调查存在有疑义的地方，则针对疑义处重新展开调查；若确定实验室初步调查、样品及取样过程调查、生产过程偏差调查均无误，则可将该结果认为一个逸出值，是待测样品检验时固有的波动，由 QA 批准进行复检。

6. 记录与报告　依据偏差处理的操作规程，填写偏差的报告、记录、调查、处理以及所采取的纠正措施，并做到记录可以追溯。

任务八　纠正与预防措施

PPT

纠正措施是指为消除已发现的不符合和不良原因所采取的措施，目的是防止问题再次出现。预防措施是指为消除潜在的不符合或其他隐患所采取的措施，目的是防止问题出现。

企业应当建立纠正措施和预防措施系统，对投诉、召回、偏差、自检或外部检查结果、工艺性能和质量监测趋势等进行调查，并采取纠正和预防措施。调查的深度和形式应当与风险的级别相适应。纠正措施和预防措施系统应当能够增进对产品和工艺的理解，从而改进产品和工艺。

一、实施纠正与预防措施的内容

企业应当建立实施纠正和预防措施的操作规程，内容应至少包括以下方面。

（1）对投诉、召回、偏差、自检或外部检查结果、工艺性能和质量监测趋势以及其他来源的质量数据进行分析，确定已有和潜在的质量问题。必要时，应当采用适当的统计学方法。

（2）调查与产品、工艺和质量保证系统有关的原因。

（3）确定所需采取的纠正和预防措施，防止问题的再次发生。

（4）评估纠正和预防措施的合理性、有效性和充分性。

（5）对实施纠正和预防措施过程中所有发生的变更应当予以记录。

（6）确保相关信息已传递到质量受权人和预防问题再次发生的直接负责人。

（7）确保相关信息及其纠正和预防措施已通过高层管理人员的评审。

二、纠正与预防措施编制文件的要求

企业需采取措施，以消除不合格的原因，防止不合格的再发生，纠正措施要与不合格的影响程度相适应。应将纠正与预防措施编制形成文件，主要包括如下内容。

（1）评审不合格（包括顾客投诉）。

（2）确定不合格的原因。

（3）评价确保不合格不再发生的措施的需求。

（4）确定和实施所需的措施。

（5）记录所采取措施的结果。

（6）评审所采取纠正措施的有效性。

纠正和预防措施管理流程见图 9 - 3。

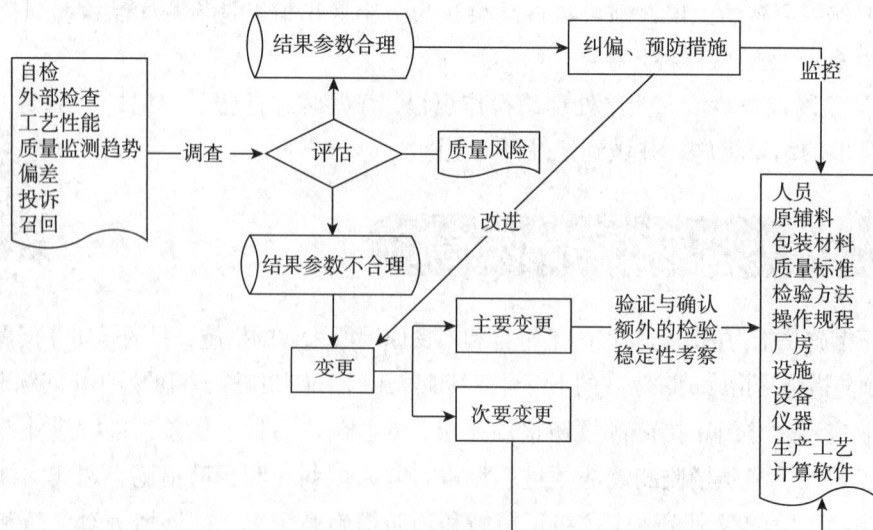

图 9 - 3　纠正和预防措施管理流程

任务九　供应商管理

PPT

质量管理部门应当对所有生产用物料的供应商进行质量评估，会同有关部门对主要物料供应商（尤其是生产商）的质量管理体系进行现场质量审计，并对质量评估不符合要求的供应商行使否决权。主要物料的确定应当综合考虑企业所生产药品的质量风险、物料用量以及物料对药品质量的影响程度等因素。企业法定代表人、企业负责人及其他部门的人员不得干扰或妨碍质量管理部门对物料供应商独立做出质量评估。

供应商管理包括供应商的评估、质量审核、选择、批准、评审、变更及档案管理等内容。

一、供应商评估

选择合适的物料供应商是满足采购质量，预防或消除物料带来的质量风险，确保企业所生产的产品质量，控制并降低采购成本的重要保证。

（一）企业资质

（1）原辅料供应商应持有《药品生产许可证》或《药品经营许可证》，所购原料在生产经营范围内，产品有质量标准及批准文号。

（2）直接接触药品的包装材料和容器的供应商，应取得《药包材注册证》，印刷包装材料的企业需具合法资质。

（3）进口原辅料供应商应持有国家药监局核发的注册证书。

（二）质量管理体系

考察供应商的质量管理体系，应包括以下方面：①厂房与设施、设备条件。②原材料来源。③质量保证体系。④人员及培训。⑤产品质量。⑥供货能力。⑦企业信誉。⑧协作态度。

二、供应商质量审核

1. 审核内容　主要针对产品质量审核、过程质量审核、质量管理体系审核，即前述调查的内容。

2. 审核组织　成立审核小组。企业以规程形式，明确规定对新选择供应商进行质量审核时，审核小组由供应部门、质量管理部门、物料使用部门、科研技术部门的管理和技术人员组成。其中，质量管理部门的人员必须协同质量审核工作。审核小组成立后，依规程确定一名组长并由其对小组成员的工作内容进行具体部署。

3. 审核程序　①材料审核。②样品检测、验证、质量标准及检测方法的确定。③实地考察。④信息反馈及跟踪审核。⑤起草审核报告、批准审核结论。

三、供应商选择

药品生产企业对供应商进行审核，符合企业供货要求的，确定为企业供应商。

四、供应商批准

符合企业供货要求的，经质量受权人核准，企业主管负责人批准后确定为企业的供应商。供应商一般确定为 2～3 家。质量管理部门应当与批准的主要物料供应商签订质量协议，在协议中应当明确双方所承担的质量责任。

五、供应商评审

1. 供应商供货质量评审　对供应商周期内的产品质量、供货情况及售后服务进行评审。可建立规范的供应商年度评审表，对原料的质量水平、合格率、退货率、包装情况、供货及时性、价格、特殊情况的处理、供应商物料对企业质量风险的影响及其他影响产品质量的情况等进行综合评价，按照规定量化打分，根据分数对供应商进行优秀、合格、不合格的分类。

2. 供应商评审及调整　对于评审结果评价较差的供应商，企业应分析供应商对于企业的重要程度并采取不同的措施。若该供应商只是一个普通的供应商，则可以考虑将其淘汰；若该供应商所提供的产品对于企业来说是非常重要的而且替代供应源不足，企业应考虑加强与该供应商的沟通，以便双方共同努力和加强技术合作。

六、供应商变更管理

变更物料供应商，应当对新的供应商进行质量评估；改变主要物料供应商的，还需要对产品进行相关的验证及稳定性考察。当出现下列情况时，均按变更处理。

（1）供应商因多种原因已失去所供应物料的生产经营资格。

（2）供应商停止所供应物料的生产或停止供货。

（3）经留样考察，所提供的物料不能满足企业产品的稳定性要求或其他要求。

（4）所生产的物料连续出现质量问题并经现场评审不合格的供应商。

供应商的变更应执行变更处理程序，由要求变更的部门提出。

七、供应商档案管理

企业应对所有供应商建立档案，将其法定资质、基本情况调查表、现场考察报告、历次评价结果及出现的质量问题等进行汇总，由专人负责管理，新选择确定的和淘汰的供应商资料应当及时收集和整理，保证各项文件及时归档。

请你想一想

如果你是企业药品质量管理员，你能列出供应商需要提供哪些资料吗？

任务十　产品质量回顾分析

PPT

产品质量回顾是运用统计技术对生产的每种产品的相关内容与数据进行回顾，如对物料、中间产品、中间控制结果、产品检验结果、稳定性考察以及产品生产过程中的偏差处理、质量管理体系绩效、控制手段等信息数据进行定期回顾，形成书面报告，以此评价现行的生产工艺及控制方法是否有效、可控，并发现产品生产系统需改进之处，制定预防措施，不断提高产品质量。

企业应按照操作规程，每年对所有生产的药品按品种进行产品质量回顾分析，以确认工艺稳定可靠，以及原辅料、成品现行质量标准的适用性，及时发现不良趋势，确定产品及工艺改进的方向。还应当考虑对以往回顾分析的历史数据及对产品质量回顾分析的有效性进行自检。当有合理的科学依据时，可按照产品的剂型分类进行质量回顾，如固体制剂、液体制剂和无菌制剂等。回顾分析应当有报告。

一、需要做质量回顾分析的情形

企业至少应当对下列情形进行回顾分析。

（1）产品所用原辅料的所有变更，尤其是来自新供应商的原辅料。

（2）关键中间控制点及成品的检验结果。

（3）所有不符合质量标准的批次及其调查。

（4）所有重大偏差及相关的调查、所采取的整改措施和预防措施的有效性。

（5）生产工艺或检验方法等的所有变更。

（6）已批准或备案的药品注册所有变更。

（7）稳定性考察的结果及任何不良趋势。

（8）所有因质量原因造成的退货、投诉、召回及调查。

（9）与产品工艺或设备相关的纠正措施的执行情况和效果。

（10）新获批准和有变更的药品，按照注册要求上市后应当完成的工作情况。

（11）相关设备和设施，如空调净化系统、水系统、压缩空气等的确认状态。

（12）委托生产或检验的技术合同履行情况。

二、产品质量回顾分析的工作程序

（一）制定产品质量回顾计划

责任部门根据自己的产品制定质量回顾计划。在制定时，每种产品按照剂型分配责任人，专人专项；安排质量回顾时间时，可采取分散滚动的形式，在一年内分散进行产品质量回顾。

（二）信息收集与报告编制

信息收集时，各产品质量回顾负责人应联系相关部门，收集相关信息，并对所得的数据信息运用统计等技术进行分析，进一步了解产品质量。报告时，应当写明分析所得的结论及相应异常数据的原因分析和改进措施。产品质量回顾报告应至少包括以下内容。

（1）制定产品质量回顾具体计划，包括产品质量回顾的具体时间范围和回顾总结完成截止日期。

（2）对产品质量进行回顾性的总结和数据趋势分析，根据所生产产品的检验数据和生产数据，以表或图的形式进行总结并给出评价性的结论，如质量稳定、某项指标有超标的趋势等。

（3）对支持性数据回顾发现的问题。

（4）对需要采取的纠正和预防措施的建议。

（5）纠正和预防措施的行动计划、责任人及完成时间。

（6）之前的产品质量回顾中纠正和预防措施的完成情况。

（7）通过产品质量回顾，总结当前产品的生产情况及结论。

（三）报告的形成、审核与分发

在责任部门拟好产品质量回顾报告后，应提交有关部门进行审批，如生产、工艺、注册、质量管理、质量控制等部门。经审核合格的质量回顾报告，由质量管理部门复印、分发给各相关部门，并将报告原件在质量管理部门留档，永久保存。

（四）纠正与预防措施的实施与跟踪

纠正与预防措施的制定主要是各相关部门按照产品质量回顾报告中制定的改进措施及完成时间进行整改。

任务十一　投诉与药品不良反应报告管理

PPT

一、投诉管理

投诉是指用户或其他人员采用口头或书面方式报告生产企业所售药品可能或事实上存在的质量缺陷或药品不良反应的行为。企业应及时、妥善、正确处理对药品的投诉，保证用药者的合法权益是企业应尽的责任。

（一）投诉的分类、来源及方式

1. 投诉的分类

（1）重大投诉　又称紧急投诉，是指针对有可能对用药者造成伤害的产品质量问题或严重不良反应等的投诉。

（2）一般投诉　是指未造成用户伤害，但会给企业形象带来负面影响的投诉。

2. 投诉的来源　大多来源于患者、医生、医院、药店、批发商、医药代表。

3. 投诉的方式　包括信函、传真、电话或到访投诉等。

（二）投诉的受理范围及处理

对药品质量投诉的受理范围除属药品不良反应监测内容外，还包括企业生产的药品在正常情况下发生的质量问题。企业指定质量管理部门和销售部门共同负责管理药品质量投诉和不良反应监测。负责药品质量投诉和不良反应监测的人员，需具有药品生产和质量管理的实践经验，有能力对此做出正确的判断和处理。

对药品质量投诉和不良反应监测，应分类登记编号，并做详细分析和认定记录，建立台账。投诉和不良反应监测记录需归档保存至药品有效期后1年。

（三）投诉的调查处理方法

接到投诉后，销售部门管理人员要填写投诉记录，销售部门填写意见后，由质量管理部门填写调查意见。质量管理人员向投诉者索要样品，必要时应专程取样，并核对和确认样品包装完好、封口严密，确认为本厂产品且在有效期内。销售部门管理

> **请你想一想**
> 如果你是药品销售员，遇到消费者投诉你所销售的药品，你应该如何处理呢？

人员及时专访投诉者，听取意见，会同有关部门现场调研，向投诉者调查与该批产品有关质量问题的一切内容，并告知质量管理人员。

二、药品不良反应报告管理

依据《药品不良反应报告和监测管理办法》（卫生部令第81号）的规定，药品不良反应是指合格药品在正常用法用量下出现的与用药目的无关的有害反应。药品不良反应报告和监测是药品不良反应的发现、报告、评价和控制的过程。

（一）药品不良反应类型

1. A型药品不良反应　由药物的药理作用增强所致，其特点是可以预测，通常与剂量有关，停药或减量后症状很快减轻或消失，发生率高但死亡率低。通常包括副作用、毒性作用、后遗效应、继发反应等。

> **请你想一想**
> 在你的生活中，是否发生过药品不良反应呢？你能够根据上述所学的知识对药品不良反应进行界定并分析具体的类型吗？

2. B型药品不良反应　是指与正常的药理作用无关的异常反应，一般很难预测，常规毒理学筛查不能发现，发生率低但死亡率高，如过敏反应。

3. C型药品不良反应　一般在长期用药后出现，潜伏期较长，没有明确的时间关系，难以预测。其发生机制有些与癌症、畸胎的发病机制有关；有些尚未阐明，仍在

探讨之中。

（二）药品不良反应报告范围

《药品不良反应报告和监测管理办法》规定，新药监测期内的国产药品应当报告该药品的所有不良反应；其他国产药品，报告新的和严重的不良反应。进口药品自首次获准进口之日起5年内，报告该进口药品的所有不良反应；满5年的，报告新的和严重的不良反应。

新的药品不良反应，是指药品说明书中未载明的不良反应。说明书中已有描述，但不良反应发生的性质、程度、后果或频率与说明书描述不一致或更严重的，按照新的药品不良反应处理。严重药品不良反应，是指使用药品引起以下损害情形之一的反应：导致死亡；危及生命；致癌、致畸、致出生缺陷；导致显著或永久的人体伤残或器官功能损伤；导致住院或住院时间延长；导致其他重要医学事件，如不进行治疗可能出现上述所列情况的。

药品群体不良事件，是指同一药品在使用过程中，在相对集中的时间、区域内，对一定数量人群的身体健康或生命安全造成损害或威胁，需要予以紧急处置的事件。同一药品是指同一生产企业生产的同一名称、剂型及规格的药品。

（三）药品上市后不良反应监测管理

依据《药品管理法》（2019年修订版）规定：药品上市许可持有人、药品生产企业、药品经营企业和医疗机构应当经常考察本单位所生产、经营、使用的药品质量、疗效和不良反应。发现疑似不良反应的，应当及时向药品监督管理部门和卫生健康主管部门报告。具体办法由国务院药品监督管理部门会同国务院卫生健康主管部门制定。对已确认发生严重不良反应的药品，由国务院药品监督管理部门或者省、自治区、直辖市人民政府药品监督管理部门根据实际情况采取停止生产、销售、使用等紧急控制措施，并应当在5日内组织鉴定，自鉴定结论作出之日起15日内依法做出行政处理决定。

（四）药品不良反应监测和报告制度

企业应建立药品不良反应报告和监测管理制度，设立专门机构并配备专职人员负责管理。主动收集药品不良反应，对不良反应详细记录、评价、调查和处理，及时采取措施控制可能存在的风险，并按照要求向药品监督管理部门报告。

《药品不良反应报告和监测管理办法》规定，药品生产企业获知药品群体不良事件后应立即开展调查，在7日内完成调查报告，报所在地省级药品监督管理部门和药品不良反应监测机构，同时迅速开展自查。药品经营企业发现药品群体不良事件应立即告知药品生产企业，同时迅速开展自查。医疗机构发现药品群体不良事件后应积极救治患者，迅速开展临床调查，分析事件发生的原因。药品监督管理部门可以采取暂停生产、销售、使用或召回药品等控制措施。

（五）药品不良反应报告程序和要求

药品生产、经营企业和医疗机构获知或发现可能与用药有关的不良反应，应通过国家药品不良反应监测信息网络报告，填写药品不良反应/事件报告表（表9-1）；不具备在线报告条件的，应通过纸质报表报所在地药品不良反应监测机构，由所在地药品不良反应监测机构代为在线报告。报告内容应真实、完整、准确。发现或获知新的、严重的药品不良反应须在15日内报告，其中死亡病例须立即报告；其他药品不良反应须在30日内报告。药品生产企业应对获知的死亡病例进行调查，详细了解死亡病例的基本信息、药品使用情况、不良反应发生及诊治情况等，并在15日内完成调查报告，报药品生产企业所在地的省级药品不良反应监测机构。获知或发现药品群体不良事件后应立即报告，必要时可以越级报告。

表9-1　药品不良反应/事件报告表

首次报告□　跟踪报告□　编码：＿＿＿＿＿＿
报告类型：新的□　严重□　一般□
报告单位类别：医疗机构□　经营企业□　生产企业□　个人□　其他□＿＿＿＿＿

患者姓名：	性别：男□女□	出生日期：　　年　月　日 或年龄：	民族：	体重（kg）：	联系方式：

原患疾病：	医院名称： 病历号/门诊号：	既往药品不良反应/事件：有□＿＿＿＿＿＿无□ 不详□ 家族药品不良反应/事件：有□＿＿＿＿＿＿无□ 不详□

相关重要信息：吸烟史□　饮酒史□　妊娠期□　肝病史□　肾病史□　过敏史□＿＿＿＿＿＿　其他□＿＿＿＿＿＿

药品	批准文号	商品名称	通用名称（含剂型）	生产厂家	生产批号	用法用量（次剂量、途径、日次数）	用药起止时间	用药原因
怀疑药品								
并用药品								

不良反应/事件名称：	不良反应/事件发生时间：　　年　月　日

不良反应/事件过程描述（包括症状、体征、临床检验等）及处理情况（可附页）：

不良反应/事件的结果：痊愈□　好转□　未好转□　不详□　有后遗症□　表现：＿＿＿＿＿＿
死亡□　直接死因：＿＿＿＿＿＿　死亡时间：　　年　月　日

停药或减量后，反应/事件是否消失或减轻？　　　　是□　否□　不明□　未停药或未减量□
再次使用可疑药品后是否再次出现同样反应/事件？　是□　否□　不明□　未再使用□

对原患疾病的影响：不明显□　病程延长□　病情加重□　导致后遗症□　导致死亡□

续表

关联性评价	报告人评价： 肯定□　很可能□　可能□　可能无关□　待评价□　无法评价□　签名： 报告单位评价：肯定□　很可能□　可能□　可能无关□　待评价□　无法评价□　签名：			
报告人信 息	联系电话：	职业：医生□　药师□　护士□　其他□＿＿＿＿		
	电子邮箱：		签名：	
报告单位信息	单位名称：	联系人：	电话：	报告日期：　年　月　日
生产企业请填写信息来源	医疗机构□　经营企业□　个人□　文献报道□　上市后研究□　其他□＿＿＿＿			
备注				

填表说明具体如下。

1. 怀疑药品　是指报告人认为可能与不良反应/事件发生有关的药品。

2. 并用药品　是指不良反应/事件发生时，患者同时使用的其他药品（不包括治疗不良事件的药品），而且报告人认为这些药品与不良反应/事件的发生无直接相关性。

3. 药品名称　填写商品名称和通用名称。如果商品名称没有或不详，统一填写"不详"。通用名称要填写完整，不可用简称，商品名称和通用名称不要混淆。

4. 生产批号　填写药品包装上的生产批号，请勿填写批准文号。

5. 用法用量　填写用药剂量和给药途径，包括每次用药剂量、给药途径、每日给药次数，例如：5mg，口服，每日 2 次。注意药品的剂型与用法是否相对应，药品的用量是否符合常规。

6. 用药起止时间　是指同一剂量药品开始和停止使用的时间。如果用药过程中改变剂量，应另行填写该剂量的用药起止时间，并予以证明。应按"××××年××月××日－××××年××月××日"格式填写，如果使用某种药品不足一天，应在不良反应过程中说明用药持续时间，如静脉注射一小时。

7. 用药原因　填写使用该药品的具体原因。如肺部感染。

8. 不良反应发生与转归

（1）不良反应/事件名称　对明确为药源性疾病的填写疾病名称，不明确的填写药品不良反应中最主要、最明显的症状。

（2）不良反应/事件过程描述及处理情况　不良反应过程描述填写应体现"3 个时间、3 个项目、2 个尽可能"，具体如下。

①3 个时间。a. 不良反应发生的时间。b. 采取措施干预不良反应的时间。c. 发生药品不良反应终结的时间。

②3 个项目。a. 药品不良反应第一次出现的相关症状、体征和相关检查。b. 药品不良反应动态变化的相关症状、体征和相关检查。c. 发生药品不良反应后采取的干预措施及结果。

③2 个尽可能。a. 不良反应/事件的表现在填写时要尽可能明确、具体。如为过敏

性皮疹，要填写皮疹的类型、性质、部位、面积等，严重病例应记录生命体征（体温、血压、脉搏、呼吸）。b. 与可疑不良反应/事件有关的辅助检查结果要尽可能明确填写。如怀疑某药引起药物性肝损害，应填写用药前后的肝功能变化，同时填写肝炎病毒学检验结果，所有检查要注明检查日期。

目标检测

一、选择题

（一）单项选择题

1. 企业应建立变更控制系统，对所有影响产品质量的变更进行评估和管理。需要经（　　）批准的变更应在得到批准后方可实施
   A. 质量管理部　　　　　　　　　B. 生产技术部
   C. 药品监督管理部门　　　　　　D. GMP 办公室

2. 企业应建立投诉与不良反应报告和监测制度，以下叙述错误的是（　　）
   A. 设立专门机构　　　　　　　　B. 配备专职的负责人
   C. 应建立操作规程　　　　　　　D. 配备兼职人员即可

3. 下列关于投诉的说法错误的是（　　）
   A. 企业应建立投诉操作规程，规定投诉登记、评价、调查和处理的程序
   B. 因可能的产品缺陷发生投诉时应采取措施，包括是否有必要从市场上召回药品
   C. 发现或怀疑某批药品存在缺陷，应只对本批次进行调查，不能涉及其他批次
   D. 投诉调查和处理应有记录，并定期回顾分析投诉记录

4. 企业应按照操作规程，对所有的药品按照品种进行产品质量回顾分析，频率是（　　）
   A. 每年一次　　　　　　　　　　B. 每2年一次
   C. 每半年一次　　　　　　　　　D. 每季度一次

5. 样品的容器应当贴有标签，可不用注明的内容有（　　）
   A. 样品名称、批号　　　　　　　B. 待检人
   C. 取自哪一包装容器、取样人等信息　D. 取样日期

6. 下列关于变更的说法错误的是（　　）
   A. 变更可以分为主要变更和次要变更
   B. 次要变更可以不做对产品质量潜在影响的评估，但主要变更必须做质量潜在影响的评估
   C. 企业应建立变更操作规程
   D. 企业应建立变更控制系统

7. 下列关于改变物料供应商的说法不正确的是（　　　）

　　A. 应对新的物料供应商进行质量评估

　　B. 应对产品进行相关的验证

　　C. 应对产品进行稳定性考察

　　D. 不必重新对供应商进行现场审计

8. 会同采购、生产等部门定期对主要供应商质量管理体系进行评估，负责的部门是（　　　）

　　A. 制造部门　　　　B. 监察部门　　　　C. 技术部门　　　　D. 质量管理部门

9. 下列关于偏差的说法不正确的是（　　　）

　　A. 应对重大偏差进行产品质量的潜在影响评估

　　B. 次要偏差可不进行其对质量的潜在影响评估

　　C. 对重大偏差的评估还应考虑是否需要对产品进行额外的检验以及对产品有效期的影响

　　D. 必要时，应对涉及重大偏差的产品进行稳定性考察

10. 下列关于成品的留样说法不正确的是（　　　）

　　A. 每批药品均应有留样

　　B. 留样的包装形式应与药品市售包装形式相同

　　C. 留样应按照注册批准的贮存条件至少保存至药品有效期后 3 年

　　D. 留样观察应有记录

11. 中药材、中药饮片和贵细药材一般不得少于检验所需用量的（　　　）

　　A. 2 倍　　　　B. 3 倍　　　　C. 4 倍　　　　D. 5 倍

12. 检验记录填写的任何更改都需在错误的地方画一条横线并使原有信息仍清晰可辨，书写正确信息后（　　　）

　　A. 签名　　　　　　　　　　　B. 盖公章

　　C. 签名和填写日期　　　　　　D. 盖公章和填写日期

13. 物料更换厂家、改变工艺，需（　　　）做一次留样分析，并做好记录

　　A. 3 个月　　　　B. 6 个月　　　　C. 9 个月　　　　D. 12 个月

14. 物料的放行应当符合的要求是（　　　）

　　A. 物料的质量评价内容应当至少包括生产商的检验报告、物料包装完整性和密封性的检查情况和检验结果

　　B. 物料的质量评价应当有明确的结论，如批准放行或其他决定

　　C. 物料应当由指定人员签名批准放行

　　D. 以上都是

15. 如变更可能影响药品的有效期，则质量评估还应当包括对变更实施后生产的药品进行（　　　）

　　A. 含量测定　　　B. 无菌检查　　　C. 稳定性考察　　　D. 水分测定

（二）多项选择题

16. 质量保证管理包括（　　）

  A. 物料和成品放行管理   B. 纠正和预防措施管理

  C. 生产过程质量控制管理   D. 变更控制

17. 药品生产企业对已确认发生严重不良反应的药品，应采取的措施有（　　）

  A. 及时告知医务人员相关信息 B. 修改标签和说明书

  C. 暂停生产   D. 主动召回

18. 以下哪几项是质量控制的基本要求（　　）

  A. 应配备适当的设施、设备、仪器和经过培训的人员

  B. 应有批准的操作规程，用于原辅料、包装材料、中间产品、待包装产品和
   成品取样、检查、检验，以确保符合 GMP 的要求

  C. 由质量控制实验室人员按照规定的方法对原辅料、包装材料、待包装产品
   进行取样

  D. 取样、检查、检验应有记录

19. 质量控制实验室的文件应当至少有（　　）

  A. 质量标准   B. 检验报告

  C. 检验标准操作规程   D. 仪器校准记录

20. 进口药品自首次获准进口之日起满 5 年的，应报告该进口药品的不良反应包括
  （　　）

  A. 所有的 B. 严重的 C. 新的   D. 发生率高的

二、思考题

1. 质量事故应遵循的处理原则有哪些？

2. 持续稳定性考察有什么要求？

  划重点   自测题

项目十 确认与验证管理

学习目标

知识要求

1. **掌握** 确认与验证的含义及分类；首次验证的流程；系统与方法验证、工艺验证、验证文件、验证总计划、确认与验证方案的主要内容。

2. **熟悉** 确认与验证的目的和作用；运输方式、冷链运输、检验方法、清洁、计算机化系统确认与验证的主要内容。

3. **了解** 确认与验证的关系；确认与验证组织的工作流程；持续工艺确认的主要内容；同步验证、再确认与再验证的适用条件。

能力要求

能根据标准和要求设计和制定确认与验证的计划及方案，能参与实施确认与验证，并编制相关的文件。

实例分析

实例 2017年3~6月，浙江省药品监督管理局组织对浙江都邦药业股份有限公司等7家药品生产企业开展飞行检查，其中检查浙江都邦药业股份有限公司时发现问题，主要缺陷如下：①企业对多品种生产的交叉污染进行了风险评估，2012年10月对配液、灌装系统的在线清洗灭菌方法进行了验证，但之后未因生产品种和数量的变化进行再确认。②企业的生产和质量管理部门未对委托生产产品的生产和质量进行有效监督，委托产品的生产质量情况也未纳入产品年度质量回顾报告中。省局对浙江都邦药业股份有限公司发出改正通知书，企业完成改正后上报改正报告，市局跟踪落实。

问题 为何企业因生产品种和数量的变化需要进行再确认？

任务一 确认与验证的概念

PPT

确认是证明厂房、设施、设备能正确运行并可达到预期结果的一系列活动。验证是证明任何操作规程（或方法）、生产工艺或系统能够达到预期结果的一系列活动。确认是已有明确的要求或标准，确认结果是证明对象与设计要求或标准的符合性；验证是已经有了明确的目的，验证结果是证明系统和过程的可靠性和重现性。确认是已有设计要求和标准的规定结论，检查是否被有效执行，无须探究其正确性；验证是用试验的方法，来检验设计要求和拟定标准是否正确。

你知道吗

GMP 验证的由来

据1976年美国会计总局统计，1965～1975年，从市场撤回大容量注射剂产品的事件超过600起，410名患者受到伤害，54人死亡。以致FDA成立了特别工作组，对美国的输液生产厂进行全面的调查。调查经历数年时间。

调查的结果表明，与事件相关的批并不是由于企业没做无菌检查或违反法规条款将不合格的批投放市场，而在于无菌检查本身的局限性、设备或系统设计建造的缺陷以及生产过程中的各种偏差及问题。FDA从调查的事实清楚地看出，输液产品的污染与各种因素有关。例如，调查中FDA发现箱式灭菌柜设计不合理；安装在灭菌柜上部的压力表及温度显示仪并不能反映灭菌柜不同部位被灭菌产品的实际温度等。从质量管理是系统工程的观念出发，FDA当时以"通过验证确立控制生产过程的运行标准，通过对已验证状态的监控，控制整个工艺过程，确保质量"为指导思想，强化生产的全过程控制，进一步规范企业的生产及质量管理实践，并制定了一个新的文件。这个文件即是1976年6月1日发布的《大容量注射剂GMP规程（草案）》，它首次将验证以文件的形式载入GMP史册。实践证明，验证使GMP的实施水平跃上了一个新的台阶，因此专家认为该规程是GMP发展史上新的里程碑。

📑 ▶ **任务二　确认与验证的目的与作用**

PPT

一、确认与验证的目的

确认与验证的目的都是以真实证据证明人员、硬件、软件达到GMP要求和相关标准。需提供以下书面证据。

（1）企业生产和质量岗位人员，特别是关键人员的资质、能力和经验符合GMP规范。

（2）厂房、设施、设备、工艺、检验方法设计符合预定用途和GMP规范。

（3）厂房、设施和设备的建造、安装、运行符合用户需求和设计标准。

（4）厂房、设施、设备在正确操作方法、工艺条件以及最差条件下能够持续符合标准。

（5）物料选择、采购、储运及供应商符合GMP规范和标准。

（6）工艺、检验方法、清洁方法经过确认或验证并符合GMP规范和标准。

（7）计算机系统及计算机化系统性能可靠并符合GMP规范和标准。

（8）纠正和预防偏差、关键因素变更符合GMP规范，并经风险评估。

（9）能够按设计的工艺参数持续生产出符合预定用途和注册要求的产品。

二、确认与验证的作用

药品生产企业实施确认与验证，具有以下作用。

（1）确保操作规程文件中有控制整个过程的运行标准，包括产品关键质量属性、常规生产及工艺控制中的关键工艺参数范围的工作指引和依据。

（2）确保厂房设施、系统、设备、计算机系统、物料、生产过程处于受控状态并持续保持最佳状态。

（3）确保厂房设施、系统、设备、计算机系统、工艺、物料、规程、生产过程、检验方法、清洁方法等新项目和改造项目变更后的可靠性。

（4）确保有关操作的关键要素能够得到有效控制。

（5）确保为相应的偏差纠正措施和预防措施提供依据。

（6）确保消除隐患，降低质量风险。

任务三 确认与验证的类型

PPT

确认按实施阶段的不同，可分为设计确认（DQ）、安装确认（IQ）、运行确认（OQ）、性能确认（PQ）。验证按实施阶段的不同，可分为首次验证、持续工艺确认、变更验证、同步验证、再确认与再验证；按实施项目的不同，可分为工艺验证、运输确认与验证、检验验证、清洁验证、计算机化系统验证。 微课

一、首次验证

首次验证必须有经过批准的供验证或确认用的文件，包括工艺规程、操作规程、批生产记录和首次验证方案，之后方可执行。

首次验证包括：设计确认、安装确认、运行确认、性能确认、系统与方法验证、工艺验证、运输确认与验证、检验验证、清洁验证、计算机系统验证。

首次验证通常进行连续三批验证，通过验证确立文件的各项依据。企业对验证的全过程负责，但实施验证过程中，验证的具体工作却并非完全由企业的人员承担。

> **请你想一想**
>
> 首次验证是按什么来划分的验证类型？有什么作用？

（一）设计确认

设计确认通常指对项目设计方案的预审查，包括平面布局、水系统、净化空调系统、待订购设备对生产工艺适用性的审查及对供应厂商的选定等。设计确认被认为是项目及验证的关键要素，因为设计的失误往往会造成项目的先天性缺陷。

设计确认是由科研机构、设计单位、咨询机构专家、本企业主管生产技术负责人和专业技术人员参加，对设计进行审查和确认。邀请资深专家参与设计确认是非常有益的。

设计确认主要包括以下方面。①设计选型、性能参数范围设定。②按用户需求标准对主要性能指标进行确认，如生产能力、产品规格、主要技术参数、噪声等。③主要工艺功能。④可清洗和消毒（灭菌）性。⑤关键部分材质。⑥电气系统和控制功能。⑦安全保护功能。⑧与设备及相关公用设施的接口关系。⑨结构和外观。

（二）安装确认

安装确认主要指机器设备安装后进行的各种系统检查及技术资料的文件化工作。安装确认旨在证明制药设施、系统和设备安装符合随机安装手册提供的技术要求，且其外形特征和规格、电气特性和设备性能都将被验证。

从原则上看，安装确认包括两方面的工作。①核对供应商所提供的技术资料是否齐全：如设备、仪表、材料的合格证书、设备总图、零部件图纸、操作手册、安装说明书、备品备件清单等，并根据所提供资料与设备核对，检查到货与清单是否相符，是否与订货合同一致。②根据工艺流程、安装图纸检查设备的安装情况，如设备的安装位置是否合适、管路焊接是否光洁、所配备的仪表精度是否符合规定要求、安装是否符合供货商提出的安装条件等。

> **请你想一想**
> 企业新购进了电子天平，需要进行安装确认，需要准备哪些资料，如何进行确认呢？

（三）运行确认

运行确认为证明设备或系统达到设定要求而进行的各种运行试验及文件化工作。运行确认旨在通过对制药设备各功能的测试、空载和负载运行，确认制药设备运行、操作和控制性能符合相应生产工艺条件和生产能力的要求。

运行确认内容主要包括以下方面。①工作条件确认。②功能确认。③空载、负载运转确认。④控制程序确认。⑤安全性能确认。⑥各项技术指标确认。⑦负载运行可靠性试验。

> **请你想一想**
> 为什么要进行设备空载和负载时的运行确认？

（四）性能确认

性能确认是为证明设备或系统达到设计性能的试验，就生产工艺而言也可以指模拟生产试验。性能确认是旨在证明制药设备的运行达到预定用途而进行的系统性试验，通过观察、记录、取样检测等手段，采集及分析数据，考察制药设备运行的可靠性、主要参数的稳定性和结果的重现性。

性能确认一般要求在安装确认和运行确认合格后进行，用替代物或实际生产原材料按设定的程序进行系统性运行，必要时进行挑战性试验。

性能确认的主要内容包括以下方面。①在负载运行条件下，对药品生产要求的适应性。②生产能力。③药品生产质量相关指标。④运行结果的重复性。⑤控制精度准确性。⑥安全性

> **请你想一想**
> 性能确认主要内容包括些什么？它跟运行确认有何异同？

能。⑦负载运行的可靠性试验。⑧其他所需的挑战性试验。

（五）工艺验证

工艺验证是证明工艺在设定参数范围内，能有效稳定地运行并生产出符合预定质量标准和质量特性药品的验证活动。

1. 工艺验证的阶段

（1）工艺设计阶段 在该阶段，基于从开发和工艺放大过程中得到的经验确定商业化生产工艺。

（2）工艺评价阶段 在该阶段，对已经设计的工艺进行确认，证明其能够进行重复性的商业化生产。

（3）持续工艺确证阶段 在该阶段，工艺的可控性在日常生产中得到持续地保证。

2. 工艺验证内容

（1）工艺过程的设计，包括批量等。

（2）关键质量属性的设计及可接受限度。

（3）关键工艺参数的设计及设定参数范围。

（4）应当进行验证的其他质量属性和工艺参数的设计。

（5）确认使用的主要设备、设施清单以及校准状态。

（6）产品放行的质量标准。

（7）使用的检验方法并列清单。

（8）中间控制参数及其范围。

（9）拟进行的包括最差条件挑战试验等额外试验及其测试项目的可接受标准和已验证的用于测试的分析方法。

（10）取样方法及计划。

（11）记录和评估结果的方法，包括偏差处理。

（六）运输确认与验证

运输方式确认与验证的主要内容如下。①法规、批准文件、标准及客户需求的符合性确认。②运输影响因素的敏感度确认或验证试验运输确认。③其他不可预见影响因素的评估和监控。除温度外，还应当考虑和评估运输过程中的其他相关因素对产品的影响，如湿度、振动、操作、运输延误、数据记录器故障、液氮冷冻储存方式、产品对环境因素的敏感性等。在产品运输过程中可能会遇到各种不可预计的情况，运输确认应当对关键环境条件进行连续监控。

对于有冷藏、冷冻要求的物料和产品运输，依据《药品冷链物流运作规范》（GB/T 28842—2012）要求，应对冷藏和冷冻的运输条件、运输过程、冷藏车及其温度控制和监控进行确认或验证。冷链运输确认与验证的主要内容如下。①冷链运输用户需求的确认：冷链储运应满足用户的冷藏需求。②冷链运输温度监控及温度数据可追溯性确认：冷链运输应提供温度监控记录，确保运输过程中温度可追溯，并予以确认。

③冷链运输温度异常应急预案确认或验证：冷链运输应制定温度要求的制度应急预案并经确认或验证。④冷链运输受托方质量保证体系的确认：应查验受托方的冷链条件，签订合同时应明确温度要求。

（七）检验方法确认与验证

检验方法验证的目的是证明建立的方法适合相应的检测要求。在建立药品质量标准、变更药品生产工艺或制剂组分、修订原分析方法时，需对分析方法进行验证。

验证的分析项目有鉴别试验、杂质测定（限度或定量分析）、含量测定（包括特性参数和含量/效价测定，其中特性参数包括药物溶出度、释放度等）。

验证的指标有专属性、准确度、精密度（包括重复性、中间精密度和重现性）、检测限、定量限、线性、范围和耐用性。在分析方法验证中，须用标准物质进行试验。由于分析方法具有各自的特点，并随分析对象而变化，因此需要视具体情况拟订验证的指标。表 10 – 1 中列出的分析项目和相应的验证指标可供参考。

表 10 – 1　检验方法验证项目和相应的验证指标

指标 ＼ 项目	鉴别	杂质测定		含量测定
		定量	限度	
专属性	+	+	+	+
准确度	—	+	—	+
精密度	—	+	—	+
检测限	—	—	+	—
定量限	—	+	—	—
线性	—	+	—	+
范围	—	+	—	+
耐用性	+	+	+	+

（八）清洁验证

清洁验证是有文件和记录证明所批准的清洁规程能有效清洁设备，使之符合药品生产的要求。清洁验证主要内容如下。

（1）设备使用及被清除物质的情况。

（2）所使用的清洁剂和消毒剂性质。

（3）取样方法和位置。

（4）取样回收率。

（5）活性物质残留、清洁剂和微生物污染的限度标准。

（6）残留物检验方法的灵敏度。

（7）使用清洁剂、其去除方法及残留量的限定。

（8）设备的清洁效果的持续确认。

（9）基于法定标准的毒理试验数据或毒理学文献资料评估的活性物质残留限度

标准。

（10）细菌内毒素污染评价。

你知道吗

清洁验证的取样方法

当清洁人按照标准操作程序的要求对设备进行清洗后，就要对其进行取样检验。取样方法应根据设备的类型、被取样点的材料、设备的结构、取样点的方便性和重现性等综合确定，也可以采用几种取样方法，使得各取样方法得到补充。取样点数目应根据设备的复杂性、结构、材料的不同部位及设备的总尺寸确定。较常采用的取样方法有以下两种。

1. 洗液法　取清洗过程中最终洗出液作为被检样品的方法。适用于贮罐、提取罐、浓缩设备、喷雾干燥收粉设备、管道、混料机、搅拌釜、包衣锅、液体制剂灌封机等内部残留物的测试。

2. 棉签取样　取样棉签应不易脱落纤维，能很好被清洗溶剂所润湿，不对清洁验证的检测产生影响，且有一定的机械强度和韧性，能对设备表面产生一定的压力和摩擦力。取样时，用清洁的或含有乙醇的棉签等擦拭指定的区域面积，适用于各种机械表面残留物的测定。取样部位必须选择机械设备的边角，即最容易被固体残留物、液体玷污的地方作为清洗的验证关键点，取样面积一般为25平方厘米/棉签。

（九）计算机系统的验证

计算机系统及计算机化系统的验证范围与程度应当基于科学的风险评估，应当充分考虑计算机化系统的使用范围和用途，应当涵盖药品生产质量管理全过程。计算机化系统代替人工操作时，还应当考虑用药人安全、数据的完整性、真实性和一致性、审计可追踪性和产品质量，应当在计算机化系统生命周期中保持其验证状态。计算机系统确认与验证的主要内容如下。

（1）人员资质、培训确认。

（2）系统供应商管理操作规程的确认。

（3）计算机系统及计算机化系统安装位置的确认。

（4）计算机系统、计算机化系统清单的确认。

（5）软件验证。

（6）首次验证。

（7）访问与使用权限的验证与确认。

（8）人工输入数据的准确性确认与验证。

（9）数据完整性、一致性、可追踪性确认。

（10）计算机化系统变更的验证系统变更。

（11）计算机系统故障损坏应急的验证。

（12）物料与产品放行的确认。

（13）电子数据合规性的确认。

（14）数据备份的确认与验证。

二、持续工艺的确认

持续工艺的确认是指在产品生命周期中，应当进行的对商业化生产的产品质量进行监控和趋势分析，以确保工艺和产品质量始终处于受控状态的确认。

在产品生命周期中，考虑到对工艺的理解和工艺性能控制水平的变化，应当对持续工艺确认的范围和频率进行周期性的审核和调整。持续工艺确认的结果可以用来支持产品质量回顾分析，确认工艺验证处于受控状态。当趋势出现渐进性变化时，应当进行评估并采取相应的措施。在持续工艺确认中，生产工艺保持验证受控状态的主要措施如下。

（1）设备设施的预防性维护保养。

（2）计量仪器、仪表的定期校准。

（3）变更控制。

（4）包括物料采购、生产管理、质量控制中的生产过程控制。

（5）产品年度回顾分析。

（6）再确认与再验证管理。

三、变更验证

变更验证指影响产品质量的因素发生变化时，需进行并达到预期结果的验证。为防止随意变更导致不期望的后果发生，使变更后的生产管理与质量控制处于受控状态，须对变更进行控制，对产品特性有潜在重大影响的变更须经确认和验证，并增加额外的检验与稳定性考察，以确定变更的合理性。药品生产变更涉及的情形如下。

（1）产品所用原辅料、与药品直接接触的包装材料的所有变更，尤其是来自新供应商的原辅料、与药品直接接触的包装材料。

（2）生产设备发生变更，特别是更换了不同设计和不同操作原理的生产设备。

（3）生产环境、厂房发生变更，特别是生产在不同建筑物内，生产设备、人员、操作规程、环境条件、空气洁净度等均发生变化的。

（4）生产工艺、关键中间控制点发生变更的。

（5）关键中间控制点及成品的检验结果出现异常。

（6）所有重大偏差及相关的调查、所采取的整改措施和预防措施的有效性考察结果不符合要求或出现异常。

（7）检验方法发生变更。

（8）已批准或备案的药品注册发生变更。

（9）稳定性考察的结果及出现的任何不良趋势。

（10）所有因质量原因造成的退货、投诉、召回及调查结果。

（11）相关设备和设施，如空调净化系统、水系统、压缩空气等的确认状态结果不符合要求或异常。

（12）委托生产或检验的技术合同履行情况不符合要求或出现异常。

药品生产企业这些情形发生变更时，应当进行确认或验证，其中涉及物料、设备、工艺、检验方法等主要变更须经药品监督管理部门批准。

四、同步验证

同步验证是指生产过程中，在某项工艺运行的同时进行的验证，即从工艺实际运行过程中获得的数据作为验证文件的依据，以证明某项工艺达到预定要求的一系列活动。

同步验证的适用条件：生产及工艺条件的监控比较充分，应有完善的取样计划，有经过确认或验证的检验方法，对所验证的产品或工艺已有相当的经验及把握。

五、再确认与再验证

再确认与再验证是对设施、设备和工艺（包括清洁方法）应当进行定期评估，以确认它们持续保持验证状态。

关键的生产工艺和操作规程应定期进行再验证，确保其能够达到预期效果。应采用质量风险管理方法，评估变更对产品质量、质量管理体系、文件、验证、法规符合性、校准、维护和其他系统的潜在影响，必要时，进行再确认或再验证。当验证状态未发生重大变化，可采用对设施、设备和工艺等的回顾审核，来满足再确认或再验证的要求。当趋势出现渐进性变化时，应当进行评估并采取相应的措施。

1. 再确认与再验证方法的适用条件

（1）关键质量属性和关键工艺参数均已确定。

（2）已确立了合适的中间控制和可接受标准。

（3）从来没有因为除了操作人员失误或设备故障这些与设备适应性无关的因素之外的原因而造成值得注意的生产过程或产品的不合格。

（4）现有成品的杂质情况已确定。

2. 再确认与再验证的适用情形

（1）灭菌工艺的有效性定期进行再验证，每年至少一次。

（2）对检验方法获得的结果进行趋势分析，发现系统性偏差。

（3）对工艺方法进行了修订，工艺条件、生产作业有关规程发生了变更。

（4）程序、生产过程、设备、物料、活动或系统验证后经过一段使用时间，对其的再次验证。

（5）关键设备、仪器更新或大修。

（6）程控设备经过一定时间的运行。

（7）批次量数量级的变更。

如果认为变动是较小的，一般只需再确认而无须再验证，但必须有书面的评价和技术上的理由，必须填写变动控制程序申请。

任务四　确认与验证的组织与管理

一、确认与验证组织

药品生产企业中，确认与验证是一个经常性工作，需投入资金、时间和人力资源，并进行协调、管理。验证对象涉及部门的直接负责人为部门负责人，验证执行区域主管组织相关人员进行验证文件的起草和验证工作的具体实施，负责验证实施过程的跟踪和验证相关操作人员的培训，对整个验证过程方案起草、实施过程、出具报告负责。

企业根据不同确认与验证对象，分别组建由相关部门人员参加的项目验证小组，明确各个验证小组成员的责任，由主管验证工作的企业负责人担任验证组织负责人。目前国内外已有一些咨询机构，专门提供企业验证服务，但企业日常确认与验证管理工作主要还是依靠企业内部组织完成。

二、确认与验证组织的职责

药品生产企业确认与验证组织的主要职责如下。

（1）负责建立项目确认与验证小组，指导和检查确认与验证工作。

（2）制定和修订有关确认与验证的操作规程。

（3）负责确认与验证所需的培训。

（4）审批确认与验证计划、方案及其变更。

（5）指导和监督确认与验证项目的实施。

（6）指导确认与验证文件的编制和管理。

（7）审批确认与验证过程的每个阶段的具体方案和报告。

（8）负责确认与验证文件的审批和管理。

三、确认与验证组织的工作流程

（一）制订确认与验证总计划

由企业确认与验证小组按 GMP 规范，针对企业的厂房设施、系统、设备、生产过程、活动等制订确认与验证总计划，提交企业确认与验证负责人批准。

（二）确定确认与验证项目

确认与验证项目由企业确认与验证组织或生产技术、质量管理、工程部门、车间等各有关部门提出，提交企业确认与验证组织审核，企业确认与验证负责人批准确定。

（三）实施确认与验证

1. 确认与验证方案的制定　确认与验证方案由验证项目小组专业人员起草，确认与验证方案经确认与验证小组审核通过，并交由企业确认与验证负责人批准。

2. 确认与验证的实施　确认与验证方案批准后，由确认与验证项目小组组织实施。验证小组负责主持试验，收集、整理数据，分析并经风险评估，起草阶段性和最终结论文件，交由企业确认与验证负责人审批。

3. 确认与验证结果的审核评价　对厂房、设施、设备、物料、产品、工艺、方法、系统等确认或验证后，对所有数据分析后得出确认或验证结果和评价。上报企业确认与验证负责人审批，在确认与验证实验完成后，只要结果符合要求，企业确认与验证负责人审核批准已确认或验证的产品投入生产，生产活动照常进行。如发现结果出现异常，则应暂停生产，调查原因，再次验证，并对产品做额外的检验和持续稳定性考察。

总的来说，一般情况下按以下流程进行：根据验证总计划和实际情况确定验证项目→部门负责人指定相关验证负责人→起草验证方案→组织相关人员讨论定稿→审批验证方案→组织实施过程并记录→出具验证报告→审批验证报告→建立验证档案→验证报告归档。

任务五　确认与验证文件的编制

PPT

一、文件内容

验证文件主要包括验证总计划、验证方案、验证原始记录、验证报告等。

（一）验证总计划

验证总计划，也称项目验证规划，它是项目工程整个验证计划的概述。验证总计划一般包括：项目概述，验证的范围，所遵循的法规标准，被验证的厂房设施、系统、生产工艺，验证的组织机构，验证合格的标准，验证文件的要求，验证大体进度计划等内容。

（二）验证方案

验证方案是一个阐述如何进行验证并确定验证合格标准的书面计划。举例来说，某一生产工艺的验证应说明所用的设备、关键工艺参数或运行参数的范围、产品的性状、取样计划、应当收集的数据、验证试验的次数和验证结果可以认可的标准。同批生产记录相类似，验证方案通常由三大部分组成：一是指令，阐述检查、校正及试验的具体内容；二是设定的标准，即检查及试验应达到什么要求；三是记录，即检查及试验应记录的内容、结果及评估意见。

确认与验证方案由验证小组专业人员起草，内容如下。①验证文件的编制、审核与批准。②验证小组人员登记表，包括人员姓名、所属部门、职务、分工。③验证目的。④确认与验证对象基本情况。⑤执行标准和规范。⑥使用仪器登记表。⑦试验内容、要求、合格标准、试验方法。⑧试验结果分析。⑨偏离说明与结论。

确认与验证方案经验证小组审核通过，交由企业验证负责人批准。

你知道吗

工艺验证方案内容

工艺验证方案内容主要包括：工艺的简短描述，包括批量等；关键质量属性的概述及可接受限度；关键工艺参数的概述及其范围；应当进行验证的其他质量属性和工艺参数的概述；所要使用的主要设备、设施清单以及它们的校准状态；成品放行的质量标准；相应的检验方法清单；中间控制参数及其范围；拟进行的额外试验，以及测试项目的可接受标准，和已验证的用于测试的分析方法；取样方法及计划；记录和评估结果的方法，包括偏差处理；职能部门和职责；建议的时间进度表。

（三）验证的原始记录

验证按预先制定并批准的方案实施。验证方案包括指令及记录两大部分，即除了规定了应当如何做、达到什么标准以外，还规定了应当完成的记录。指令有时只有文件的编号，如清场的操作规程，内容需要从相应的规程中查阅。验证的记录应及时、清晰并有适当的说明。

（四）验证报告

验证报告是对验证方案及已完成验证试验的结果、漏项及发生的偏差等进行回顾、审核并做出评估的文件。

验证报告包括简介、系统描述、相关的验证文件、人员及职责、验证可接受标准、验证的实施情况、验证实施的结果、偏差及措施以及验证的结论。

二、文件标识

每个文件的封面、页眉应包含下列文件标识性信息：文件编号、版本号（修订版本号）、页码、文件标题、起草人、审核人和批准人的信息（如姓名、所属的部门、职务等）以及签署内容和日期。

验证文件的标识是使验证资料具备可追溯性的重要手段，与其他 GMP 文件一样，每一文件都须用专一性的编号进行标识。标识的方法与操作规程或批生产记录相类似。

三、文件审批

所有的验证文件必须审核、批准并签注姓名和日期。验证实施人员按文件要求实施验证，观察并做好验证原始记录，对实施验证的结果负责。审核人员通常为专业技术人员，应确保文件准确可靠，并审核确认其中的内容与结论。生产技术部或设备工程部门负责人应当通过验证，熟悉并掌握保持稳定生产的关键因素，以便履行各自的职责。应提供验证所必需的资源、人员、材料、时间及服务，他们的会签意味着对验证试验可行性或对验证报告和验证小结中的结果、建议及评估结论的认可。

　　验证文件是重要的质量管理体系，它直接关系到验证活动的科学性、有效性以及将来的产品质量水平。因此，必须经主管验证的企业负责人认可和批准。文件须经过质量管理部门负责人签字批准，以保证验证方法、有关试验接受标准、验证实施过程及结果符合 GMP 规范和企业内控标准的要求。

目标检测

一、选择题

（一）单项选择题

1. 下列情形变更时，应进行验证的为（　　　）

A. 操作人员　　　　　　　　　　B. 检验方法

C. 运输包装　　　　　　　　　　D. 生产用盛装器具

2. 下列选项中，不属于检验方法验证内容的为（　　　）

A. 准确度　　　　　　　　　　　B. 专属性

C. 取样方法和位置　　　　　　　D. 范围和耐用性

3. "性能确认"缩写为（　　　）

A. DQ　　　　　B. IQ　　　　　C. OQ　　　　　D. PQ

4. "安装确认"缩写为（　　　）

A. DQ　　　　　B. IQ　　　　　C. OQ　　　　　D. PQ

5. "运行确认"缩写为（　　　）

A. DQ　　　　　B. IQ　　　　　C. OQ　　　　　D. PQ

6. 哪种情况不需要再验证（　　　）

A. 设备保养、维护后　　　　　　B. 关键工艺和质量控制方法变更

C. 生产操作规程变更　　　　　　D. 主要原辅料、内包材变更

（二）多项选择题

7. 应当建立确认与验证的文件和记录，并能以文件和记录证明达到以下哪些预定的目标（　　　）

A. 设计确认应当证明厂房、设施、设备的设计符合预定用途和 GMP 要求

B. 安装确认应当证明厂房、设施、设备的建造和安装符合设计标准

C. 运行确认应当证明厂房、设施、设备的运行符合设计标准

D. 性能确认应当证明厂房、设施、设备在正常操作方法和工艺条件下能够持续符合标准

8. 下列属于影响产品质量的主要因素变更，均应当进行确认或验证，且必要时还应当经药品监督管理部门批准的是（　　　）

　　A. 原辅料、与药品直接接触的包装材料变更

　　B. 生产设备、生产环境（或厂房）、生产工艺变更

　　C. 检验方法变更

　　D. 人员变更

9. 下列情形中，应当对检验方法进行验证的是（　　　）

　　A. 采用新的检验方法

　　B. 检验方法需变更的

　　C. 采用《中国药典》及其他法定标准未收载的检验方法

　　D. 法规规定的其他需要验证的检验方法

10. 验证是（　　　）

　　A. 为了 GMP 认证的需要　　　　　　B. 实施 GMP 的一部分

　　C. 为了保证药品质量　　　　　　　　D. 为了证明生产过程的可靠性

11. 验证的意义是（　　　）

　　A. 降低偏差风险　　　　　　　　　　B. 降低生产缺陷成本

　　C. 应对药品监管部门的检查　　　　　D. 证明生产工艺处于受控状态

12. 工艺验证主要是对（　　　）进行验证

　　A. 生产设备的适用性

　　B. 成品检验方法的符合性

　　C. 特定条件下工艺的合理性

　　D. 成品质量产生差异和影响的主要工艺条件

13. 清洁验证的关注点是（　　　）

　　A. 清洁方法和程序　　　　　　　　　B. 清洁剂和清洁效果

　　C. 清洁对象和地点　　　　　　　　　D. 残留物检测仪器和方法

14. 设备的设计确认的主要内容有（　　　）

　　A. 设备的性能参数

　　B. 符合 GMP 要求的材质

　　C. 结构便于清洁和操作

　　D. 选型符合国家标准、满足药品生产需要

15. 药品生产企业的验证项目应包括（　　　）

　　A. 厂房设施　　　B. 生产设备　　　C. 生产工艺　　　D. 组织机构

16. 性能确认的主要内容有（　　　）

　　A. 观察设备空转正常　　　　　　　　B. 设备运转速度、工艺参数的波动

　　C. 产品内、外观质量情况　　　　　　D. 操作安全和保护功能

17. 工艺验证的主要内容有（　　　）

　　A. 工艺参数的合理性、准确性　　　　B. 生产控制手段的可靠性、重现性

　　C. 厂房设施、设备的适用性　　　　　D. 中间产品、成品质量的符合性

18. 验证的组织机构是（　　　）

　　A. 质量管理部门　　　　　　　　　　B. 验证领导小组或验证委员会

　　C. 验证实施小组　　　　　　　　　　D. 生产管理部门

19. 回顾性验证不适用于（　　　）

　　A. 试生产和新产品　　　　　　　　　B. 无菌制剂

　　C. 设备验证　　　　　　　　　　　　D. 已上市非无菌产品

20. 关于验证的正确表述包括（　　　）

　　A. 设定验证标准原则：合法性、国际公认惯例、质量保证

　　B. 验证必要条件：基本具备 GMP 条件

　　C. 验证设施：必须有验证方案和计划书

　　D. 验证的要求：用最终产品检测结果推论生产过程是合理的

二、思考题

1. 验证的目的有哪些？

2. 验证一般流程是什么？

3. 检验方法验证指标有哪些？

微课　　　　　　　　划重点　　　　　　　　自测题

项目十一 委托生产与委托检验管理

学习目标

知识要求

1. **掌握** 药品委托生产的概念、类型、范围；委托方与受托方的责任；委托生产合同内容。
2. **熟悉** 委托生产与委托检验的法规规定。
3. **了解** 药品委托生产和委托检验的审批流程。

能力要求

1. 能按照要求对受托生产企业进行评估。
2. 能按照规定和标准对药品委托生产全过程进行监控。

实例分析

实例 药品上市许可持有人 A 公司委托 B 公司生产药品 C，约定生产数量为 N 并委托其代为销售。不久，A 公司的业务人员发现市场出现较多的低价药品 C。经查，货源来自 B 公司的关联销售公司 B1，遂以 B 公司超过委托数量私自加工为由，举报到药品监督管理部门。药监部门经调查，认为 B 公司作为受托方生产手续合法，B 公司和 B1 公司经营证照齐全，并未违反《药品管理法》和《药品生产质量管理规范》的一般性规定，仅就履行委托生产合同中的具体数量条款发生争议，可双方协商或经工商行政管理部门抑或司法途径解决。

问题 1. 你知道哪些情况下可以进行药品的委托生产吗？
2. 签订委托合同时，委托方和受托方各自需要明确哪些方面的内容以避免纠纷？

任务一 委托生产与委托检验

PPT

一、概述

药品委托生产是指合法取得药品批准证明文件的药品生产企业或药品上市许可持有人因产能不足、技术改造暂不具备生产条件及药品上市许可持有人无生产能力不能供应市场的情况下，委托其他药品生产企业生产该药品品种的行为。

目前，国内一些药品生产企业由于技术改造暂不具备生产条件或产能不足而采取委托生产以满足市场供应，既解决了委托企业的生产困境，也解决了受托企业药品生产设施闲置和

请你想一想

药品委托生产是国际上通行的办法，它具有什么样的意义？

产能过剩的问题，有利于市场的平衡。同时，境外药品生产企业受到我国良好的招商引资环境及庞大的消费市场吸引，将药品委托给我国药品生产企业生产，从而降低生产和运输成本、节约时间。同时，这一状况也促使国外先进的生产技术和管理方式以及规范要求引入我国，促进了我国医药产业的发展。

二、委托生产的类型

1. 药品上市许可持有人委托生产　药品上市许可持有人不具备相应生产资质的，须委托试点行政区域内具备资质的药品生产企业生产批准上市的药品。持有人具备相应生产资质的，可以自行生产，也可以委托受托生产企业生产。

2. 产能不足的委托生产　药品生产企业只有在自身产能不足以满足市场需要的前提下，才能够委托其他药品生产企业代为生产。

3. 异地改造委托生产　药品生产企业因异地改造而无法正常进行药品生产或无检验能力，为确保产品的市场供应，可以申请进行委托生产。

4. 境外厂商委托生产　生产企业受境外制药厂商委托进行药品加工。

三、委托检验

药品生产企业对受托方审核时，应考察其质量控制实验室条件、人员条件、仪器试剂条件、管理标准和规程条件是否符合检验要求，对于符合要求条件的，可委托检验，出具检验报告书。对于质量控制实验室条件有缺陷的，应协助改造，补充仪器、人员，并对人员进行业务培训考核，直到达到标准要求。应对受托方检验全过程进行指导和监控。

你知道吗

委托生产的管理规定

2014 年 8 月，国家食品药品监督管理总局颁布了局令第 36 号文《药品委托生产监督管理规定》，对药品委托生产的管理做出明确的规定。

委托方和受托方均应是持有与委托生产药品相适应的 GMP 认证证书的药品生产企业，药品上市许可持有人不受此限制。委托方应当取得委托生产药品的批准文号。

委托生产药品的质量标准应当执行国家药品标准，其药品名称、剂型、规格、处方、生产工艺、原料药来源、直接接触药品的包装材料和容器、包装规格、标签、说明书、批准文号等应当与委托方持有的药品批准证明文件的内容相同。

在委托生产的药品的包装、标签和说明书上，应当标明委托方企业名称和注册地址、受托方企业名称和生产地址。药品上市许可持有人委托生产的，应标明其信息。

麻醉药品、精神药品、药品类易制毒化学品及其复方制剂，医疗用毒性药品，生物制品，多组分生化药品，中药注射剂和原料药不得委托生产。

任务二　委托方和受托方的责任与义务

PPT

一、委托方的责任与义务

经药品监督管理部门批准的药品委托生产实施后，委托方应对受托方相关人员进行全过程指导、培训和监督。委托方应进行完善技术研究工作，保证产品质量。

（1）实施委托生产后，受托方的生产设施、设备发生变更的，委托方应对变更给生产工艺带来的影响进行研究，委托方应依据验证结果为受托方提供合理的生产工艺及产品工艺关键控制点，以有效指导受托方生产。

（2）委托方应确保受托方使用的物料和提供的所有产品符合质量标准，保持与委托方的质量一致性，由受权人批准放行。

（3）生产工艺或检验仪器发生变更后，应对工艺和检验方法进行确认或验证，确保工艺执行和检验与委托方的一致性。

（4）委托方应定期对受托方生产药品的质量进行分析研究，尽可能使受托方与委托方生产的产品质量保持一致，如不一致，应调查原因，改进工作，对相关人员进行培训和指导。

（5）如质量标准发生了变化，应进行确认或验证。受托方关键生产步骤的设备、型号、技术参数和产能变更后应经确认或验证，对委托生产前后批量变化情况进行对比分析。

（6）委托方定期对受托企业进行质量管理体系、质量风险和产品质量评审。根据评审结果和受托方的工作绩效，采取互利共赢政策，建立战略伙伴关系，对达不到委托生产要求拒不配合改正的，应及时终止与其合作。

（7）委托生产批件到期后延续委托生产的，应对委托生产产品质量进行回顾分析，对发现的问题采取纠正和预防措施。

（8）变更委托方和受托方企业名称的，应向原药监批准部门提交申请材料。

> **请你想一想**
> 当委托生产的产品出现质量问题时，应当由哪一方负责？

二、受托方的责任与义务

受托方必须具备足够的厂房、设备、知识和经验以及人员，满足委托方所委托的生产或检验工作的要求。受托方应当确保所收到委托方提供的物料、中间产品和待包装产品适用于预定用途。受托方不得从事对委托生产或检验的产品质量有不利影响的活动，应严格按照委托方的技术要求、质量要求完成委托生产过程。受托方在没有取得委托方的事先评价和同意之前，不得将根据合同委托给企业的任何工作转让给第三方。受托方应满足下列要求。

（1）按 GMP 要求完善本企业管理机构。

（2）按 GMP 要求对委托产品的工艺进行确认和验证。

（3）应建立严格的物料管理标准。

（4）应严格按程序和标准组织生产。

（5）应严格按标准进行检验。

（6）应加强产品质量风险管理工作。

（7）应加强生产过程中所有涉及变更管理的相关工作。

（8）应加强企业自检工作。

（9）受托企业的药品生产厂房不得用于生产对药品质量有不利影响的非药用产品。

三、委托生产与委托检验合同

为确保委托生产与委托检验的产品质量的准确性和可靠性，明确委托方和受托方的责任与义务，双方必须签订书面合同，具体规定双方于药品委托生产与委托检验过程中，在技术、质量控制等方面的责任和义务及相关的技术事项。委托生产的所有活动，包括在技术或其他方面拟采取的任何变更，均应当符合药品生产许可和注册的有关要求。合同通常应包括以下内容：①质量协议。②明确双方职责，包括物料的采购、检验和放行，产品的质量标准、工艺规程，储存、运输要求及日常监督等内容。③委托费用。④违约责任。⑤争议处理。⑥双方落款签字盖章。

任务三 委托生产和委托检验的审批

PPT

一、委托生产的审批

委托方应当向省级药品监督管理部门提交以下材料。

（一）首次审批申报材料

（1）委托生产书面申请报告，另附《药品委托生产申请表》，申请事项为药品委托生产。委托生产如在不同省份的，还须提交受托方所在地省级药监部门审查意见。

（2）委托方与受托方的《药品生产许可证》复印件。

（3）受托方的药品 GMP 认证证书复印件。

（4）委托方对受托方生产和质量保证条件的考核情况。

（5）委托方拟委托生产药品的批准证明文件复印件并附质量标准、生产工艺。

（6）委托方拟委托生产药品经批准的包装、标签和使用说明书实物以及委托生产药品拟采用的包装、标签和使用说明书式样及色标。

（7）委托生产合同。

（8）受托方所在地省级药品检验所出具的连续三批产品检验报告书。

（二）委托生产延期申报材料

《药品委托生产批件》有效期届满需要继续委托生产的，委托方应当在有效期届满

30 日前办理延期手续，除提交与首次申请相同的资料外，还需要提交下列材料。

（1）前次批准的《药品委托生产批件》复印件。

（2）前次委托生产期间，生产、质量情况的总结（包括每批次产品的质量情况）。

（3）与前次《药品委托生产批件》生产条件发生变化的证明文件。

（4）委托生产合同（要有具体规定双方在药品委托生产技术、质量控制等方面的责任和义务）。

（5）前次委托生产期间，药品监督管理部门对委托生产双方现场检查的报告或记录的复印件。

（6）同一受托方，受托生产地址不变但生产线发生变化的，除按延期申请要求提交申请材料外，还应提交补充材料。

（7）变更委托方和受托方企业名称，需提交申请报告及相关材料。

（三）审批流程

（1）委托方向所在地的省级药品监督管理部门提交委托加工申请资料。

（2）省级药品监督管理部门安排检查人员对受托方现场（动态生产）质量保证体系进行检查，出具质量保证体系考核意见，同时对受托方生产的三批产品进行抽样送当地省级药品检验所检验。

（3）经省级药品监督管理部门审查符合规定的，予以批准，并向委托方发放《药品委托生产批件》，不符合规定的，书面通知委托方并说明理由。《药品委托生产批件》有效期不得超过 3 年。

二、委托检验的审批

药品生产企业对所生产的制剂产品必须按照质量标准的要求进行全部项目的检验。除动物试验暂可以委托检验外，其余各检验项目不得委托其他单位进行。菌、疫苗制品的动物试验不得委托检验。

需要委托第三方检验机构进行检验的，需要向省级药品监督管理部门提交以下申报材料。

（1）委托检验备案表（一式三份）。

（2）加盖委托方公章的委托检验合同（协议）原件或复印件。

（3）委托检验品种的质量标准。

（4）加盖受托方公章的受托方相关资质证明文件和能力范围证书复印件。

（5）申请企业提供关于申报材料真实性的声明。

你知道吗

申报材料的具体要求

申报药品委托生产时，申报材料的首页应为项目目录，目录中的所有资料应用 A4 纸打印或复印并按《药品生产监督管理办法》中需要申报的资料顺序进行排列。各项材料之间应当使用明显的区分标志。并标明各项资料名称或该项资料所在目录中的序号。整套材料用打孔夹装订成册。所有复印件还须加盖单位公章。每个申报品种（药品批准文号）报送一套材料。药品的最小包装、标签和使用说明书实样，粘贴在 A4 规格纸张上。报送申请资料的同时需报送《药品委托生产申请表》电子文档。

目标检测

一、选择题

（一）单项选择题

1. 下列属于可以委托生产的药品是（　　　）
   A. 精神药品　　　　　　　　　　B. 疫苗制品
   C. 血液制品　　　　　　　　　　D. 化学原料药

2. 受理药品委托生产的机构是（　　　）
   A. 国家药品监督管理部门　　　　B. 省级药品监督管理部门
   C. 市级药品监督管理部门　　　　D. 地方卫生行政管理部门

3. 对委托生产药品的质量和销售负全部责任的是（　　　）
   A. 委托方　　　　　　　　　　　B. 受托方
   C. 委托方与受托方　　　　　　　D. 委托方或受托方

4. 以下不属于委托生产的类型的是（　　　）
   A. 产能不足委托生产　　　　　　B. 异地改造委托生产
   C. 境外厂商委托生产　　　　　　D. 麻醉药品委托生产

5. 为确保委托生产产品的质量和委托检验的准确性和可靠性，委托方和受托方必须签订书面合同，明确规定（　　　）
   A. 双方责任　　　　　　　　　　B. 委托生产或委托检验的事项
   C. 有关技术事项　　　　　　　　D. 以上都是

6. 在接受委托生产中，如因工艺和生产需要，对厂房、设施、设备、物料、工艺、检验方法等变更时，应报请（　　　）
   A. 受托方批准　　　　　　　　　B. 委托方批准
   C. 国家药品监督管理部门批准　　D. 省级药品监督管理部门批准

7. 《药品委托生产批件》的有效期不得超过（　　　）年
   A. 1　　　　　　　　　　　　　　B. 2
   C. 3　　　　　　　　　　　　　　D. 5

8. 委托方对受托方的现场考核不包括（　　　）
   A. 生产条件　　　　　　　　　　B. 技术水平
   C. 质量管理　　　　　　　　　　D. 人员操作能力

9. 委托生产或委托检验的所有活动，包括在技术或其他方面拟采取的任何变更，均应当符合的有关要求是（　　）

    A. 药品生产许可和注册　　　　　　B. 药品质量

    C. 产品出厂　　　　　　　　　　　D. 生产工艺

10. 为确保委托生产产品的质量和委托检验的准确性和可靠性，委托方和受托方（　　）

    A. 必须签订书面合同　　　　　　　B. 只需要口头协议

    C. 双方协商即可　　　　　　　　　D. 无须签订书面合同

11. 受托方应当按照以下哪项进行生产（　　）

    A. GMP　　　　B. GSP　　　　C. 中国药典　　　　D. 厂长要求

12. 对完成生产的产品按什么标准进行全检

    A. 国际标准　　　　　　　　　　　B. 美国标准

    C. 委托方制定的内控标准　　　　　D. 受托方制定的内控标准

（二）多项选择题

13. 下列药品可以委托生产的是（　　）

    A. 中药注射剂　　　　　　　　　　B. 中药口服液

    C. 化学药口服胶囊　　　　　　　　D. 疫苗制品

14. 药品委托生产的受托方应具备的资质为（　　）

    A. 药品生产许可证　　　　　　　　B. 营业执照

    C. 与委托生产药品相适应的 GMP 证书　　D. GSP 证书

15. 为了满足委托方所委托的生产或检验工作的要求，受托方必须具备足够的（　　）

    A. 厂房　　　　B. 设备　　　　C. 知识经验　　　　D. 专业技术人员

16. 受托方的职责和义务有（　　）

    A. 按 GMP 要求完善本企业管理机构

    B. 按 GMP 要求对委托产品的工艺进行确认和验证

    C. 应建立严格的物料管理标准

    D. 应严格按程序和标准组织生产

17. 在接受委托生产中，因工艺和生产需要，应报请委托方批准并做确认和验证或持续稳定性考察的检验方法变更为（　　）

    A. 设施　　　　　　　　　　　　　B. 设备

    C. 生产工艺及物料　　　　　　　　D. 厂房

18. 委托生产合同应当规定（　　）

    A. 双方的职责

    B. 委托方可以对受托方进行检查或现场质量审计

    C. 何方负责物料的采购

    D. 质量受权人批准放行每批药品的程序

二、思考题

1. 药品委托生产申报时需要提交哪些材料?

2. 委托生产企业应完善哪些工作，以确保产品质量?

微课　　　　　　划重点　　　　　　自测题

▶▶ 项目十二 产品发运与召回

学习目标

知识要求

1. **掌握** 药品召回、安全隐患的概念；退货管理；药品安全隐患调查评估的内容要求。
2. **熟悉** 药品销售管理的环节；药品召回的等级及时间要求。
3. **了解** 药品召回处理的过程。

能力要求

1. 能按相关规定和要求发货、调查和评估销售药品的安全隐患。
2. 能按操作规程召回存在安全隐患的药品。

🔍 实例分析

实例 西立伐他汀（商品名为拜斯亭），是德国拜耳制药公司在 20 世纪 90 年代生产的一款药物，主要用来治疗高血脂及预防心脏病，于 2001 年上市。上市后不久，在美国服用不同剂量西立伐他汀的患者中，共发现 400 多例横纹肌溶解症，其中 31 例患者不治身亡。其他国家共有 21 例西立伐他汀引起致死性横纹肌溶解症的报告。

2001 年 8 月 8 日，拜耳制药公司宣布从国际药品市场撤出西立伐他汀。同年 8 月 9 日，我国国家药品监督管理局随即发出紧急通知，禁止使用西立伐他汀。该事件使拜耳成为第一家在中国主动召回药品的医药公司。

问题 1. 试分析此药品召回的主体是谁？
2. 如果你是药店销售人员，遇到药品召回，你会如何处理？

PPT

📋 任务一 产品销售管理

药品生产企业销售管理的主要内容包括销售人员、客商、销售渠道、销售合同、销售费用、产品发运、退货、产品召回、销售记录等的管理。

一、销售人员管理

销售人员的管理包括以下方面。①销售人员信息管理。②个人销售计划与总结管理。③销售任务管理。④知识技能管理。定期对销售人员进行法规、营销和业务培训，帮助销售人员提高销售管理能力。

1. 销售人员的资质 药品销售人员必须为本企业全职员工，不可兼职。应有高中以上学历，在法律上无不良品行记录，销售人员须通过药品相关法律、法规和专业知识培训，培训合格后方能从事药品销售活动。销售人员的培训必须建立培训档案，培训档案中应当记录培训时间、地点、内容及接受培训的人员。

2. 销售人员的行为规范 销售人员在销售药品时，必须严格按照企业药品销售管理规程销售药品。药品生产企业派出销售人员销售药品时，除提供《药品生产许可证》等资料外，还应当提供加盖本企业原印章的法人授权书复印件。

生产麻醉药品和精神药品的企业销售时不得以现金交易。销售人员不得向个人和无《药品经营许可证》的单位销售药品；不得以各种名义向医疗机构及工作人员、医务人员给予回扣、提成现金、有价证券和支付凭证等；在投标过程中，不得以弄虚作假和不正当手段获得商业机会或商业利益；不得向国家行政工作人员提供现金、有价证券和支付凭证等。销售人员负责对客商的日常业务管理，应严格执行销售环节的管理规程。

> **请你想一想**
>
> 作为一名合格的销售人员，需要学习哪些药品方面的专业知识？

二、客商管理

企业的全部产品必须销售给合法的客商，企业应建立详细的客商信息资料和对应的联系人信息资料，并详细记录销售往来历史、所有沟通信息、订单合同信息和发运药品流向信息。

三、销售渠道管理

销售渠道管理主要是监控药品从出厂后直至到达消费终端中间的各个环节，包括及时掌握系统中各级经销商的销售库存情况，跟踪各级经销商的进货及回款，分配销售指标，核算各地区及销售人员的销售业绩。

四、销售合同管理

产品销售时会涉及产品的各种销售价格管理，故企业应制定详细的产品价格管理体系。销售人员在收到订单、签订销售合同时，应该按相应的销售价格销售，企业结合自身管理规程实现订单与合同审批流程，结合财务数据进行信用额度的管控。

五、销售费用管理

销售费用是计算企业经济效益的基础数据。生产企业销售费用管理包括市场活动管理、计划任务分配、促销活动推行监控、销售预算管理、报销管理、完善费用报销流程以及费用分析。销售部门结合销售结果分析费用，为销售决策提供依据。

六、产品发运管理

产品发运是指企业将产品发送到经销商或用户的一系列操作，包括配货和运输等。

1. 药品发运记录的要求　药品发运过程质量管理的重点是保证能追查到每批药品的出厂情况，在必要时能及时召回售出的药品。每批产品均应当有发运记录。

2. 药品发运的程序　药品发运的一般程序如下。

（1）药品生产企业的销售部门管理人员凭发货申请单和合同副本开具发货单。发货单应包括以下内容：发货编号、开票日期、收货单位名称和地址、产品名称、剂型、规格、批号、数量、单价和总额、付款形式、联系方式、运输方式等。如为两个批号的药品合箱时，也应在发货单上注明两个批号，合箱外应当标明全部批号，建立合箱记录，药品发运的零头包装只限两个批号为一个合箱。

（2）发货的成品须为放行药品，发货人员根据发货通知单对所发药品进行复核。货物装好后，转送至发货区域，将发货单的提货联交发运人员。

（3）发货人员按销售部的发货通知单对照检查集中发运的数量是否正确，填写成品发运记录，并向运输人员介绍发运注意事项，特别是有温度要求和避光要求的药品。

七、退货管理

1. 退货的分类　药品退货通常分为质量问题退货和非质量问题退货。

（1）质量问题退货　办理退货前，应由质量管理部门、销售部门共同对客商提出退货的成品进行实地取样复检，并与留样检验结果校对无误或实地调查属实后，由销售部门负责限期处理。

（2）非质量问题退货　销售人员提出退货申请，须填写"成品退货申请单"，由销售部门负责人批准后方可执行。

2. 退货的处理　要求如下。

（1）非质量问题退货　外包装完好的，经共同确认，不必全检，经外观检查合格后，即可将其从退货区转移至合格区，下次销售时先行发货。验收不合格的按退货管理规程处理。

（2）质量问题退货　由质量管理部门会同销售部门、生产技术部门、生产车间有关人员共同进行分析，找出原因。若属质量问题且可能与相关批次有关联时，应执行药品召回管理规程，尽快追回并及时调查处理。

任务二　产品召回管理　微课

药品召回，是指药品生产企业包括进口药品的境外制药厂商，按照规定的程序收回已上市销售的存在安全隐患的药品。此处所说的安全隐患，是指由于研发、生产等原因可能使药品具有的危及人体健康和生命安全的不合理危险。

药品生产企业应当建立和完善药品召回制度和药品不良反应监测系统，收集药品安全的相关信息，对可能具有安全隐患的药品进行调查、评估，召回

请你想一想
什么情况下药品生产企业应召回药品？

存在安全隐患的药品。药品生产企业、经营企业和使用单位应当建立和保存完整的购销记录，保证销售药品的可溯源性。

一、药品安全隐患的调查与评估

药品生产企业应当对药品可能存在的安全隐患进行调查。药品安全隐患调查的内容应当根据实际情况确定。

（一）药品安全隐患调查的内容

（1）已发生药品不良反应事件的种类、范围及原因。

（2）药品使用是否符合药品说明书、标签规定的适应证、用法用量的要求。

（3）药品质量是否符合国家药品标准，药品生产过程是否符合 GMP 等规定，药品生产与批准的工艺是否一致。

（4）药品存储、运输是否符合要求。

（5）药品主要使用人群的构成及比例。

（6）可能存在安全隐患的药品批次、数量及流通区域和范围。

（7）其他可能影响药品安全的因素。

（二）药品安全隐患评估的内容

（1）该药品引发危害的可能性，以及是否已经对人体健康造成了危害。

（2）对主要使用人群的危害影响。

（3）对特殊人群，尤其是高危人群的危害影响，如老年、儿童、孕妇、肝肾功能不全者、外科患者等。

（4）危害的严重与紧急程度。

（5）危害导致的后果。

二、药品召回的分类与管理

（一）召回的分类

根据药品安全隐患的严重程度，药品召回分为以下三类。

1. 一级召回　是指使用该药品可能引起严重健康危害的。

2. 二级召回　是指使用该药品可能引起暂时的或者可逆的健康危害的。

3. 三级召回　是指使用该药品一般不会引起健康危害，但由于其他原因需要收回的。

（二）召回管理

药品生产企业应当根据实际情况及所生产的产品的具体特点，对不同级别的召回进行具体的、有针对性的描述，合理设计药品召回计划并组织实施，并通知到有关药品经营企业和使用单位，停止销售和使用（一级召回应在 24 小时内完成，二级召回应在 48 小时内完成，三级召回应在 72 小时内完成），同时向所在地省、自治区、直辖市药品监督管理部门报告。制订的召回计划应包括以下内容。

（1）药品生产销售情况及拟召回的数量。

（2）召回措施的具体内容，包括实施的组织、范围和时限等。

（3）召回信息的公布途径与范围。

（4）召回的预期效果。

（5）药品召回后的处理措施。

（6）联系人的姓名及联系方式。

（三）召回药品的处理

需报废销毁的药品，应当在企业质量管理部门监督下予以销毁，应严格执行报废药品的销毁操作程序。对召回药品的处理应当有详细的记录，并向当地的药品监督管理部门报告。

（四）药品召回或退货记录

药品生产企业对召回或退货药品的处理应当有详细的记录，并向药品生产企业所在地省、自治区、直辖市药品监督管理部门报告。

你知道吗

药品召回的主要原因

我国药品注册管理办法规定，药品上市前必须经过药物临床试验。药物临床试验是指在患者或健康志愿者身体进行的药物系统性研究，以证实或发现试验药物的临床药理和其他药效学方面的作用以及不良反应等，以确保药物的安全性和有效性。临床试验一共分为四个阶段。前三期为新药上市前的临床试验，第四期为上市后的临床试验。Ⅰ期试验的样本数为20～30例，Ⅱ期试验的样本数为100例或以上，Ⅲ期试验的样本数为300例或以上。

由于样本数有限，一些发生频度低的不良反应很难在此期间被发现。其次，上市前临床试验新药疗程一般较短，观察期亦相应较短，故一些需经长时期应用才能发生或停药后滞后发生的药品不良反应未能被发现。最后，临床试验一般要求将老年人、儿童、孕妇、肝功能不全患者等特殊人群排除在外，故上市新药不具备在这些特殊患者人群中使用的实际经验。上述原因可能是导致药品上市后出现不良反应而被召回的主要原因。

目标检测

一、选择题

（一）单项选择题

1. 销售发运的不同批号药品合箱包装中，一个合箱仅限（　　）

A. 2个批号　　　B. 3个批号　　　C. 4个批号　　　D. 5个批号

2. 下列关于销售要素的说法错误的是（　　　）

    A. 药品销售人员必须是本企业员工，具有大专以上学历，并通过与药品有关的法律、法规和专业知识的培训，培训合格后方能从事药品销售

    B. 企业的产品必须销售给合法的客商

    C. 销售人员在销售药品时，应当提供加盖本企业原印章的法人授权书复印件

    D. 销售人员在整个销售过程中要做到对整个环节的控制性

3. 根据药品安全隐患的严重程度，药品的一级召回是指（　　　）

    A. 使用该药品一般不会引起健康危害，但由于其他原因需要收回的

    B. 使用该药品可能引起严重健康危害的

    C. 使用该药品可能引起暂时的或者可逆的健康危害的

    D. 使用该药品，在超剂量使用时，发现有严重健康危害的

4. 在主动召回中，药品生产企业在做出药品召回决定后，应当制订召回计划并组织实施，并在规定的时间内，通知到有关药品经营企业、使用单位，停止销售，同时向所在地省级药品监管部门报告，二级召回的时间要求是（　　　）

    A. 12 小时　　　　B. 24 小时　　　　C. 36 小时　　　　D. 48 小时

5. 国家药品监督管理局接到某药品生产企业主动召回某疫苗，原因是该公司在对该疫苗生产工艺的常规的测试中，发现灭菌工艺存在问题，可能导致若干批次产品存在潜在质量问题，该召回属于（　　　）

    A. 一级召回　　　　B. 二级召回　　　　C. 三级召回　　　　D. 不属于召回

6. 召回的药品需要经报废处理的，须向（　　　）报备

    A. 国家药品监督管理部门

    B. 省级药品监督管理部门

    C. 市级药品监督管理部门

    D. 药品生产企业所在地药品监督管理部门

7. 药品召回工作完成后，该药品应（　　　）

    A. 可继续销售　　　B. 监督销毁　　　　C. 可赠送　　　　D. 自行销毁

（二）多项选择题

8. 产品的发运记录应包括哪些内容（　　　）

    A. 产品名称　　　　　　　　　　　　B. 产品规格与数量

    C. 产品批号　　　　　　　　　　　　D. 收货单位名称

9. 药品经营企业、使用单位应当配合药品生产企业或者药品监督管理部门开展有关药品安全隐患的调查，下列属于药品安全隐患调查内容的是（　　　）

    A. 已发生的药品不良事件的种类、范围及原因

    B. 药品储存、运输是否符合要求

    C. 药品主要使用人群的构成及比例

    D. 患者使用后出现药品不良反应

10. 下列属于药品安全隐患评估的内容是（　　）

    A. 对主要使用人群的危害影响

    B. 对特殊人群，尤其是老年人、儿童、孕妇、肝功能不全者、外科患者等

    C. 危害的严重与紧急程度

    D. 危害导致的后果

11. 制定药品召回计划应包括的内容有（　　）

    A. 药品生产销售情况及拟召回的数量

    B. 召回措施的具体内容，包括实施的组织、范围和时限等

    C. 召回信息的公布途径与范围

    D. 召回药品的处理措施

二、思考题

1. 根据药品安全隐患的严重程度，药品召回可分为哪几大类？

2. 产品召回的依据是什么？

3. 召回后的药品应当如何处理？

 微课    划重点    自测题

4

模块四

药品生产企业监督管理

▶▶ 项目十三 自检管理

学习目标

知识要求

1. **掌握** 自检的流程、计划的制定和实施。
2. **熟悉** 自检的定义、目的和原则。
3. **了解** 自检的评价与改进。

能力要求

1. 能按自检规程和标准对本部门进行自检。
2. 能根据自检结果编制自检报告。
3. 能通过自检发现药品生产过程中存在的隐患。

实例分析

实例 为了确保公司有效执行 GMP 规范，湖南亚大制药有限公司进行了一次安全隐患自查工作。该单位成立自检小组，针对每一环节、每一个岗位、每一项安全措施的落实情况等进行了全面彻底的检查，对生产、经营、储存、使用、运输和废弃处置等各个环节进行了全面排查与整治。

问题 药品生产企业进行自检的目的是什么？应怎样自检？

任务一 自检的目的与原则

PPT

一、自检的定义

自检，又称内部质量审核或内部质量审计，是药品生产企业内部组织的，为获取实施 GMP 的证据和信息进行检查和客观评价，以确定达到 GMP 规范要求的程度所进行的系统的、独立的并形成文件的过程。

企业通过组织自检，可以及时发现缺陷和隐患，主动防范自身质量风险的发生，确保企业产品质量稳定可靠，并避免违规事件的发生和发展。

二、自检的目的

GMP 自检作为 GMP 中规定的条款之一，是企业内部管理的一种重要的管理手段。自检的目的是检查和评价企业在生产和质量管理方面是否符合 GMP 的要求，具体如下。

（1）评价药品生产企业执行 GMP 的符合性和有效性。

（2）为质量审计提供真实的证据和信息，为企业管理层的决策提供事实依据。

（3）确认企业生产管理和质量控制的标准、规程的执行过程和记录的适用性、完整性、一致性、真实性。

（4）通过自检发现缺陷和识别新的潜在的质量风险，采取纠正与预防措施。

（5）在自检的过程中，增进质量管理部门和其他部门以及相关人员之间的沟通。

（6）通过评价部门及人员的工作质量和绩效，有助于强化部门和人员的管理，开展培训并提高技能和业务水平。

> **请你想一想**
> 药品生产企业为什么要进行 GMP 自检？

（7）对外成为企业自我合格声明的依据。

三、自检的原则 微课

（一）公正原则

自检应当有记录，自检完成后应当有自检报告，内容至少包括自检过程中观察到的所有情况、评价的结论以及提出纠正和预防措施的建议。自检情况应当报告企业高层管理人员。

（二）独立原则

（1）自检人员应独立地开展自检而不受各种非客观因素的干扰。

（2）自检人员经过培训、考核、能力确认等资格认可，由最高管理者受权。

（三）客观原则

应当由企业指定人员进行独立、系统、全面的自检，也可以由外部人员或专家进行独立的质量审计。自检工作必须得到相关部门的参与和配合，自检过程中要做到客观、公正、透明化、实事求是。

（四）适用依据原则

GMP 自检必须是一项文件化的正式活动，要依据 GMP 规范、企业的生产质量管理程序文件、相关的法律、法规和标准的要求进行。

（五）适用程序原则

药品生产企业应定期组织程序化的自检，且自检应按照预定的程序进行。

你知道吗

自检人员的选择

企业实施 GMP 自检的第一步是组建自检小组，应选择合适的质量管理技术人员进入自检小组，即组建自检小组的关键在于选择自检人员。自检人员是实际进行审核的执行者，为了保证审核的有效性和客观性，必须选择符合要求的质量审核人员。从事自检工作的人员是指具备相应的知识、经验、技能和素质，通过培训并经过授权的人员。自检人员的学历要求由企业自定，一般应具有相应专业的大专本科学历，对法律或相关法规熟知，具备良好的口头表达和写作能力，能够清楚明确地表达审核过程中存在的问题，与相关人员进行沟通，表达自己的意见。

自检人员应具有相关工作经验，熟悉 GMP 的实施过程和要求、企业的基本概况、药品生产的工序控制和质量管理的基本要求，具有相关质量管理和质量审核经验，以便开展工作；还应具备在审核过程中主持会议、策划审核实施和分析问题的常识和技能；应经过定期考核和培训，与被检查部门无直接责任关系，以保障检查结果的客观性。

📋 任务二　自检的内容

PPT

自检的内容包括机构与人员、厂房与设施、设备、物料与产品、文件、生产管理、质量管理、产品销售与回收、投诉与不良反应报告等。根据企业的不同情况，可以进行全面自检，也可以进行部分项目的自检。

一、机构与人员

GMP 自检过程中，机构是组织保证，人员是执行主体，培训是重要环节。机构与人员是实施 GMP 的先决条件之一。企业必须建立适合自身实际的组织机构，明确各部门的职能，配备学历、专业、经验符合岗位要求且经过培训、考核合格的人员，为顺利实施 GMP 做好组织机构与人员方面的保障。

因此，在进行自检时应重点检查以下内容：组织结构是否设置合理，部门职能、岗位职责是否明确，是否按组织机构配备相应的人员，各岗位的人员素质是否符合规范要求，各级人员是否进行了相关培训并已建立培训档案。

二、厂房与设施设备

厂房与设施设备是实施 GMP 管理最根本的条件之一。厂房的位置、设计、养护等，设施的选型、安装、运行维护等以及生产设备的性能、规模、稳定性等都应该满足药品生产企业的生产工艺要求。

因此，在进行自检时应重点检查：厂房布局是否合理，生产厂房设计、布局是否满足工艺要求，是否有足够的空间，生产操作之间是否互相不影响，是否有防止外界异物进入的设施，洁净区温度和湿度是否符合要求，操作间是否有相应防止交叉污染的设施及措施，储存区面积、空间是否与生产规模相适应，检验区是否与生产区分开；还应检查设备的设计、选型、安装、水系统、设备的标识、维护保养等。

三、物料与产品

物料是药品生产的物质基础，没有达到质量合格标准的物料不可能生产出符合质量标准的产品，而不规范的物料管理必然引起物料混淆、差错和交叉污染。药品生产是物料流转的过程，涉及企业生产、质量管理的所有相关部门。

在自检过程中应重点检查：物料是否符合相关的质量标准，主要原辅料供应商是否经过质量审计，是否从经审计批准的供应商处采购物料，是否已建立物料的采购、储存、发放、使用的管理制度；实际的物料管理工作是否执行相关的管理制度，物料是否按照批号进行验收、检验、储存，是否根据性质合理存放；各种状态（待验、合格、不合格）的物料是否严格管理，各种特殊物料（麻醉药品、精神药品、毒性药材、贵重药材等）的采购、验收、储存、使用及标识是否执行国家相关规定，物料是否规定使用期限及复验；产品标签、使用说明书等印刷性包装材料是否与国家药品监督管理部门批准的文件一致，印刷性包装材料印刷前是否经质量管理部门审核，其保管、发放、使用、销毁是否执行相关制度。

四、文件

检查企业是否有生产管理、质量管理的各项制度和记录，企业是否有不合格药品管理、物料退库和报废、紧急情况处理等制度和记录，是否有环境、厂房、设备、人员等卫生管理制度和记录，是否有对人员进行 GMP 和专业技术等培训的制度与记录；企业是否制定产品生产管理文件，是否制定产品质量管理文件，是否建立文件的起草、修订、审查、批准等的管理制度，分发、使用的文件是否为批准的现行文本，文件的制度是否符合规定。

五、生产管理

检查生产管理部门对生产工艺规程、岗位操作法和 SOP 以及批生产记录、批包装记录、批检验记录、批放行记录等内容的执行情况。

六、质量管理

检查质量管理部门是否制定质量管理和检验人员的职责。质量管理部门是否同有关部门对主要物料供应商的质量管理体系进行评估。

七、产品销售与回收

产品销售管理是质量管理中不可缺少的部分，是生产过程质量管理的延伸，建立完善的销售记录以及回收管理程序，能保证在紧急情况时将产品从销售市场顺利收回，避免对患者造成不必要的伤害以及对企业造成不必要的损失。

因此，在自检中应重点检查销售记录是否及时建立，销售记录的项目是否全面，销售记录的保存是否符合规定，药品回收管理文件及记录内容的制定是否合理，对回收产品的处理是否符合规定。

八、投诉与不良反应报告

检查是否建立药品不良反应监测报告制度，是否指定专门机构或人员负责药品不良反应监测报告工作；对用户的药品质量投诉和药品不良反应，是否有详细记录和调查处理；对药品不良反应是否及时向当地药品监督管理部门报告；药品生产出现重大质量问题时，是否及时向当地药品监督管理部门报告。

PPT

任务三 自检计划的制定与实施

自检工作要依据书面的、正式的程序和检查表进行，药品生产企业应按照计划的时间间隔进行自检。药品生产企业应制定自检的方案，通常每年至少进行一次完整的自检，自检的范围需要事先明确，以确保生产质量规范的符合性和一致性。

一、自检计划的制定

药品生产企业自检计划的内容包括：自检的目的，自检的依据，自检小组组成与分工，自检的范围、内容、时间安排、要求等。

二、自检计划的实施

应按照预定的计划实施自检，自检员依据自检计划进行现场检查，并记录检查发现，对检查中发现的缺陷项目进行客观描述，并让受检查部门负责人签字确认。

1. 自检启动 由质量部经理指定自检小组组长，并成立自检小组。由自检小组组长分配自检小组成员的检查任务，自检小组组长依据"GMP 年度自检计划"的安排，编制本次自检的"GMP 自检实施计划"，报质量部经理批准后在自检实施前五个工作日下发到有关部门与人员。

2. 自检准备 自检小组组长依据本次的"GMP 自检实施计划"，组织自检小组成员编制"检查表"，准备自检所依据的 GMP 文件、《中国药典》等国家有关的法律法规以及企业现有的有关生产质量管理要求的文件。

3. 首次会议 由自检小组组长主持，召集自检组成员、受检查部门负责人、质量部经理、企业负责人以及其他有关人员召开首次会议，宣读本次自检的"GMP 自检实施计划"，并对本次自检做出必要的说明。

4. 现场检查 自检员依据"GMP 自检实施计划"和"检查表"进行现场检查，并认真在"检查表"上记录检查发现。检查中发现的缺陷项目在"GMP 自检不符合项报告"中进行客观描述，并让受检查部门负责人签字确认。

现场检查完成后，自检小组组长召集自检员对本次自检情况进行综合、汇总、分析和确定"GMP 自检报告"，并报质量部经理批准。

5. 末次会议 自检小组成员、受检查部门负责人以及有关人员参加末次会议，报告自检结果。

6. 移交自检记录 末次会议结束后五个工作日内，自检小组组长将本次自检的"GMP 自检报告"、缺陷项目的"GMP 自检不符合项报告"和"检查表"等全部自检文件移交质量保证部（QA）。质量保证部（QA）在接到文件后两个工作日内，将自检报告分发总经理、质量部经理、各受检查部门，将缺陷项目的"GMP 自检不符合项报告"分发至责任部门或责任人员。

你知道吗

自检人员的职责

自检小组组长负责组建自检小组，获取实现自检目的所需要的背景资料，负责制定自检日程计划、分配自检任务，指导编制自检检查表，检查自检准备情况，主持现场检查，对自检过程的有效性实施控制。与受检查部门领导沟通，组织编写自检不符合报告及自检报告，组织跟踪自检。

自检小组成员服从自检小组组长的领导，支持自检小组组长开展工作，在自检小组组长指导下分工编制自检工作文件，完成分工范围内的现场自检任务，做好自检记录。收集、分析有关自检证据，进行组内交流。编写不符合报告，参与编制自检报告。参加纠正措施的跟踪验证，管理有关的各种文件、记录。

任务四 自检结果评价与改进

PPT

一、自检结果的评价

自检完成后，自检小组组长应根据自检方案程序对自检过程中的记录进行总结，按照部门类别进行结果评价，并完成自检报告。

GMP 自检结果分为"符合"和"不符合"。自检报告应提供完整、准确、简明和清晰的自检记录，内容包括报告名称、报告人、报告日期、自检的目的、自检的范围，并明确自检小组和受检方在自检中的参与人员、自检活动实施的日期和地点、自检的依据和原则、自检结果的简要概述及主要存在问题、自检的项目及结论、主要存在的问题以及改进的建议。

自检报告一般在两个工作日内呈送企业负责人和质量管理负责人，必要时抄送相关部门，完成 GMP 自检。

二、改进措施的实施

相关部门提出并实施纠正改进措施，改进措施要有针对性和可操作性，明确责任人和完成期限，有效解决存在的问题并防止缺陷项目的再次发生。改进措施的跟踪确认由自检员进行，跟踪检查的结果必须保留记录文件，并及时通报相关人员。

目标检测

一、选择题

（一）单项选择题

1. 企业实施 GMP 自检的第一步是（　　）
   A. 制定自检计划　　　　　　　B. 组建自检小组
   C. 发布自检通知　　　　　　　D. 自检材料

2. 以下叙述中错误的是（　　）
   A. 自检报告的编写应在自检程序规定的期限内完成
   B. 自检报告中对整个自检活动进行统计、分析、归纳、评价
   C. 自检小组成员应为经过培训并经授权的人员，不需要配备专业技术人员
   D. 所有的自检活动应有文件记录

3. 下列不属于自检的重要关注点的是（　　）
   A. 有效性　　　B. GMP 适宜性　　　C. 法规符合性　　　D. 公司的盈利性

4. 某药品生产企业的自检小组组长是（　　）
   A. 质量管理负责人　　　　　　B. QA
   C. 生产管理负责人　　　　　　D. QA 主管

5. 下列不属于企业 GMP 自检目的的是（　　）
   A. 是企业内部管理的一种重要的管理手段
   B. 确保企业生产质量管理体系能够持续地保持有效性
   C. 评估企业生产和质量管理是否符合 GMP 条款要求
   D. 企业应付药监部门的检查

6. 医药生产企业每年年初由（　　）制定年度自检计划，报分管领导批准
   A. 质量部　　　B. 生产部　　　C. 人事部　　　D. 销售部

7. 末次会议结束后（　　）个工作日内，移交《GMP 自检报告》
   A. 3　　　B. 4　　　C. 5　　　D. 6

8. 下列选项中不属于文件自检内容的是（　　）
   A. 是否有生产管理、质量管理的各项制度和记录
   B. 是否制定质量管理人员和检验人员的职责
   C. 是否建立文件的起草、修订、审查、批准等的管理制度
   D. 是否有环境、厂房、设备、人员等的卫生管理制度和记录

9. 下列说法中错误的是（　　）
   A. 自检工作要依据书面的、正式的程序和检查表进行
   B. 药品生产企业通常每年至少进行一次完整的自检
   C. 质量管理部门同有关部门需对主要物料供应商的质量管理体系进行评估
   D. 自检报告一般应在三个工作日内呈送企业负责人和质量管理负责人

10. 下列有关厂房与设备自检的说法错误的是（　　）

    A. 厂房布局要合理，生产厂房设计、布局要满足工艺要求

    B. 有防止外界异物进入的措施

    C. 检验区与生产区分开，操作间不需要设置防止交叉污染的设施

    D. 确保洁净区的温度和湿度符合要求

（二）多项选择题

11. GMP 自检人员的素质要求有（　　）

    A. 熟知法律或相关法规的要求

    B. 经过公司自检培训，持有自检资格

    C. 敏锐的观察力

    D. 诚实、正直、坚持原则

12. 下列出现的情况下中，需要医药生产企业进行专门自检的是（　　）

    A. 重大质量投诉

    B. 质量安全事故如出现重要偏差等

    C. 组织机构、生产工艺、布局和环境有大的变更

    D. 企业生产许可证年检、换证

13. 自检的范围包括（　　）

    A. 质量管理与控制　　　　　　　B. 组织机构及人员

    C. 生产管理　　　　　　　　　　D. 投诉与不良反应处理

14. 质量管理部门在自检过程中的职责有（　　）

    A. 组织开展自检工作　　　　　　B. 跟踪纠正和预防措施的落实

    C. 建立组织机构　　　　　　　　D. 保存自检档案

15. 物料管理系统自检的内容包括（　　）

    A. 物料供应商管理

    B. 特殊物料（麻醉药品、精神药品、毒性药品等）管理

    C. 标签、说明书

    D. 不合格药品管理

16. 自检级别分为（　　）

    A. 基本自检　　　　　　　　　　B. 全面自检

    C. 专门自检　　　　　　　　　　D. 专项自检

17. GMP 自检的原则是（　　）

    A. 客观　　　　　　B. 专业　　　　　　C. 交流　　　　　　D. 行动

18. 生产管理在自检过程中包括的方面有（　　）

    A. 生产工艺规程的执行情况　　　B. 批生产记录

    C. 批包装记录　　　　　　　　　D. 岗位操作法的执行情况

19. 投诉与不良反应报告自检的内容包括（   ）

  A. 是否建立药品不良反应监测报告制度

  B. 是否指定专门机构或人员负责药品不良反应监测报告工作

  C. 对用户的药品质量投诉和药品不良反应，是否有详细记录和调查处理

  D. 对药品不良反应是否及时向当地药品监督管理部门报告

20. 自检计划包括的内容有（   ）

  A. 自检的目的   B. 自检的依据

  C. 自检小组组成与分工   D. 自检的范围

二、思考题

1. 药品生产企业 GMP 自检有哪些内容？

2. 如何制定 GMP 自检计划？

微课   划重点   自测题

▶▶ 项目十四　GMP 监督检查

学习目标

知识要求

1. **掌握**　药品检查细则、GMP 常见的缺陷分类。
2. **熟悉**　GMP 跟踪检查、GMP 飞行检查。
3. **了解**　GMP 缺陷的整改内容。

能力要求

1. 能够区分不同类型的缺陷，并增强质量意识，避免工作中出现类似缺陷。
2. 能够按照检查的要求提供相应的材料。

实例分析

实例　2019 年 3 月，贵州省贵安新区市场监督管理局组织开展药品生产企业 GMP 跟踪检查。此次跟踪检查共检查辖区药品生产企业 2 家，发现风险隐患 12 个，已督促企业进行限期整改落实 11 个。检查中，执法人员根据药品生产质量管理规范以及行业安全生产监管工作要求，深入辖区药品生产企业，深入企业仓库和生产车间，以逐项检查的方式，对制度管理、采购验收、生产管理和检验检测等方面进行全面"体检"，重点检查危化品管控、特种设备、特管药品防火防盗等方面情况，确保企业生产全过程持续符合工艺标准和生产规范。对发现的风险隐患，执法人员责令企业限时开展整改，认真分析问题发生原因，严肃企业内部管理，形成长效机制，杜绝此类问题再次发生，对能够立即整改的立即整改，对不能立即整改的要制订整改措施和方案，按时报告整改进度。检查人员将定时对整改完成情况进行复查。

问题　1. 企业应如何配合跟踪检查？

　　　　2. 企业在药品生产过程中应怎样避免违规？

任务一　GMP 检查的类型　　🔘微课

PPT

GMP 检查主要包括 GMP 跟踪检查和 GMP 飞行检查。

一、GMP 跟踪检查

GMP 跟踪检查是指药品监督管理部门依据相关法律、法规，对持有药品 GMP 证书的企业实施 GMP 规范的符合性进行全面、系统的监督检查。

跟踪检查组须严格按照检查方案对检查项目进行调查取证，检查组须按照检查评定标准对检查发现的缺陷项目进行评定，检查缺陷的风险评定应综合考虑产品类别、缺陷的性质和出现的次数，做出综合评定结果。

检查组向申请企业通报现场检查情况，对检查中发现的缺陷内容，经检查组成员和被检查企业负责人签字，双方各执一份。现场检查工作完成后，检查组应根据现场检查情况，结合风险评估原则提出评定建议，现场检查报告应附检查记录及相关资料，并由检查组成员签字。

二、GMP 飞行检查

GMP 飞行检查是指药品监督管理部门针对已申报注册的药品研制、药品生产、药品经营环节开展不预先告知的监督检查。

药品监督管理部门派出的飞行检查组由 2 名以上检查人员组成，检查组实行组长负责制，检查人员为药品行政执法人员、依法取得检查员资格的人员或者取得本次检查授权的其他人员。根据检查工作需要，药品监督管理部门可以请相关领域专家参加检查工作。检查组到达检查现场后，检查人员应出示相关证件和受药品监督管理部门委派开展监督检查的执法证明文件，通报检查要求及被检查单位的权利和义务。

被检查单位及有关人员应及时按照检查组要求，保持正常生产经营状态，提供真实、有效、完整的文件、记录、票据、凭证、电子数据等相关材料，如实回答检查组的询问。检查组应详细记录检查时间、地点、现场状况等，对发现的问题进行书面记录，并根据实际情况收集或复印相关文件资料、拍摄相关设施设备及物料等实物和现场情况、采集实物以及询问有关人员等。记录须及时、准确、完整，客观真实反映现场检查情况。飞行检查过程中形成的记录及依法收集的相关资料、实物等，可以作为行政处罚中认定事实的依据。

你知道吗

飞行检查的特点

飞行检查有五个非常突出的特点，具体如下。

1. 行为的保密性　飞行检查安排即使在组织实施部门内部也是相对保密的，只有该项工作的主管领导和具体负责的同志掌握情况。企业所在地药品监督管理部门也是在最后时限才得到通知。

2. 检查的突然性　由于飞行检查的保密性，所以，被检查企业事先不可能做任何准备工作，检查组现场所看到的就是企业日常生产管理的真实状况。

3. 接待的绝缘性　飞行检查组要做到不吃企业饭、不住企业店、不用企业车，费用全部由药品监督管理机构支付。

4. 现场的灵活性　要制定检查预案，主要确定现场检查重点。检查组现场检查的具体时间及步骤由检查组根据检查需要确定，确保检查质量。

5. 记录的及时性　检查员要在现场检查过程中即时填写飞行检查工作记录。进入每一工作现场，均要根据具体情况填写好检查内容、接触人员、情况记录等项内容。

任务二　药品检查细则

PPT

药品检查是药品监督管理部门为保证药品的安全性、有效性和质量稳定性，对药品研制、生产环节执行法律法规、质量管理规范、技术标准等情况进行调查处理的行政行为。药品检查应当以风险防控为核心，遵循依法、科学、公正、公开的原则。

一、检查内容

药品监督管理部门对被检查单位重点检查以下内容。①遵守药品管理法律法规的合法性。②执行药品质量管理规范和技术要求的规范性。③药品研发或生产资料的真实性。④药品监督管理部门认为需要检查的其他内容。

> **请你想一想**
>
> 在药品监督管理部门进行 GMP 现场检查时，作为药品生产操作人员，应做好哪些准备工作？

二、检查任务

药品监督管理部门在实施检查前，应当明确检查任务，提供相关的药品品种档案和药品研制、生产的监管信息。必要时，被检查单位应当提交检查所需的相关材料。

三、检查频次

药品监督管理部门根据风险确定检查频次，对每家生产企业的常规检查每三年至少一次。药品监督管理部门根据监管实际情况可以调整检查频次，或者以书面审核代替现场检查。

四、检查方案

药品监督管理部门在实施检查前，应当根据检查任务制定检查方案，明确检查事项、时间、人员分工和检查方式等。检查组应当按照检查方案实施现场检查。

检查组可根据现场检查情况，基于风险对检查方案进行调整，报派出检查单位同意后实施。

五、检查职权

检查组应当详细记录检查时间、地点、现场状况等；对发现的问题应当进行书面记录，并根据实际情况收集或复印相关文件资料、拍摄相关设施设备及物料等实物和现场情况、采集实物以及询问有关人员等。询问记录应当包括询问对象姓名、工作岗位和谈话内容等，并经询问对象逐页签字或者按指纹。

记录应当及时、准确、完整，客观真实反映现场检查情况。检查过程中需要抽样的，应当按照药品抽验有关规定执行。

六、检查报告

检查组应当在检查结束后 5 个工作日内完成检查报告并经检查组全体人员签字确认，提交派出检查单位审核。

七、整改报告

被检查单位应当在规定时限内对经检查确认的问题或缺陷进行整改，对不能在规定时限内完成整改的，应当制定整改计划。被检查单位应当在检查结束 30 个工作日内将整改情况和整改计划报送至派出检查单位。

> **请你想一想**
>
> 如果药品监督管理部门要对你所在的工作岗位进行监督检查，你可以详细列出有可能出现的缺陷、制定整改措施并写出整改报告吗？

八、综合评定

派出检查单位应当按照风险评估的原则，对检查、整改情况等进行综合评定，做出符合或不符合的评定结论。

派出检查单位认为需要补充或重新进行检查的，应当再次开展检查，必要时对整改情况进行跟踪检查。

需要采取风险控制措施的，药品监督管理部门应当及时做出决定。

任务三　GMP 现场检查风险评定指导原则

PPT

一、缺陷项目分类

在现场检查中发现不符合要求的项目统称为缺陷项目。缺陷包括严重缺陷、主要缺陷和一般缺陷。

（一）严重缺陷

严重缺陷是指与药品 GMP 要求有严重偏离，产品可能对使用者造成危害的缺陷，包括以下情形。①对使用者造成危害或存在健康风险。②与药品 GMP 要求有严重偏离，给产品质量带来严重风险。③有文件、数据、记录等不真实的欺骗行为。④存在多项关联主要缺陷，经综合分析表明质量管理体系中某一系统不能有效运行。

（二）主要缺陷

主要缺陷是指与药品 GMP 要求有较大偏离的缺陷，包括以下情形。①与药品 GMP 要求有较大偏离，给产品质量带来较大风险。②不能按要求放行产品或质量受权人不能有效履行其放行职责。③存在多项关联一般缺陷，经综合分析表明质量管理体系中某一系统不完善。

（三）一般缺陷

一般缺陷是指偏离药品 GMP 要求，但尚未达到严重缺陷和主要缺陷程度的缺陷。

你知道吗

我国 GMP 认证的实施过程

药品 GMP 认证是国家依法对药品生产企业（车间）和药品品种实施药品 GMP 监督检查并取得认可的一种制度，也是确保药品质量稳定性、安全性和有效性的一种科学合理的管理手段。GMP 认证工作分为四个阶段：认证申请与材料审查、指定现场检查方案、现场检查、审批与发证。

2019 年版《中华人民共和国药品管理法》取消了 GMP 认证。

二、产品风险分类

企业所生产的药品，依据风险高低分为高风险产品和一般风险产品。

1. 高风险产品　主要包括：治疗窗窄的药品；高活性、高毒性、高致敏性药品；无菌药品；生物制品、血液制品；生产工艺较难控制的产品。

2. 一般风险产品　包括高风险产品以外的其他产品。

三、GMP 现场检查风险评定指导原则概述

依据《药品生产质量管理规范认证管理方法》（国食药监安〔2011〕365 号）和《药品生产现场检查风险评定指导原则》的规定实施检查并做出评定。GMP 现场检查综合评定标准见表 14 - 1。

表 14 - 1　GMP 现场检查综合评定标准

序号	缺陷级别			评定结果
	严重缺陷	主要缺陷	一般缺陷	
1	无	无	有	符合
2[①]	无	有	有	符合
3	有	从略	从略	不符合
4	无	多项	从略	不符合
5[②]	无	有	有	不符合

注：①所有主要缺陷和一般缺陷整改情况证明能够采取有效措施改正。②主要和一般缺陷整改或计划不能证明采取有效措施改正。

目标检测

一、选择题

(一) 单项选择题

1. 由药品监管部门负责飞行检查的是（　　）
   A. GAP
   B. GMP
   C. GSP
   D. GLP

2. 下列不属于包装材料的是（　　）
   A. 与药品直接接触的包装材料
   B. 与药品直接接触的容器
   C. 印刷包装材料
   D. 发运用的外包装材料

3. 药品 GMP 证书有效期内至少进行（　　）次跟踪检查
   A. 1
   B. 2
   C. 3
   D. 4

4. 下列不属于主要缺陷的是（　　）
   A. 与药品 GMP 要求有较大偏离，给产品质量带来较大风险
   B. 有文件、数据、记录等不真实的欺骗行为
   C. 不能按要求放行产品或质量受权人不能有效履行其放行职责
   D. 存在多项关联一般缺陷，经综合分析表明质量管理体系中某一系统不完善

5. 检查组应当在检查结束后（　　）个工作日内完成检查报告并经检查组全体人员签字确认
   A. 3
   B. 5
   C. 7
   D. 9

6. 以下说法中错误的是（　　）
   A. 飞行检查组实行组长负责制
   B. 飞行检查人员可以是药品行政执法人员或者取得本次检查授权的其他人员
   C. 飞行检查组由 3 名以上检查人员组成
   D. 飞行检查人员应出示相关证件和执法证明文件

7. 被检查单位在接受飞行检查时不应该（　　）
   A. 停止生产经营状态，接受检查
   B. 提供真实、有效、完整的文件
   C. 如实回答检查组的询问
   D. 提供票据、凭证、电子数据等材料

8. 下列有关 GMP 跟踪检查的表述错误的是（　　）
   A. 跟踪检查组须严格按照检查方案对检查项目进行调查取证
   B. 药品监管部门可以对任何一家企业进行跟踪检查
   C. 检查组须按照检查评定标准对检查发现的缺陷项目进行评定
   D. 检查组向申请企业通报现场检查情况

9. 药品检查应当以（　　）为核心
   A. 安全
   B. 质量稳定
   C. 风险防控
   D. 有效

10. 药品监管部门根据风险确定检查频次，对生产企业的常规检查每（　　）至少一次

    A. 半年　　　　　　B. 一年　　　　　　C. 两年　　　　　　D. 三年

（二）多项选择题

11. 下列属于严重缺陷的情形包括（　　）

    A. 对使用者造成危害或存在健康风险

    B. 与药品 GMP 要求有较大偏离，给产品质量带来较大风险

    C. 存在多项关联主要缺陷，经综合分析表明质量管理体系中某一系统不能有效运行

    D. 与药品 GMP 要求有严重偏离，给产品质量带来严重风险

12. 以下产品中属于高风险产品的是（　　）

    A. 高活性、高毒性、高致敏性药品

    B. 生物制品、血液制品

    C. 无菌药品

    D. 生产工艺较难控制的药品

13. 药品监督管理部门可重点检查被检查单位（　　）

    A. 遵守药品管理法律法规的合法性

    B. 药品研发或生产资料的真实性

    C. 执行药品质量管理规范和技术要求的规范性

    D. 药品监管部门认为需要检查的其他内容

14. GMP 飞行检查的特点包括（　　）

    A. 不可预知性　B. 常态化　　　　C. 突然性　　　　D. 严重性

15. 下列属于 GMP 常见的缺陷的是（　　）

    A. 设备容积与批量不对应，物料不平衡，设备使用记录与生产记录时间不一致

    B. 不按处方投料，不按工艺规程组织生产

    C. 伪造包装标签、更改生产批号和日期

    D. 车间清洁不彻底

16. 下列有关飞行检查准确的说法有（　　）

    A. 只有负责飞行检查工作的主管领导和具体负责的同志掌握检查安排

    B. 飞行检查小组的费用自理

    C. 需要制定检查预案

    D. 检查员要在现场检查过程中即时填写飞行检查工作记录

17. 药品检查主要针对的方面包括（　　）

    A. 药品研制　　B. 生产环节　　　　C. 技术标准　　　　D. 质量管理规范

18. 药品检查遵循的原则包括（　　）

    A. 依法　　　　　　B. 公平　　　　　　　C. 公开　　　　　　　D. 科学

19. 下列说法中错误的是（　　）

    A. 药品监督管理部门根据监管实际情况可以调整检查频次

    B. 文件、数据、记录等不真实属于主要缺陷

    C. 检查组不可以在检查过程中途对检查方案进行调整

    D. 被检查单位应当在检查结束 15 个工作日内将整改情况和整改计划报送至派出检查单位

20. 作为药品检查组，其检查职权有（　　）

    A. 详细记录检查时间、地点、现场状况等

    B. 对现场存在的问题进行书面记录

    C. 真实反映现场检查情况

    D. 检查过程中需要抽样的，应当按照药品抽验有关规定执行

二、思考题

1. 三种不同缺陷项目的区别有哪些？

2. GMP 监督检查的意义是什么？

　　微课　　　　　　　划重点　　　　　　自测题

参考答案

项目一

1. A 2. D 3. C 4. C 5. B 6. D 7. B 8. D 9. A 10. A 11. B 12. B 13. C
14. ABCD 15. ABCD 16. ABD 17. AD 18. ABC

项目二

1. C 2. D 3. A 4. B 5. D 6. C 7. B 8. A 9. D 10. C 11. B 12. D 13. C
14. D 15. C 16. ACD 17. ABCD 18. ABCD 19. AD 20. ABCD

项目三

1. C 2. C 3. B 4. A 5. D 6. C 7. A 8. D 9. B 10. C 11. ABCD 12. ABC
13. ABC 14. AB 15. ABCD 16. ABCD 17. ABCD 18. ABD 19. ABCD 20. ABCD

项目四

1. B 2. B 3. C 4. A 5. B 6. B 7. D 8. B 9. D 10. D 11. C 12. ABD 13. AC
14. ABCD 15. AB

项目五

1. C 2. B 3. C 4. C 5. D 6. A 7. B 8. A 9. D 10. D 11. B 12. A 13. A
14. C 15. B 16. ABCD 17. ABCD 18. ABCD 19. ABCD 20. AD

项目六

1. D 2. B 3. B 4. A 5. D 6. B 7. D 8. D 9. B 10. B 11. C 12. B 13. ABCD
14. ABD 15. ABCD 16. ABCD 17. ABCD 18. ABCD

项目七

1. A 2. A 3. D 4. D 5. B 6. C 7. A 8. D 9. B 10. A 11. A 12. B 13. A
14. D 15. C 16. A 17. D 18. D 19. D 20. A 21. ABC 22. ABCD 23. ABCD
24. ABCD 25. ABCD 26. ABC

项目八

1. A 2. C 3. D 4. D 5. C 6. A 7. D 8. A 9. D 10. B 11. D 12. A 13. B
14. A 15. C 16. ABCD 17. BCD 18. BCD 19. ACD 20. CD

项目九

1. C 2. D 3. C 4. A 5. B 6. B 7. D 8. D 9. B 10. C 11. B 12. C 13. D
14. D 15. C 16. ABD 17. ABCD 18. ABD 19. ABCD 20. BC

项目十

1. B 2. C 3. D 4. B 5. C 6. A 7. ABCD 8. ABCD 9. ABCD 10. BCD 11. ABD
12. ACD 13. ABD 14. ABCD 15. ABC 16. BCD 17. ABCD 18. BC 19. ABC 20. ABC

项目十一

1. D　2. B　3. A　4. D　5. D　6. B　7. C　8. D　9. A　10. A　11. A　12. C　13. BC
14. ABC　15. ABCD　16. ABCD　17. ABCD　18. ABCD

项目十二

1. A　2. A　3. B　4. D　5. B　6. D　7. B　8. ABCD　9. ABC　10. ABCD　11. ABCD

项目十三

1. B　2. C　3. D　4. A　5. D　6. A　7. C　8. B　9. D　10. C　11. ABCD　12. ABCD
13. ABCD　14. ABD　15. ABCD　16. BD　17. ABCD　18. ABCD　19. ABCD
20. ABCD

项目十四

1. B　2. D　3. A　4. B　5. B　6. C　7. A　8. B　9. C　10. D　11. ACD　12. ABCD
13. ABCD　14. ABCD　15. ABCD　16. ACD　17. ABCD　18. ABCD　19. BCD
20. ABCD

参考文献

［1］何思煌．GMP 实务教程［M］．北京：中国医药科技出版社，2017.

［2］何思煌．新版 GMP 实务教程［M］．北京：中国医药科技出版社，2016.

［3］国家药典委员会．中华人民共和国药典．2020 年版．一部．［M］．北京：中国医药科技出版社，2020.

［4］国家药典委员会．中华人民共和国药典．2020 年版．二部．［M］．北京：中国医药科技出版社，2020.

［5］马丽虹．GMP 实务［M］．北京：中国医药科技出版社，2019.

［6］国家食品药品监督管理局药品认证管理中心．药品 GMP 指南［M］．北京：中国医药科技出版社，2011.

［7］梁毅．新版 GMP 教程［M］．北京：中国医药科技出版社，2011.